重庆工商大学财经文库
CHONGQING GONGSHANG DAXUE CAIJING WENKU

西南财经大学出版社重庆工商大学分社　策划

中国西部地区经济增长差距与收敛机制研究

ZHONGGUO XIBU DIQU JINGJIZENGZHANG CHAJU
YU SHOULIAN JIZHI YANJIU

张文爱　著

图书在版编目(CIP)数据

中国西部地区经济增长差距与收敛机制研究/张文爱著. —成都：西南财经大学出版社,2013.7
ISBN 978-7-5504-1110-4

Ⅰ.①中… Ⅱ.①张… Ⅲ.①区域经济—经济增长—研究—西南地区②区域经济—经济增长—研究—西北地区 Ⅳ.①F127

中国版本图书馆 CIP 数据核字(2013)第 142102 号

中国西部地区经济增长差距与收敛机制研究
张文爱　著

责任编辑：冯　梅
助理编辑：林　伶
装帧设计：杨红鹰
责任印制：封俊川

出版发行	西南财经大学出版社(四川省成都市光华村街55号)
网　　址	http://www.bookcj.com
电子邮件	bookcj@foxmail.com
邮政编码	610074
电　　话	028-87353785　87352368
照　　排	四川胜翔数码印务设计有限公司
印　　刷	郫县犀浦印刷厂
成品尺寸	148mm×210mm
印　　张	9
字　　数	220 千字
版　　次	2013 年 7 月第 1 版
印　　次	2013 年 7 月第 1 次印刷
书　　号	ISBN 978-7-5504-1110-4
定　　价	29.00 元

1. 版权所有,翻印必究。
2. 如有印刷、装订等差错,可向本社营销部调换。

总序

在过去的半个多世纪，伴随祖国的发展和重庆地方经济社会的不断成长，不管是响应20世纪60年代国家提出的"调整、巩固、充实、提高"，倡导教学与生产劳动相结合，还是直接参与20世纪80年代地方财贸系统恢复建设的过程，直至新的世纪，重庆工商大学都审时度势，进一步明确办学目标定位，凝练鲜明的财经特色和与时俱进的商科优势，从来没有停止过对科学真理的孜孜以求和对自身使命的躬身实践。学校涌现出了一批又一批的青年学者，他们具有国际化视野，醉心于财经科学研究，重视借鉴东西方前沿的学术理论与丰富的文化内涵；他们关注国计民生，身体力行，襟怀巴渝，以科学、真知的学人风范，亲身参与地方经济社会建设，让理论之花在实践中绽放，以这批教师为主体，重庆工商大学的广大教师在教学耕耘与学术研究中收获了累累硕果。科学研究——这一党和人民赋予高等院校的使命和事业，在重庆工商大学以惊人的速度蓬勃发展。这其中，凝聚着几代学人的智慧，闪耀着夺目的光芒！

理论从来就是适应社会经济进步的需要而产生的，而最终又要服务于客观实践。结合我校在财经学科学术理论方面的探索，我们设立了"重庆工商大学财经文库"出版资助计划，按照"自由申报、匿名评审、多方资助、统一出版"的方式，定期遴选一批我校中青年学者在财经研究领域取得的优秀成果，交由西南财经大学出版社统一出版，为中青年学者搭建一个科研成果展示平台。集纳到"文库"的成果，具有如下三个突出的特点：

一是力推新人。入选"文库"成果的作者，大部分是我校近年引进或培养的中青年博士。他们毕业于不同的重点大学，绝大多数有名师、严师学缘，对学术前沿动态有敏锐的把握，他们均工作在我校教学科研工作第一线，对社会现实有深刻认识，具有较高理论素养和较强科研能力。诚然，相较于学界泰斗、名师名家，他们中的大多数还籍籍无名，但绝非泛泛之辈，他们具有强烈的创新精神、开拓意识和发展潜力，是学校未来学术、学科发展的新鲜血液和中流砥柱。"文库"推出他们的成果，旨在推新人于"前台"，接受学界检阅、激励、鞭策，促进他们尽快成长为科研中坚力量。

二是矢志创新。"文库"的这些成果均能够自觉运用马克思主义的立场、观点、方法认识问题、研究问题、解决问题，均很好地坚持了理论联系实际，体现了学风严谨、文风朴实，做到了理论探索有进展，研究方法有创新，学术观点有新意，对策建议有建树。

三是注重导向。"文库"的成果涉及理论经济、应用经济、工商管理、管理科学与工程等我校特色优势学科领域，既是对学校打造鲜明财经特色属性的清新回馈，更为学校学科发展、科学研究、人才培养、社会服务提供了重要支撑。

学校高度重视"文库"的编纂、辑录，为"文库"出版投入较大的人力、物力，我们始终认为：作为一所具有鲜明财经特色的多科性大学，我们要培养出高质量的包括财经学科在内的专门人才，科研无疑是教学的先导、教育的基础。没有高质量的学术研究，以己昏昏，使人昭昭，很难想象有深入浅出、鞭辟入里的课堂教学；没有教师对财经实践的敏感触觉和对社会经济问题的深刻领悟，很难想象有生动活泼、贴近实际的课堂艺术。唯有在科研方面的进步和成就，才能保证造就一支具有坚实理论基础、深厚学术底蕴、富有远见卓识和深刻洞察力的师资队伍，从而推动具有鲜明财经特色的多学科全方位、多层次的发展。是故，学校多方筹资，购置图书、激励科研、补贴出版；众多学者皓首穷经、笔耕不辍；兄弟高校、出版界同仁大力襄助，终有今日"重庆工商大学财经文库"付梓。

综上，"文库"的出版，寄托了我们对中青年学术才俊的一份清新期许，与其说是一种对他们单纯的奖掖、褒赞，毋宁说是在搭建一个文汇达观、聚贤纳才的平台，我们诚挚地渴盼有更多青年学者能够砥砺自修，卓尔有成，产出更多更好的成果；更热烈地恳请更多学界名流、前辈泰斗能够关心、点拨中青年学者的学术成长，能够让他们尽快健康、科学地投身于学科、学术拔尖团队的自我培养和群体塑造，早日成长为领军人才，担当重任。

相信"重庆工商大学财经文库"的出版，对我校的学科建设、科学研究、人才培养、社会服务必将产生积极的促进作用，也为学界了解我校中青年学者的科研状况提供一个重要的窗口，期望师生们和广大读者能从"重庆工商大学财经文库"中获益。当然，限于编校时间和我们的研究水平，其中难免存在差漏和不足之处，敬请读者谅解并批评指正。我们衷心地希望我校广大中青年学者潜心研究，把握学术前沿，深入社会实际，产出更多的优秀科研成果；期待我校教师和科研人员有更多更好的学术专著问世！

杨佳绪 谨识

2013 年春　于重庆南山书院

内容提要

改革开放 30 余年来，特别是西部大开发政策实施以来，中国西部地区经济发展取得了显著成效，经济综合实力有了很大提升。但西部作为中国的欠发达地区，在发展过程中，人们对其往往只关注了如何提升西部经济的整体水平、缩小东西地区之间的发展差距问题，而对于西部地区内部差距与协调发展问题，则关注甚少。然而，笔者认为，作为国民经济整体的重要构成部分，西部地区内部经济差距与协调发展问题同样重要。事实上，没有西部内部的协调发展，就不可能有全国经济的整体协调发展；而且，坚持区域内部协调发展理念，有助于西部地区经济实力的整体提升和东西部区域间差距的缩小。

有鉴于此，本书立足西部地区内部，对西部 12 省（市、区）的经济差距与增长收敛性展开系统研究。作为经济增长理论的核心内容之一，对经济增长收敛性的研究，契合了对经济增长理论持续关注的理论诉求，具有理论重要性；而在新一轮西部大开发政策背景下，对西部内部经济差距及其收敛性展开系统考察，则满足了经济发展的现实需要，具有重要的现实意义。

本研究沿着"理论剖析→实证检验→对策建议"的研究思路，依次逐步展开。首先，对新古典增长理论和内生增长理论关于增长收敛的理论进行分析，并据此提炼经济增长收敛的理论机制，奠定研究的理论基础；其次，采用西部 12 省（市、区）的实际经济数据，对区域经济差距现状、增长收敛性和收敛机制进行实证检验；最后，根据理论与实证结果，提出对策建议，为提升西部地区综合经济实力、促进区域协调发展提供决策依据。具体内容如下：

首先，在理论层面，本研究系统回顾了新古典增长理论与内生增长理论对增长收敛性的理论考察。经济增长源泉与增长收敛性是经济增长理论研究的两个核心内容。关于增长源泉，新古典增长理论与内生增长理论提出了不同的理论见解；关于增长收敛，新古典增长理论整体上肯定了收敛的存在性，而内生增长理论则主体上拒绝了收敛性，但也并非完全否定存在收敛的可能性。根据经济增长源泉与增长收敛的理论关系，本书在已有研究基础上，归纳提炼了经济增长收敛的三大理论机制：①禀赋收敛机制，考察投入要素对经济增长收敛性的促进作用，包括劳动投入、物质资本和人力资本水平；②技术收敛机制，考察技术水平对经济增长收敛性的影响；③制度收敛机制，考察社会制度对经济增长收敛性的影响。

在收敛机制理论设计的基础上，本书对增长收敛的检验方法，即空间面板数据模型（SPDM）的理论与方法进行了演绎，分别从空间效应类型、模型设定、模型检验等方面，对SPDM方法进行归纳梳理；在此基础上，具体将SPDM技术应用于巴罗回归方程，建立了应用SPDM技术对经济增长进行β收敛（包括绝对β收敛和条件β收敛）检验方程的理论形式。

通过上述两个方面的理论考察，完成并确立了本书研究的理论和方法基础，目的在于确保后续研究的理论严密性和方法科学性。

其次，在实证层面，本研究采用实际经济数据，对西部地区内部经济差距的现状、经济增长的收敛性及其机制进行实证检验。研究从三个相互联系且递进的方面展开：区域差距的发展现状是研究的逻辑起点，增长收敛性则考察了区域差距的发展动因，而收敛机制分析是研究的深入。具体包括：

一是对区域经济差距本身的发展现状与动态特征展开研究，并考察三次产业的发展对区域差距波动的影响。区域经济差距的现状是研究的逻辑起点，从 σ 收敛检验的角度，通过采用加权变异系数表示区域经济差距，并采用经验模态分解（EMD）方法，对经济差距进行短期波动与长期趋势分解，提取差距发展趋势，通过 σ 收敛检验考察区域差距发展现状与动态；在此基础上，具体考察了三次产业的发展对区域差距波动的实际影响。

二是对经济增长进行绝对 β 收敛性检验，检视区域经济差距的发展动因。绝对 β 收敛检验的经济含义在于，如果存在绝对 β 收敛，则表明经济自然发展的结果即可实现落后经济赶上发达经济，区域经济差距消失；如果不存在绝对 β 收敛性，则表示经济自然发展的结果将导致区域差距的系统性扩大，必须通过政策调控才能协调发展。本书采用空间面板数据模型（SPDM）的理论与方法进行经济增长的绝对 β 收敛性检验，揭示区域差距的发展动因。

三是采用条件 β 收敛性检验，对收敛机制进行实证分析，考察经济增长收敛的实现路径。本书在 SPDM 方法框架下，采用西部地区实际经济数据，通过条件 β 收敛检验，对经济增长收敛的三大理论机制进行实证检验，具体考察在引入控制变量的条件下经济增长的收敛性，检视各理论机制在促进经济增长收敛中的实际表现，探寻经济增长收敛的实现路径。

最后，提出政策建议。缩小区域差距，实现区域协调发展，本质绝不是放慢发展步伐，集体落入"贫困陷阱"，而是加大发展力度，促使落后经济向高水平发展。本书根据理论及实证结果，围绕区域协调发展，从地区自我发展能力的构建和提升出发，提出切实可行的对策建议，为新一轮西部大开发战略的深入实施提供理论支持和决策参考。

本研究通过将理论剖析与实证检验相结合，取得以下主要实证结果：

一是关于区域差距发展现状，采用 σ 收敛实证检验发现，在 1952—2009 年，西部地区人均产出的发展差距表现出显著的"N"形曲线特征；而从 1978 年以来，区域经济差距则表现出"U"形曲线特征；整体上看，区域经济增长不存在 σ 收敛。特别是，1992 年中国特色社会主义市场经济制度建立以来，西部内部经济差距趋于持续扩大，经济增长表现出 σ 发散；现阶段区域差距居于历史高点。进一步研究发现，三次产业的地区不平衡发展对区域差距波动有重要影响，从而表明产业发展对区域协调发展具有重要意义。

二是关于绝对 β 收敛性检验发现，从人均产出看，在 1978—1992 年，经济增长率与初始经济水平成负相关，但没有统计显著性，因此拒绝了绝对 β 收敛性；在 1978—2009 年与 1992—2009 年，经济增长率与初始经济水平成正相关，且统计显著，表明经济增长存在绝对发散。在此基础上，从人均收入角度，对经济增长收敛性进行进一步考察，分别对各地城镇居民和农村居民收入进行检验。研究发现，城乡居民收入在不同的历史阶段表现出不同的收敛特性；整体上看，城镇居民比农村居民收入具有更强的发散性。

三是对禀赋、技术和制度收敛机制进行实证检验发现，在 1978—2009 年、1978—1992 年以及 1992—2009 年三个阶段，通过选择适当的控制条件，西部地区经济增长存在条件 β 收敛性；同时发现，各控制条件即收敛机制在不同的研究阶段，对增长收敛性的促进作用具有显著差异。整体看，禀赋机制和技术机制对收敛的促进作用较大，而制度机制对收敛的促进作用不明显。对比绝对收敛性与条件收敛性的结果发现，在整个样本期间特别是 1992 年社会主义市场经济制度建立以来，经济增长表现出"绝对发散性"与"条件收敛性"，揭示出通过控制收敛条件，采取措施缩小区域差距的必要性和可能性。

本研究通过理论考察和实证研究，在以下方面取得了部分创新成果：

一是扩展了经济增长收敛的理论机制。本研究基于增长理论，在现有文献关于收敛机制的基础上，从更广的研究视角对收敛机制进行归纳和提炼，充实并扩展了收敛机制的理论内涵，使收敛机制具有更强的包容性。

二是在方法应用方面具有一定的创新性。现有研究对条件 β 收敛检验的空间计量分析，主要集中于截面数据框架下；本书将 SPDM 方法应用于西部地区经济增长的条件 β 收敛检验，在方法应用方面体现出一定的创新性。

三是在研究结论上有所创新。研究发现西部地区经济差距在改革开放以来表现出"U"形曲线特征；发现西部大开发政策有助于经济增长但对缩小西部地区内部经济差距的贡献不明显；发现盲目追求"产业结构升级"不利于经济的持续发展。

四是政策建议的创新。研究尝试性地提出了一个"三级联动的区域协调发展政策体系"，从中央、区域和地方三个层面提出对策建议，使不同层级的政策措施相互促进，构成一个有机整体，预期提高政策效果的发挥。

本研究虽然取得了一些有用成果，但由于理论和实际经济数据方面的限制，本研究在人力资本测算的系统性、制度变量设计的全面性、技术水平分解的深入性等方面还存在不足，期望随着理论的发展和经济数据资料的丰富，在后续研究中不断改进和完善。

Abstract

The economic development in Western China has made remarkable achievement, and economic comprehensive strength has greatly ascended sinceChina launched the Policy of Reform and Opening up, especially since the Great Western Development Policy was implemented. But, Western China being underdeveloped area in China, in the process of development, people tend to focus on how to improve the whole level of western regional economy, and how to narrow the development gap between eastern and western regions, while little attention is put on the western region internal disparity and internal coordinated development problem. However, the author deems, being an important part of the national economy as a whole, the issue of the economic disparity and coordinated development in the interior of Western China is also important. In fact, on one hand, without the western internal coordinated development, it is impossible to have the whole coordinated development of the national economy, and on the other hand, it is helpful to insist on the region internal coordinated development strategy, which helps to promote the western regional economic development as a whole, and helps to narrow the economic development gap between eastern and western regions. In view of this, this dissertation is focused on the interior of Western China, and makes a systematical study on economic disparity and economic growth convergence of the 12 provinces in Western China.

The dissertation goes along the logic of "theory analyzing → empirical tests → countermeasures". The specific content is as follows:

First of all, in the theoreticalaspect, the dissertation makes a systematic review on neo-classical growth theory and endogenous growth theory, analyzing the theoretical connotation, and clearing the difference of theoretical conclusions about economic growth convergence between the two growth theories. And then, based on the theoretical connection between the economic growth sources and the economic growth convergence, and also based on existing researches, the study concludes and expands three theory convergence mechanisms for economic growth convergence, which are, (1) endowment convergence mechanism, to investigate the input elements to promote economic growth convergence, including labor input, physical capital and human capital level; (2) technology convergence mechanism, to investigate the technological level how to influence economic growth convergence; (3) system convergence mechanism, to investigate the social systems how to influence economic growth convergence.

Secondly, in the empirical studyaspect, the dissertation makes empirical studies by using real economic data of 12 provinces in Western China. Empirical studies include: (1) By σ convergence testing empirically, the dynamic characteristics of regional economic disparity itself is deployed, using the method of empirical mode decomposition (EMD); what's more, the influence of the development of the three industries on the fluctuations of regional economic disparity is reviewed. (2) Using the method of spatial panel data model (SPDM), the economic growth of absolute β convergence test is empirically carried out, to investigate the existence of economic growth convergence. (3) Again, using the method of spatial panel data model (SPDM), the economic growth of conditional β convergence is empirically tested, to investigate convergence mechanism, and the causes of growth convergence.

Finally, according to the theory and the empirical results, some feasible countermeasures are put forward, for regionalcoordinated development in the new stage of the Great Western Development Policy being carried on.

The main empirical conclusions have achieved as follows:

(1) During 1952 - 2009, in the view of output per capita, the economic disparity of western region interior shows significant "N" shaped curve characteristic; and since 1978, the regional economic disparity is of "U" shaped curve characteristic. General speaking, the regional economic disparity tends to expand continuously after establishment of the socialist market economic system since 1992, and the economic disparity is in record high at present. Further research finds that the unbalanced development of three industries has a significant effect on the fluctuation of economic disparity, which means the industry development plays an important role in regional coordinated development.

(2) From the view of output per capita, in the 1978—1992 period, the economic growth rate is negatively correlated with the initial economic level, butthere is no statistical significance, therefore, it refuses absolute β convergence; while in the 1978—2009 and 1992 - 2009 periods, economic growth rate is statistical significant positive correlated with the initial economic level, which sug-

gests that the economy is absolutely divergent. From the perspective of per capita income, urban and rural residents' income shows different convergence property in different periods; and the whole point of view demonstrates that urban residents' income tends to diverge more than rural residents' income.

(3) In 1978—2009, 1978—1992 and 1992 - 2009 three stages, the western region economic growth is of conditional β convergence through the proper selection of control conditions. Among these conditions, the endowment convergence mechanism and technology convergence mechanism tend to promote greater convergence, while system convergence mechanism has no significant function to promote economic growth convergence.

Through the theoretical investigations and empirical researches, the dissertationachieves some innovations in the following aspects:

(1) The study expands the economic growth convergence mechanism. This expansion makes the convergence mechanism more theoretical connotation, and makes the convergence mechanism stronger inclusiveness.

(2) SPDM method is used to test conditional β convergence, which shows some certain degree of innovation in the application of methods. In the existing studies, the spatial econometric analysis is mainly used for CROSS DATA to test absolute and/or conditional β convergence; while for PANEL DATA, it is mainly used in absolute β convergence test. So it is some of innovation for using SPDM to test conditional β convergence.

(3) Some parts of conclusions are of innovation. It finds that the west economy disparity show "U" shaped curve characteristic

since the Policy of Reform and Opening up was launched. Also, it finds that the Great Western Development Policy has helped to develop economy, while has not much helped to narrow economic disparity. What's more, it finds that blind pursuing "upgrading the industrial structure" is against sustainable economic development.

(4) The dissertation attempts to innovatively put forward a "three levels linkage of regional policy system for coordinated development", including the central, regional and local three levels. In the policy system, some suggestions are put forward to promote region economy coordinated development.

Though itachieves some useful results, due to the theoretical and practical economic data restrictions, this study still has some deficiencies, including the limitation of the systematicness in human capital measuring, and so on. Further follow-up study is needed to improve these problems, along with the constant development of theory and the improvement of economic data in the future.

目录 Contents

1 导论 /1
　1.1 问题提出与研究意义 /1
　　1.1.1 问题提出 /1
　　1.1.2 研究意义 /2
　1.2 研究目标与主要内容 /5
　　1.2.1 研究目标 /5
　　1.2.2 研究内容 /6
　1.3 研究思路与方法 /7
　　1.3.1 研究思路 /7
　　1.3.2 研究方法 /8
　1.4 本研究的创新之处 /9
　1.5 研究重点和难点 /11
　　1.5.1 研究重点 /11
　　1.5.2 研究难点 /11

2 经济增长收敛研究的文献综述 /13
　2.1 经济增长收敛的理论概念及分类 /13
　　2.1.1 三个主要收敛概念 /14
　　2.1.2 两个补充性收敛概念 /17
　2.2 经济增长收敛性的检验方法 /18
　　2.2.1 基于回归方程的收敛检验方法 /18
　　2.2.2 基于序列单位根检验的收敛检验方法 /22

  2.2.3 基于动态收入分布的收敛检验方法 /24
 2.3 国内外收敛检验的实证研究 /26
  2.3.1 国外经济增长收敛的实证研究 /27
  2.3.2 国内经济增长收敛的实证研究 /30
 2.4 对国内外研究现状的简评 /37
  2.4.1 关于收敛理论概念的简评 /37
  2.4.2 关于收敛检验方法的简评 /38
  2.4.3 关于收敛性实证研究的简评 /38
 2.5 本章小结 /40

3 经济增长收敛的理论基础与收敛机制设计 /42
 3.1 经济增长理论的发展脉络 /43
 3.2 新古典增长理论与增长收敛 /44
  3.2.1 Solow-Swan 模型的假设条件 /45
  3.2.2 Solow-Swan 模型的动态含义 /46
  3.2.3 Solow-Swan 模型与增长收敛 /48
  3.2.4 Solow-Swan 模型与收敛速度 /54
 3.3 内生增长理论与增长收敛 /56
  3.3.1 知识外溢模型与经济增长收敛 /57
  3.3.2 人力资本模型与经济增长收敛 /59
  3.3.3 研究开发模型与经济增长收敛 /63
  3.3.4 其他内生增长理论与收敛 /69
 3.4 经济增长收敛机制：理论设计 /71
  3.4.1 禀赋收敛机制 /72
  3.4.2 技术收敛机制 /75
  3.4.3 制度收敛机制 /76
 3.5 本章小结 /77

4 经济增长收敛的检验方法：SPDM 理论与方法概述 /79
4.1 空间交互效应 /80
4.2 空间面板数据模型（SPDM）设定 /82
4.2.1 普通面板数据模型设定 /82
4.2.2 空间面板数据模型设定 /86
4.3 空间面板数据模型（SPDM）检验 /89
4.3.1 空间面板数据模型检验的基本内容 /89
4.3.2 普通面板数据模型的检验框架 /90
4.3.3 空间面板数据模型的检验 /94
4.4 空间面板数据模型（SPDM）方法与收敛性检验 /97
4.4.1 绝对 β 收敛的 SPDM 检验一般形式 /98
4.4.2 条件 β 收敛的 SPDM 检验一般形式 /99
4.5 本章小结 /100

5 西部地区经济差距的发展现状与动态——σ 收敛检验 /102
5.1 指标与方法 /103
5.1.1 区域经济发展差距的度量指标 /103
5.1.2 EMD 方法简介 /105
5.2 数据来源及统计描述 /107
5.2.1 数据来源及处理 /107
5.2.2 数据统计描述 /125
5.3 西部地区内部经济发展差距：实证结果 /130
5.3.1 实际人均 GDP 的加权变异系数 /130
5.3.2 西部地区经济发展差距的 EMD 分析 /131
5.4 三次产业发展对经济差距波动的影响分析 /135
5.4.1 西部地区三次产业人均GDP的加权变异系数 /135
5.4.2 三次产业对经济差距变动趋势的影响分析 /136
5.4.3 三次产业对经济差距变动的贡献分析 /138

5.5　本章小结　/140

6　西部地区经济差距的发展动因——绝对 β 收敛检验　/143

6.1　空间相关性检验　/144

6.1.1　全局 Moran's I 指数和局部 Moran's I 指数　/144

6.1.2　西部地区人均 GDP 空间相关性：实证结果　/145

6.2　绝对 β 收敛检验——检验方程与空间权重设定　/153

6.2.1　绝对 β 收敛的检验方程设定　/153

6.2.2　空间权重矩阵设定　/155

6.3　基于 SPDM 方法的绝对 β 收敛检验：人均产出　/166

6.3.1　人均产出的绝对 β 收敛检验：实证结果　/166

6.3.2　人均产出的绝对 β 收敛检验：结果分析　/168

6.4　基于 SPDM 方法的绝对 β 收敛检验：人均收入　/171

6.4.1　城乡居民收入水平：数据来源与整理　/171

6.4.2　城乡居民收入水平的绝对 β 收敛检验：
实证结果　/176

6.4.3　城乡居民收入水平的绝对 β 收敛检验：
结果分析　/176

6.5　本章小结　/180

7　西部地区经济增长收敛的生成机制——条件 β 收敛检验　/183

7.1　SPDM 框架下条件 β 收敛与收敛机制检验：
模型设定　/184

7.1.1　禀赋收敛机制检验方程设定　/184

7.1.2　技术收敛机制检验方程设定　/185

7.1.3　制度收敛机制检验方程设定　/186

7.2　数据来源及处理　/187

7.2.1　投入要素变量　/187

  7.2.2 技术水平变量 /200
  7.2.3 制度变量 /204
 7.3 SPDM 框架下的条件 β 收敛检验：实证结果 /214
 7.4 条件 β 收敛实证结果与收敛机制分析 /221
  7.4.1 条件 β 收敛性及收敛机制：1978—1992 年 /221
  7.4.2 条件 β 收敛性及收敛机制：1992—2009 年 /224
  7.4.3 条件 β 收敛性及收敛机制：1978—2009 年 /228
  7.4.4 空间交互效应与经济增长收敛性 /231
 7.5 本章小结 /232

8 研究结论、建议及展望 /236
 8.1 研究结论 /237
 8.2 政策建议 /241
 8.3 不足与展望 /245
  8.3.1 研究中存在的不足 /245
  8.3.2 研究展望 /246

参考文献 /247

后记 /265

1 导　论

1.1　问题提出与研究意义

1.1.1　问题提出

2010年7月，中共中央、国务院召开西部大开发工作会议，提出未来10年西部地区发展规划，标志着新一轮西部大开发战略正式启幕。作为中国的欠发达地区，长期以来，人们对于西部地区的关注，主要停留在"如何提升西部地区经济发展的整体水平"，以及"如何缩小西部与东部地区之间的发展差距"方面，而对于西部地区内部差距与协调发展问题，则关注甚少。然而，笔者认为，提升西部地区整体实力、缩小西部与东部区域之间发展差距的主张固然重要，但缩小西部地区内部差距、实现区域内部的协调发展同样重要。这是因为：

（1）必要性。一方面，西部地区占全国国土总面积70%以上，人口占全国总人口1/3以上，这就决定了西部地区内部的协调发展对于全国整体协调发展的决定性作用；没有西部地区自身的协调发展，就意味着全国1/3以上的人口和70%以上的地区处于非协调发展状态中，因此就不可能真正实现全国整体的协调发展，也必然阻滞全面建设小康社会目标的实现。另一方面，追求区域内部的协调发展，有益于拓展市场扩大内需和促进经济发展，有助于提升西部地区经济的整体实力，有利于缩小西部与东部地区的发展差距。

(2) 可能性。经过多年的发展，包括西部地区在内的中国经济已经取得了显著进步；改革开放之初最严重制约中国经济发展的"资金瓶颈"已经有了根本性改变。因此，在发展西部地区经济进程中，完全有可能实现区域内部各成员的共同和谐发展。事实上，提升区域综合实力，与追求区域内部协调发展，具有内在一致性，是统一而非矛盾的；缩小东西地区之间的发展差距，更不需要以扩大西部地区内部的发展差距为代价。

因此，对西部地区内部的经济差距及协调性，应该而且必须给予充分关注。那么，在新的发展阶段，西部各省（市、区）经济发展差距现状如何？经济增长是收敛还是趋于发散？经济增长收敛或发散的生成机制是什么？对这些问题的深入思考和准确回答，关乎西部地区乃至全国经济的协调发展和全面建设小康社会目标的实现，关乎新一轮西部大开发战略的实施效果，具有高度的现实性和紧迫性。

1.1.2 研究意义

在西部大开发进程中，坚持协调发展理念，防止区域内部差距的过分扩张，避免"先发展后补差"的发展模式，这既是经济发展本身的客观需求，对经济持续发展具有重要推动作用；也是全面建设小康社会的现实需要，是全国全面建设小康社会不可分割的一部分；更是各地共享发展成果、实现"共同富裕"的社会主义制度的内在要求，符合公平正义的社会价值。

区域经济协调发展的问题，本质上就是区域经济差距及其发展趋势的问题：收敛抑或发散。本研究对西部区域内部经济增长差距及收敛性展开系统考察，不仅具有重要的理论意义，更具有重要的现实意义。

1.1.2.1 理论意义

如果说实现人类发展和社会进步是人类活动的终极目标，那么经济增长将是实现这一目标的基本前提——人类的种种苦难和悲惨命运，十之八九都直接或间接地来源于贫穷，而经济增长则是消除贫困、创造人类幸福的必要条件（杨德权，2005）。为了实现发展的三个核心价值：生计、自尊和自由，经济增长是前提和基础（托达罗，等，2009）。关于经济增长研究的重要意义，1988年诺贝尔经济学奖得主卢卡斯有一段至今广为流传的论断：

"印度政府是否可以采取一些手段来使得印度经济像印度尼西亚或埃及一样增长？如果可以，是什么手段？如果不可以，那么使得它之所以如此的印度国情究竟是什么？对涉及此类问题之中的人类福利而言，结果是令人惊愕的：一旦你开始考虑它们，就很难再考虑其他事情了。"（转引自：罗伯特·J. 巴罗、哈维尔·萨拉—伊—马丁，2000）[1]

卢卡斯这段重要论述，揭示了经济增长研究的重要意义。作为经济学古老而常新的主题，经济增长研究贯穿于经济学理论研究的始终。经济增长理论研究的两个核心问题：一是分析是什么原因促进了经济增长，即经济增长源泉；二是对不同国家或地区间经济增长差距的考察，以及如何缩小这种差距，即

---

[1] 原文为：Is there some action a government of India could take that would lead the India economy to grow like Indonesia's or Egypt's? If so, what, exactly? If not, what is it about the "nature of India" that makes it so? The consequences for human welfare involved in questions like these are simply staggering: Once one starts to think about them, it is hard to think about anything else. (Lucas, 1988)

经济增长的收敛性。前一个问题回答了人类社会如何实现社会财富的总量增长，后一个问题则考察了不同国家或地区间如何实现协调发展。

"卢卡斯论断"揭示了对于经济增长研究持续关注的理论重要性。本研究契合了这一理论诉求，从区域内部协调发展的视角，对经济增长收敛性进行考察，研究结论可能丰富和拓展区域经济理论和可持续发展理论。

1.1.2.2 现实意义

2010年7月，在西部大开发战略实施10周年之际，中央从国家战略高度，提出了深入实施新一轮西部大开发的发展战略。西部地区作为中国欠发达地区，经济发展相对滞后，大力发展西部经济、实现区域协调发展已经是全民共识。西部地区幅员辽阔，占全国国土面积超过70%，人口约为全国人口1/3，少数民族人口占全国3/4，具有重要的内需市场功能；区域内资源丰富，发展空间广阔；西部地区与多个国家接壤，陆地边境线约占全国的91%，具有重要的国防战略功能。促进西部地区经济发展水平的整体提升和区域内部的协调发展，在全国经济协调发展的战略要求之下显得尤其迫切。

因此，在实施新一轮西部大开发战略宏观背景下，本研究对西部地区内部各省（市、区）经济差距及其动态特征展开深入考察，对经济增长收敛性及其生成机制展开深入剖析，契合了经济发展的现实需要，有助于西部地区经济实力的整体提升，对西部地区内部协调发展具有积极促进作用。

总之，在实施新一轮西部大开发战略的宏观背景下，深入洞察和系统分析西部地区内部经济差距的发展现状及变动特征，厘清经济增长的收敛性及其生成机制，准确把握西部地区内部经济差距的动态规律，为区域经济协调发展提供政策支持和决策参考，本研究具有重要的理论和现实意义。

1.2 研究目标与主要内容

1.2.1 研究目标

本研究在经济增长理论的指导下，以区域协调发展为视角，通过对西部地区内部经济差距的发展现状与动态特征的考察，对经济增长的收敛性及其生成机制进行实证检验，以探寻区域收敛的实现路径，为提升西部地区的综合经济实力、实现区域经济的协调发展提供政策支持与决策参考。具体拟实现以下研究目标：

（1）准确把握区域差距的发展现状及动态。对西部地区内部发展差距本身的动态特征及发展规律的准确把握，是实证研究的逻辑起点。为此，需要采用恰当的方法对区域差距特征进行深入准确的挖掘。

（2）经济增长绝对 β 收敛性检验，考察区域差距的发展动因。如果经济增长存在绝对 β 收敛，则经济自然发展的结果可使区域差距消失，而不需要人为干预；反之，不存在绝对收敛则意味着必须借助政策调控手段，才可能实现区域协调发展。因此，通过绝对收敛性检验，考察区域差距发展动因。

（3）深入挖掘区域收敛的实现路径。缩小区域差距，实现区域协调发展，本质不是抑制发达地区的发展，而是在于促进落后地区的进步。通过对收敛机制的理论设计和条件 β 收敛的实证检验，找到促使经济收敛的外在动力，为落后地区找到快速增长的着力点，找到向发达地区收敛的有效路径。

（4）系统构建对策建议。为政策的制定与实施提供理论支持和决策依据，是经验研究重要的研究目标之一。本研究通过系统构建针对性和操作性强、导向明确的对策建议，着力为缩小西部地区内部经济差距、实现区域协调发展提供决策服务。

1.2.2 研究内容

根据上述研究目标，本书研究的主要内容设计如下：

(1) 区域经济差距与收敛的理论梳理。20世纪50年代发展起来的新古典增长理论，与80年代兴起的内生增长理论，对区域经济差距与增长收敛的判断有很大差异。理论的分歧既来源于现实的考察，也反过来影响了对经济问题的现实分析。本部分在文献检索的基础上对区域差距与收敛的相关理论进行系统梳理和深入比较，为后续研究奠定坚实的理论基础。

(2) 收敛机制的理论设计。是什么原因以及在多大程度上决定了经济增长的收敛或发散，这即是经济增长的收敛机制。本部分基于经济增长理论，从经济增长的源泉，系统归纳和提炼经济增长收敛的理论机制，主要包括：①禀赋收敛机制，禀赋即投入要素是经济发展的首要条件，具体包括：劳动投入、物质资本积累和人力资本水平；②技术收敛机制，技术水平影响生产效率，是经济增长的关键变量；③社会制度收敛机制，考察社会经济制度对经济增长的促进作用。

(3) 西部地区内部经济差距的发展现状与趋势。根据西部地区的实际经济数据，用加权变异系数对地区经济差距加以度量，并采用经验模态分解（EMD）方法，对经济发展差距的短期波动与长期趋势进行分解，考察区域差距现状与动态；并从产业发展角度，考察三次产业对差距波动的影响。

(4) 区域经济差距的发展动因考察——绝对 β 收敛检验。绝对 β 收敛性与经济发展差距具有内在的必然联系：存在绝对收敛，则经济自然发展之下就可以实现区域协调，反之，则需要政策调控的介入。本部分根据西部地区实际经济数据，采用空间面板数据模型（SPDM）理论模型与方法，从人均产出和人均收入两个角度，深入全面地对经济增长的绝对 β 收敛性进行实证考察，从实证检验的角度考察区域经济差距生成的内在机理。

（5）收敛机制研究——条件 β 收敛检验。条件 β 收敛反映了经济增长收敛的实现条件，是对经济增长收敛的生成机制的考察。本部分基于 SPDM 的理论模型与方法，在绝对 β 收敛基础上，通过引入控制变量进行条件 β 收敛检验，并通过逐步引入要素、技术和制度等控制变量，对收敛机制的实际作用，包括对每一个机制的单独作用，以及多个机制叠加的联合作用分别进行考察，探寻研究期间西部地区经济增长收敛的实际路径。

（6）政策建议。缩小区域差距，实现区域协调发展，本质决不是放慢发展步伐，集体落入"贫困陷阱"；而是加大发展力度，促使落后经济向高水平收敛。本部分根据理论及实证结果，围绕区域协调发展，从中央、区域和地方三个层面出发，提出切实可行的对策建议，为西部地区经济综合实力的整体提升与区域内部的协调发展提供政策依据和决策参考。

1.3 研究思路与方法

1.3.1 研究思路

本研究沿着"理论剖析→实证检验→对策建议"的研究思路，依次逐步展开。首先，对新古典增长理论和内生增长理论关于增长收敛的理论进行分析，并据此提炼经济增长收敛的理论机制，奠定研究的理论基础；其次，采用西部12省（市、区）的实际经济数据，对区域经济差距现状、增长收敛性和收敛机制进行实证检验；最后，根据理论与实证结果，提出对策建议，为提升西部地区综合经济实力、促进区域协调发展提供决策依据。具体的研究思路如图1-1所示：

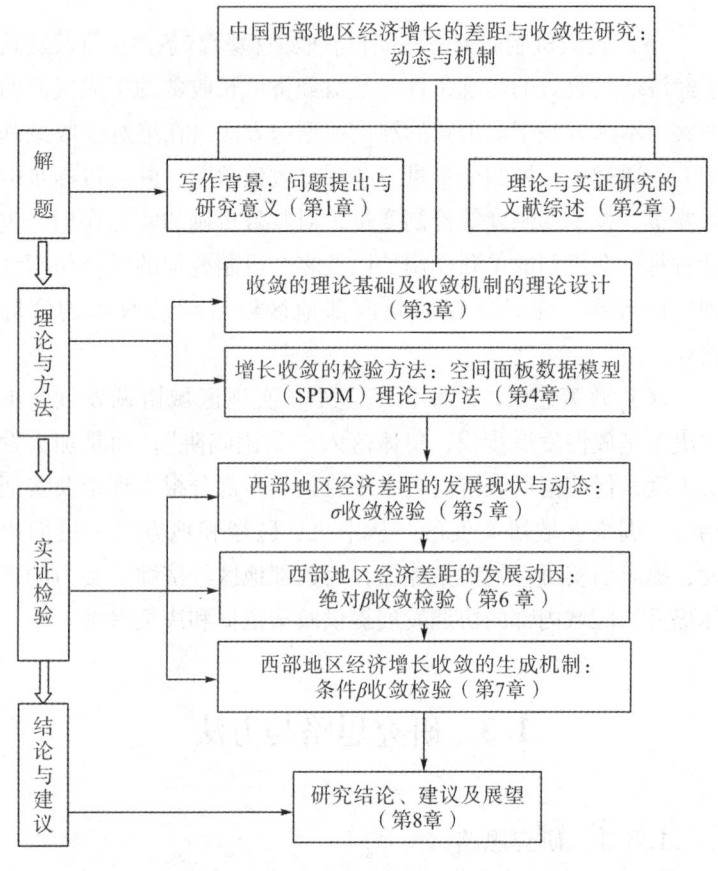

图1-1 本研究逻辑框架图

1.3.2 研究方法

本研究沿着规范研究与实证研究相结合、静态研究与动态研究相结合、短期研究与长期研究相结合、参数方法与非参数方法相结合，重点采用理论推演与数理模型的方法，具体包括以下几种重要方法：

（1）经验模态分解（EMD）方法。采用 EMD 方法对反映西部地区内部经济发展差距的统计指数进行多时间尺度分析，分解出短期波动与长期趋势，以准确捕捉区域差距的发展现状与动态特征。

（2）空间面板数据模型（SPDM）方法。由于受到共同政策、区域贸易、人才流动等因素的影响，邻近地区间存在显著的空间效应，忽视这种空间效应将可能导致研究结论的偏误。本研究采用 SPDM 方法对西部地区经济增长收敛性进行实证考察，从方法上保证了研究结论的可靠性。

（3）数据包络分析（DEA）方法。本研究采用非参数的数据包络分析（DEA）方法，对生产的技术前沿进行准确测度，得出各地区各时期的全要素生产率（TFP），用于对西部地区的技术收敛机制进行实证考察。

1.4 本研究的创新之处

经济增长差距及其收敛性研究，是一个古老而常新的课题，其研究成果极大丰富。本研究中，作者在现有研究的基础上，从收敛机制的理论设计与实证检验出发，对中国西部地区经济差距及收敛性进行系统研究，进行一些新的尝试，获得一些新的结论。具体而言，本研究在以下方面有所创新：

（1）研究扩展了经济增长收敛的理论机制。关于收敛机制，现有文献从资本、劳动等方面进行了归纳。本研究基于增长理论，在已有文献研究的基础上，从更广的研究视角对收敛机制进行深入归纳和提炼，充实并扩展了收敛机制的理论内涵，使收敛机制具有更强的包容性。

（2）在方法应用方面体现出一定的创新性。经验模态分解（EMD）方法和空间面板数据模型（SPDM）方法作为数量经济理论模型与方法的新近发展，在国内经济增长研究中应用不多。特别值得一提的是，在面板数据框架下，对条件 β 收敛进行空间计量分析的文献非常少见，在西部地区经济研究中的应用更是空白。本书将 EMD 方法和 SPDM 方法应用于西部地区内部经济差距与收敛的实证分析中，在方法应用方面体现出一定的创新性。

（3）本研究在实证研究结论方面，获得了几个比较重要的新发现：

① 1952—2009 年，西部地区人均产出的发展差距表现出显著的"N"形曲线特征；而自 1978 年以来，区域经济差距则表现出"U"形曲线特征。

② 西部大开发政策对区域经济增长具有显著的促进功能，而对于缩小西部地区内部的经济差距，则作用不明显。

③ 20 世纪 90 年代以来，以第三产业产值比重表示的"产业结构水平"对经济增长率的提高作用为负，这一结果出现在"产业结构升级"的主张提出之后。这一发现的重要价值在于，它表明产业结构必须要符合地方经济现实，过分追求产业结构升级，盲目追求跨越式发展，可能会对经济发展产生损害和阻滞作用，从而表明了选择具有地方优势的产业结构的重要性。

（4）政策建议的创新。本书尝试性地提出了一个"三级联动的区域协调发展政策体系"，从中央、区域和地方三个层面提出对策建议，使不同层级的政策措施相互促进，构成一个有机整体，预期提高政策效果的发挥。

1.5　研究重点和难点

1.5.1　研究重点

（1）基于新古典增长理论和内生增长理论，从要素投入、技术水平和制度设计三个层面深入归纳提炼经济增长收敛的理论机制。

（2）对西部地区经济差距的发展现状进行准确刻画；并从产业发展的角度考察三次产业发展对区域经济差距波动的实际影响。

（3）采用绝对β收敛和条件β收敛检验，对西部地区经济增长收敛性进行实证检验，准确判断经济增长的收敛性，考察收敛的成因即收敛机制，探寻西部地区经济增长收敛的现实有效路径。

1.5.2　研究难点

（1）理论难题。基于新古典和内生经济增长理论，对经济增长的收敛机制进行理论设计，这是本研究亟待突破的理论难点。本书从经济增长的一般理论出发，在已有关于收敛研究的基础上，有重点地归纳提炼出具有一定普适性的经济增长的收敛机制。

（2）技术难题。经济制度作为环境变量，包括的内容众多；如何选取具有代表性的制度变量，是研究中存在的技术难点。本研究通过代理变量的方法，有效突破这一技术难题。

（3）数据难题。本研究涉及大量的实际经济数据，一方面，其中一些变量没有现成的统计数据，例如物质资本存量等；另一方面，某些省区的数据不全，缺失严重，比如海南、重庆等。本研究采用统计技术对缺失数据进行补充；并通过借鉴已有研究成果中的相关数据，有效解决数据难题。

2

经济增长收敛研究的文献综述

自索洛(Solow, 1956)和斯旺(Swan, 1956)突破哈罗德—多玛(Harrod‑Domar)模型(Harrod, 1939; Domar, 1946)有关资本产出比固定不变的假设,建立了新古典增长模型后,经济增长理论成为经济理论的重要内容。经济增长理论的核心内容包括两个方面:一是增长源泉,二是增长收敛;前者旨在探寻是什么因素促进了人类社会财富的增加,而后者则重在考察不同国家或地区间经济增长的趋同性,即考察经济增长是趋于收敛还是发散。作为经济增长理论的核心内容之一,增长收敛研究的文献十分丰富。基于本书的研究目的,本章主要从经济增长收敛的理论概念及分类、检验方法和实证研究三个方面,对国内外相关的重要文献进行系统梳理。通过文献梳理,确立本书研究的切入点。

2.1 经济增长收敛的理论概念及分类

通常人们容易将收敛的概念与新古典增长理论联系在一起。自Solow(1956)和Swan(1956)提出新古典增长模型即

Solow-Swan 模型后，由于其所持有的资本边际报酬递减的基本假设，新古典增长模型在理论上寓含了经济增长的收敛性，即在经济增长过程中，由于其资本边际报酬递减，初始人均资本水平低的落后经济，由于具有更高的增长率，将逐步缩小差距并最终赶上初始人均资本高的发达经济，出现经济增长收敛。

为了对经济增长收敛性的实际情况进行考察，人们提出了不同的经济增长收敛概念，以适用不同的增长收敛情形。概括而言，收敛概念主要有下列五个：β 收敛、σ 收敛、俱乐部收敛、γ 收敛和时间序列收敛。其中，前三个是常见的主要收敛概念；后两个收敛概念使用得相对较少。

2.1.1 三个主要收敛概念

2.1.1.1 β 收敛

β 收敛考察初始人均产出或收入水平较低的经济体，有比初期人均产出或收入水平较高的经济体更高的增长率，即不同经济体间的人均产出或收入的增长率与初始经济水平成负相关。根据经济增长收敛发生条件的不同，β 收敛分为"绝对 β 收敛"和"条件 β 收敛"。

（1）绝对 β 收敛

绝对 β 收敛是指贫穷的国家或地区往往比富裕的国家或地区有更高的增长速度；换言之，经济增长率和经济发展水平之间存在着负相关；并且，随着时间的推移，所有的国家或地区将收敛于相同的人均产出或收入水平。"绝对 β 收敛"隐含的假设条件是，经济收敛的国家或地区具有完全相同的基本经济特征，包括生产函数模式、投资率、人口增长率和资本折旧率等，从而也具有完全相同的增长路径和稳态均衡。在这样一个特征完全相同的经济系统中，每一个经济体的经济增长率与其离自身稳态的距离成反比。因此，在人均量上落后的经济体，将有比富裕经济体更快的增长速度，且这不以任何其他经济特征为条件，这即是绝对 β 收敛的本质含义。

（2）条件 β 收敛

条件 β 收敛放弃了各个经济体具有完全相同的经济特征的基本假定，承认由于许多外生变量对不同经济体产生了不同的作用，故而不同经济体也就具有异质的经济特征，亦即具有不同的增长路径和稳态。新古典增长理论认为，每个经济体都趋于收敛于自身的稳态，且距离自身稳态越远，其增长速度也就越快。所以，条件 β 收敛所考察的是，如果外生变量保持不变，经济增长率与初始经济水平是否成负相关。由于容许各经济之间的异质性，且放弃了所有经济都有相同的参数从而有相同稳态的假设，故在新古典经济增长框架下，如果一个经济离其自身的稳态值越远，增长就越快，即增长速度与稳态的距离成正比，这即是条件 β 收敛。

2.1.1.2 σ 收敛

σ 收敛指不同国家或地区的经济差距随着时间的推移而趋于降低。国家或地区间的经济差距可用对数人均产出或收入的标准差 σ 来衡量：在经济发展过程中，如果满足：$\sigma_{t+1} < \sigma_t$，即随着时间推移标准差趋于缩小，那么就认为经济系统存在 σ 收敛。

对于区域经济差距，也还有其统计指标，最常见的有基尼系数或变异系数等。其中变异系数（cv）表示标准差与均值之比，或者是用人口加权得到加权变异系数。在经济发展过程中，如果有：$cv_{t+1} < cv_t$，即随着时间推移，变异系数或加权变异系数趋于缩小，则认为存在 σ 收敛。

因此，根据根据计算出来的反映人均产出或收入的统计指标的动态过程，例如标准差和变异系数等，可以判断经济增长

是否存在 σ 收敛性。

2.1.1.3 俱乐部收敛

在区域经济发展过程中,日益突出地表现出"整体趋异、局部趋同"的特征,甚至于相似的经济结构下也出现不同的聚集状态,这意味着 β 收敛(绝对/条件)在这种情形下已经不再适用。为此,一个新的收敛概念即俱乐部收敛(Club Convergence)得以提出。巴罗与萨拉—伊—马丁(Barro & Sala-i-Martin,1991)最早给出了俱乐部收敛概念。他们认为,所谓俱乐部收敛是指在经济增长的初始条件和结构特征等方面都相似的区域之间发生的相互收敛。这一概念强调了两个条件,即初始条件和结构特征都相似。这实际上是把俱乐部收敛看成是具有经济增长初始条件、结构特征等方面相似的经济体构成的区域内的绝对 β 收敛。因此,可以采用截面数据回归方法,来考察具有这一特征的区域内是否存在初始人均收入与增长率之间的负向关系,以鉴别是否存在俱乐部收敛。

巴罗与萨拉—伊—马丁的俱乐部收敛的经典定义基于横截面数据之上;如后文所述,在有关学者提出时间序列收敛概念之后,盖勒(Galor,1996)利用随机收敛的概念给俱乐部收敛下了新的定义。他认为,所谓俱乐部收敛,是指结构特征相似且初始收入水平也相同的国家或地区,它们的人均收入在长期中分别收敛,即落后的经济体集团与富裕的经济体集团内部各自存在条件收敛,而两个集团之间不存在收敛性。所谓结构特征相似的国家或地区是指人们根据各国经济增长的截面数据进行聚类分析,将那些基本经济特征和初始条件类似的国家划分在一个样本或群体中,例如经济合作与发展组织(OECD,Organization for Economic Cooperation and Development)国家,以此描述它们的群体收敛特征。盖勒的俱乐部收敛定义现已成为俱乐部收敛的基本定义。

2.1.2 两个补充性收敛概念

除了上述三个主要的收敛概念之外，γ 收敛和时间序列收敛也是较为重要的收敛概念，构成对收敛理论概念的重要补充。

2.1.2.1 γ 收敛

波义耳和麦卡锡（Boyle & McCarthy，1997）认为传统的 β 收敛测度比较复杂，为此提出基于地区人均收入秩次变动计算的肯德尔（Kendall）和谐指数来测度增长收敛性，称为 γ 收敛。对于第 0 期和第 t 期的肯德尔和谐指数，其值介于 0 和 1 之间：该值越接近于 0，说明收入分布变化越大，经济增长趋于收敛；反之，指数值越大，说明收入秩次变化很小，则经济增长趋于发散（马瑞永，2006）。

2.1.2.2 时间序列收敛

伯纳德和德劳夫（Bernard & Durlauf，1995）指出，考虑到经济体在长期中存在多重均衡的可能，横截面检验趋向于"可疑地拒绝没有收敛性"的原假设。为此，人们从时间序列的角度，提出了时间序列收敛的概念。根据李等人（Li et al.，1999）的研究，认为时间序列收敛包括了三种具体类型，即随机收敛、确定性收敛和 Bernard - Durlauf 收敛（俞培果、蒋葵，2006）。

卡林诺和米尔斯（Carlino & Mills，1993）较早提出了随机收敛的概念。他们认为，如果人均产出或收入的差异遵循一个平稳过程，那么，区域之间就存在一个随机的收敛过程。因此，随机收敛要求相对产出或收入的对数是趋势平稳的，也即协整向量消除了数据序列中的随机趋势。

确定性收敛是比随机收敛更强的收敛定义，它是指如果相对产出或收入的对数是水平平稳的，则存在收敛。从定义可知，确定性收敛要求相对产出或收入的对数是平稳的，其协整向量既无随机趋势，又无确定性趋势。

在时间序列收敛概念中，由伯纳德和德劳夫（1995）提出的 Bernard - Durlauf 收敛是最强的收敛概念。它被定义为：对于只有两个经济体 i 和 j 时，收敛满足：

$$\lim_{k \Rightarrow \infty} E(y_{i,t+k} - y_{j,t+k} \mid I_t) = 0 \qquad (2-1)$$

对于多个经济体时，收敛满足：

$$\lim_{k \Rightarrow \infty} E(y_{l,t+k} - y_{p,t+k} \mid I_t) = 0 \quad \forall p \neq l \qquad (2-2)$$

Bernard - Durlauf 收敛的本质是给定时刻 t 信息集的情况下，随着研究时期的延伸，经济体之间的产出或收入差异消失。事实上，这一收敛概念意味着除了要求相对产出或收入的对数是平稳序列之外，它还要求其具有零均值。如果 I_t 为一空信息集，则这个定义与绝对 β 收敛相一致；如果信息集 I_t 包含一些影响经济系统增长稳态的因素，则该定义与条件 β 收敛相一致。

2.2 经济增长收敛性的检验方法

自鲍莫尔（Baumol，1986）特别是巴罗与萨拉—伊—马丁（1991）提出采用截面数据分析方法对经济增长的收敛性进行实证检验以来，随着计量方法的不断改进，各种检验方法被相继提出，并在实践中得到了相应的应用。概括而言，经济增长收敛性的检验方法主要有以下三类：回归方程检验法、单位根检验法和动态收入分布检验法。

2.2.1 基于回归方程的收敛检验方法

2.2.1.1 截面数据回归方程检验法

Baumol 截面回归方程（Baumol，1986）是最早对收敛性进行检验的实证方法；而"巴罗回归技术"（Barro and Sala-i-Martin，1991）和 MRW 分析框架［曼昆、罗默和韦尔（Mankiw，Romer and Weil），1992］则是这一方法的经典范式。三种方法的基本思路如下：

（1）鲍莫尔（1986）利用截面数据建立了一个简单的二元回归方程，其模型的基本形式为：

$$\ln \frac{(Y/N)_{i,t}}{(Y/N)_{i,t_0}} = \alpha + \beta \ln (Y/N)_{i,t_0} + \mu_i \qquad (2-3)$$

其中，$\ln \frac{(Y/N)_{i,t}}{(Y/N)_{i,t_0}}$ 表示个体 i 在研究期间人均产出或收入的总增长率，$\ln (Y/N)_{i,t_0}$ 为个体 i 的初始产出或收入水平。

（2）巴罗与萨拉—伊—马丁（1991）以 Ramsey 模型为基础，提出了著名的"巴罗回归技术"。其回归方程的形式可表示如下：

$$\frac{1}{T-t}\ln\left[\frac{y_{iT}}{y_{it}}\right] = \alpha - \frac{1-e^{-\beta(T-t)}}{T-t}\ln y_{it} + \mu_{it} \qquad (2-4)$$

式（2-4）主要用于检验绝对 β 收敛，式中，i 代表第 i 个经济单位，t 和 T 分别代表期初与期末时间，$T-t$ 为观察期时间长度，y_{it} 和 y_{iT} 分别代表期初与期末的人均产出，因此被解释变量 $\frac{1}{T-t}\ln\left[\frac{y_{iT}}{y_{it}}\right]$ 表示考察期间的人均产出的年均增长率；α 为常数项，μ_{it} 为随机误差。β 为收敛速率，表示 y_{it} 向稳态收敛的速度。β 值越大，则向稳态收敛的速度越快。如果 β 值大于 0，表示地区经济增长趋于收敛；如果 β 值小于 0，则表示地区经济增长趋于发散①。

与此相对应，条件 β 收敛的检验方程式可表示为：

---

① 因为方程的表达式中在 β 前面加了负号，故 β 为正表示收敛。

$$\frac{i}{T-t}\ln\left[\frac{y_{iT}}{y_{it}}\right] = \alpha - \frac{1-e^{-\beta(T-t)}}{T-t}\ln y_{it} + \sum_j \kappa_j X_{i,t} + \mu_{it}$$

(2-5)

式 (2-5) 中, $X_{i,t}$ 为影响收敛的其他外生变量, κ_j 为第 j 个外生变量的回归系数。条件 β 收敛考察了在外生变量保持不变的条件下, 初始收入水平与增长率是否成负相关; 与式 (2-4) 相同, β 为收敛速度, 其值越大, 则向稳态收敛的速度越快。如果 β 值大于 0, 表示地区经济增长趋于条件 β 收敛; 如果 β 值小于 0, 则表示地区经济增长趋于发散。

(3) Mankiw、Romer 和 Weil (1992) 以扩展的 Solow-Swan 模型为基础, 对基于截面数据的收敛检验的 Baumol 方法进行了改进, 提出了著名的 MRW 分析框架。在此分析框架中, 考虑了初期人均产出、储蓄率、人口增长率、折旧率等结构性因素的关系, 其收敛回归方程的基本模型可以表示为:

$$\frac{1}{t}\ln\left[\frac{y_{i,t}}{y_{i,0}}\right] = g + \beta \ln y_{i,0} - \beta \frac{\alpha}{1-\alpha-\varphi}\ln s_{i,k} - \beta \frac{\varphi}{1-\alpha-\varphi}\ln s_{i,h}$$

$$-\beta \ln A_{i,0} + \beta \frac{\alpha+\varphi}{1-\alpha-\varphi}\ln(n_i + g + \delta) + \mu_i \quad (2-6)$$

式 (2-6) 中, s_k 表示实物投资, s_h 表示人力资本投资。通过引入储蓄率、人力资本投资、人口增长率、折旧率以及技术进步率等影响经济系统稳态的结构性因素。MRW (1992) 分析框架建立了与鲍莫尔 (1986) 不同的研究范式, 与"巴罗回归技术"一起成为收敛性实证检验的重要方法。

2.2.1.2 面板数据回归方程检验法

截面回归方法在考察跨国或跨地区增长收敛问题时的主要困难在于难于准确测度各经济体的各自期初的技术水平, 且这一期初技术水平通常与收敛方程中的一个或多个解释变量具有相关性。为了克服这一困难, 伊斯兰姆 (Islam, 1995)、凯瑟利、埃斯基维尔与莱福特（Caselli, Esquivel, Lefort, 简称 CEL, 1996）采用面板回归方法进行增长收敛性检验，克服了关于各国期初技术水平 $A_{i,0}$ 的参数估计问题。

面板数据的一般结构通常是一组固定截面单元在一系列时间点上的时间序列数据。用 i 表示经济体，其中 $i=1, 2, \cdots, N$；用 t 表示所选择样本的时期，其中 $t=1, 2, \cdots, T$。据此可以得到基于面板数据条件下的收敛检验方程：

$$\ln y_{i,t} = \beta \ln y_{i,t-1} + \psi X_{i,t} + \pi Z_{i,t} + T_t + \eta_i + v_{i,t} \quad (2-7)$$

式（2-7）中，解释变量 X 代表 Solow-Swan 模型中影响经济体增长稳态的增长因素，Z 代表其他影响经济系统增长稳态的增长因素，$v_{i,t}$ 为随机干扰项。相对于截面数据回归方程，原截面方程中的截距项被分解为两部分，η_i 和 T_t，分别表示个体效应和时间效应。个体效应 η_i 反映了随经济个体变化的特有因素，即个体异质性，比如各国固有的禀赋及其特殊的地理环境、气候、制度等一组性质，它们通常不随时间变化。时间效应 T_t 则刻画一组随时间变化的因素，比如技术进步率。引入面板回归方程的目的就在于控制这种个体的异质性。CEL（1996）采用一阶差分方法，将式（2-7）变形为：

$$\Delta \ln y_{i,t} = \beta \Delta \ln y_{i,t-1} + \psi \Delta X_{i,t} + \pi \Delta Z_{i,t} + \Delta T_t + (v_{i,t} - v_{i,t-1})$$
$$(2-8)$$

该差分模型有效消除了不可观测的个体异质性的影响，从而保证了获得 β、ψ 和 π 的无偏估计量。

由于在处理不可观测的个体异质性方面所具有的特殊优势性，在经济增长收敛性的检验中，不论是在理论上，还是在技术上，面板数据回归较截面回归方法都更具有优势。因而在容许个体异质性的面板数据框架下对经济增长收敛性展开研究，成为收敛性检验的基本思路之一。

2.2.1.3 空间计量回归方程检验法

收敛检验考察的是多个经济单位在经济增长过程中的发展

规律，显然，不同的经济单位，在经济发展过程中，由于共同经济政策、人员流动、区域贸易、技术外溢等原因，相互之间联系紧密，因此，在采用回归方程进行经济增长收敛性的考察时，必须要充分地考虑到这种经济体之间的空间联系，以避免分析结论的偏误。为了将经济的横向关联进行具体分析，人们提出了从空间计量的角度，对经济增长的收敛性进行研究[马丁等人（Martin, T. et al.），1999；阿比亚等人（Arbia, G. et al.），2003]，包括截面数据的空间计量模型和面板数据的空间计量模型，即空间面板数据模型（SPDM）方法；特别是SPDM方法，由于其对空间异质性和空间相依性[①]的出色捕捉能力，成为收敛检验的重要方法。

2.2.2 基于序列单位根检验的收敛检验方法

截面方法在检验收敛性方面由于不可观测的异质性问题而对研究结果的准确性造成影响；而且，伯纳德和德劳夫（1995）指出，以单纯的截面回归得到的期初人均收入的估计系数是否为负来判断收敛还是发散，并不与收敛概念本身完全一致。面板回归虽然可以控制异质性，使研究结果更加可靠，但匡施（Quah, 1993、1996）指出，面板数据分析中采用均值回归也会导致估计结论的偏差；为此，提出了基于序列单位根检验的收敛检验方法。

2.2.2.1 时间序列单位根检验法

伯纳德和德劳夫（1995）指出，运用截面或面板回归方法进行收敛研究会遭遇几个困难。其一，由于资本边际报酬递减规律，一些经济增长实际上是发散的国家可能表现出增长速度与人均收入水平负相关的关系，即通常的收敛含义，使得收

---

① 有关"空间异质性"（Spatial Heterogeneity）和"空间相依性"（Spatial Dependence）的含义，将在第4章中进行详尽介绍。

敛检验失去意义；其二，截面回归的原假设是所有国家之间不存在收敛，备择假设是所有国家之间都存在收敛。但实际情况是，部分国家或地区是收敛的，部分是发散的，截面和面板都无力解决这样的情形。

为了检验 Bernard-Durlauf 时间序列收敛，伯纳德和德劳夫（1995）建议主要考察时间序列（$\ln y_{i,t} - \ln y_{j,t}$）是存在确定性趋势，还是存在随机性趋势，即对时间序列进行单位根检验。如果（$\ln y_{i,t} - \ln y_{j,t}$）序列存在单位根，由于单位根意味着在将来某个时刻，差分（$\ln y_{i,t} - \ln y_{j,t}$）的值以概率1的可能性出现无穷大的情况（Durlauf et al.，2005），因此这就意味着经济增长趋于发散；反之，如果（$\ln y_{i,t} - \ln y_{j,t}$）是平稳序列，即经济体 i 和 j 的对数人均产出序列是协整的，则表明经济增长趋于收敛。

时间序列检验法从新的定义出发，通过对时间序列进行单位根检验，来判断经济增长的收敛或者发散。从纯计量的角度来说，这种方法较之前述回归方程更为准确；但由于时间序列分析方法具有的"简化式"特征，使其与经济增长理论缺乏内在联系，无法利用这种简化式方法对影响经济系统增长稳态的各种因素进行经济分析。

2.2.2.2 面板数据单位根检验法

为了解决回归方程检验法和时间序列单位根检验法可能存在的问题，伊文斯和卡拉斯（Evans & Karras，1996）提出了经济增长收敛的面板数据单位根方法。他们修正了人均收入收敛的定义，考察所有产出的差距长期来看是否趋于零。面板单位根方法将收入收敛性扩展到要求经济体系中的每对国家之间均存在协整性。假设国家 i 在时期 t 的人均对数收入为 $\ln y$，差分后是平稳的。对于每一对国家 i 和 j 之间，收入的差分 $\ln y_{i,t} - \ln y_{j,t}$ 是平稳的，因而 $\ln y_{i,t}$ 和 $\ln y_{j,t}$ 具有协整关系。据此他们定义了"系统广义收敛"概念，即如果整个经济体系中的所有国家或地区两两之间都具有协整关系，而不只是体系中的一部分国家或地区，则经济增长存在收敛性。

面板单位根检验的判断方法与时间序列判断方法是一致的，存在面板单位根则说明经济增长趋于发散，反之收敛。根据伊文斯和卡拉斯提出的系统广义收敛，如果经济体系中每对国家之间都具有协整关系，则经济系统收敛；反之，如果经济体系中大部分国家之间的收入呈现相互发散状态，那么即使有些国家组成收敛俱乐部，整个经济体系也是发散的。

最初伊文斯和卡拉斯（1996）对面板单位检验采用的是ADF的形式。随着面板单位根检验技术的不断发展，越来越多的面板单位根检验技术被开发出来，采用面板单位根技术检验经济增长收敛性成为一种重要方法。

2.2.3　基于动态收入分布的收敛检验方法

对于收敛假设的检验，截面回归能够识别代表性经济的行为，时间序列单位根检验法重点关注经济体系中每对经济的长期收入差距，而面板单位根方法则着重研究整个经济体系的长期收入差距。然而，匡施（1993、1996）指出上述检验方法无法解释全球收入分布的变动、分层和极化现象；而对于收敛而言，匡施认为重要的不是单个经济是否向其稳态收敛，而是整个经济的收入分布状况，后者对人类福祉的影响才是根本性的。

为此，匡施（1993）将国家或地区间的收入分布格局视为某种概率分布，从而着重研究这种概率分布的演变，即分布的形状和变动方式。在收入分布演变的过程中，国家和地区的人均收入向不同的峰值集聚，被称之为"极化"（Polarization）。如果最终各国的人均收入水平趋向收敛于高收入水平或者低收入水平，而中等收入水平消失，此时收入分布的状况就会出现

"双峰"(Twin-peak),故称为"双峰分布"。为了考察收入的动态分布性质,匡施(1993)假设所有经济系统在时刻 t 的收入分布为 F_t,相应的概率为 φ_t,同时假定收入分布的运动规律满足关系:$\varphi_t = T^*(\varphi_{t-1}, \mu_t) = T^*_{\mu_t}(\varphi_{t-1})$,其中 μ_t 是一随机干扰,$T^*_{\mu_t}$ 是 φ_{t-1} 到 φ_t 的映射。从上述表达式中可以看出,收入分布的运动规律形式上与时间序列分析中的一阶自回归类似,但不同的是这里的回归对象是分布而不是通常的变量。匡施通过假定收入分布动态过程具有时间不变性和一阶马尔可夫性质,并将收入的状态空间进行离散化处理,将各研究对象的相对收入水平按照需要分成若干个小区间。这样,φ_t 就可以表示为一概率向量,而 $T^*_{\mu_t}$ 则简化为马尔可夫转移概率矩阵 M_t。其中,M_t 的每一行就是一个概率密度函数,其元素 $m_{i,j}$ 表示经济从状态 i 到状态 j 的转移概率。通过 s 次迭代,即可以得到两个相距 s 期的跨国收入分布的关系:$\varphi_{t+s} = (M)^s \varphi_t$,矩阵 $(M)^s$ 包含了两时点之间所有的概率变动信息。当 $s \to \infty$ 时,如果满足 $\varphi_\infty = M\varphi_\infty$ 的 φ_∞ 存在且唯一,则 φ_∞ 代表了跨国收入分布在长期中的极限,据此可以刻画长期中跨国收入的动态分布。如果 φ_{t+s} 和 φ_∞ 有同一极限,那么这就代表收入存在收敛性;反之,如果两者表现出趋向一种双峰分布的趋势,则表示存在收入"极化"现象。

在匡施(1993)的研究中,为了解决估计方面的问题,采用的是收入空间离散化技术,这就意味着很大的主观随意性,并且这种离散化技术可能会消除收入序列的马尔可夫性质,使收入分布分析产生偏差。为了解决这个问题,匡施(1996)放弃了对收入空间离散化的方法,而是采用随机核(Stochastic Kernels)来描述收入分布运动方程中的转移乘子 $T^*_{\mu_t}$。随机核是由转移概率矩阵对其状态空间连续化和无穷化分解而来,它也是概率密度函数,其映射非负且和为1,这类似于转移概率矩阵的行向量，行向量中所有元素非负且和为1。对于给定的跨国或地区的人均收入数据集，$y_i, i = 1,2,\cdots,n$，整个人均收入分布的核密度（Kernel Density）估计可以定义为：$\hat{f}_n(y) = \dfrac{1}{nh}\sum_{i=1}^{n} K(\dfrac{y - y_i}{h})$，其中 $K(\cdot)$ 为核函数（Kernel Function），h 为平滑系数（Smoothing Parameter），从该随机核三维图的形状可以判断收入分布的收敛性。

动态收入分布方法对收敛的研究最初只是停留在描述所有经济系统的收入分布形状及其动态上。近年来，一些研究者尝试构建跨国或地区的收入分布，并在传统收敛回归方程分析基础上构建"反事实"（Counter Factual）收入分布，从而可以揭示各种增长因素对增长和趋同的影响度。其一般研究策略是，首先进行传统的收敛回归；然后根据回归结果，按不同方法构建"反事实"收入及其分布；最后通过比较实际收入分布和反事实收入分布，考察经济政策、增长要素等对收入分布的影响。

收敛检验的动态收入分布法提出以后，在实证研究中得到了比较广泛的应用；但在本质上，这是一种非参数方法。与所有非参数估计方法相类似，对于收敛假设的检验，动态收入分布方法缺乏与增长理论的内在联系，使得研究结论可能出现与经济理论不一致或不稳健的解释。因此，将收入动态分布研究与基于回归分析的"反事实"收入分布分析相结合，是一种有前景的研究思路（邹薇等，2006）。

2.3　国内外收敛检验的实证研究

作为20世纪90年代以来经济增长理论研究最为热门的论题之一，经济增长收敛性研究吸引了大量研究者的研究兴趣，学者们在理论研究的基础上,对经济增长收敛性展开实证检验,取得了丰富的研究成果。

2.3.1 国外经济增长收敛的实证研究

从实证的角度最早进行经济增长收敛研究的是鲍莫尔,他在 1986 年的研究中利用麦迪逊(Maddison)提供的数据,实证检验了 16 个工业化国家(OECD)1870—1979 年的经济增长率与初始人均收入的关系。研究结论是:增长率与初始产出水平之间有较高的负向相关性,1870 年的生产力水平越高的国家,在接下来的世纪里增长越慢,即存在后进国家向先进国家的趋同。同时,研究还指出,除了自由市场国家之间存在收敛现象外,收敛现象还在向转型和中央计划经济国家延伸;而最穷的、最不发达的国家则没有发生类似的情况。鲍莫尔认为,出现这种情况的原因在于存在"熊彼特竞赛"(Schumpeterian Race),即由于存在国际贸易、技术交流行为,技术成为国际性公共物品,富国在增长的同时向穷国溢出技术,每当一个改善生产率的成果在发达国家出现后,欠发达国家也可分享这一技术,实现国与国之间的竞争与模仿,于是后进国家充分发挥后进优势,模仿与赶超,导致向先进国家的收敛。

对鲍莫尔(1986)的研究,迪龙(Delong, 1988)提出了质疑。迪龙认为,由于鲍莫尔使用的是事后(Ex-post)样本,因此存在样本选择偏误的问题。迪龙指出,由于鲍莫尔选取的都是样本末期的富裕国家,这样,样本选择实际上就已经保证了收敛性的存在。而新古典经济增长理论事实上要求的是选取事前(Ex-ante)样本。他据此选取了 1870 年的人均收入高于当时芬兰的人均收入的国家,共由 22 个国家组成,其中包括那些在 1870 年有收敛可能的国家,以此样本回归结果表明不存在 β 收敛;同时,利用收入分布的离差对收入进行 σ

收敛检验，结果同样表明鲍莫尔（1986）所采用的 Maddison 数据中的 16 个国家趋于收敛，而迪龙样本中的 22 个国家不存在收敛。鲍莫尔（1988）对迪龙（1988）的质疑给予了回应，承认存在样本选择方面的问题；但同时认为，即使调整样本选择，收敛性依然存在。

迪龙（1988）对鲍莫尔（1986）研究的质疑，以及鲍莫尔（1988）对此的回应，特别是 20 世纪 80 年代中后期内生增长理论的兴起，引起了人们对经济增长收敛性的高度关注和研究兴趣。

巴罗与萨拉—伊—马丁（1991）分别对 1980—1988 年美国 48 个州的人均收入，1963—1986 年的各州人均产出（Gross State Product，GSP），1950—1985 年包括德国、英国和丹麦在内的 7 个欧洲国家中的 74 个地区的国内生产总值（GDP）等进行了 β 收敛检验，得出上述经济体均存在显著的收敛性，其年均收敛速度约为 2%。之后，巴罗与萨拉—伊—马丁（1992b）研究了日本 1930—1990 年的人均收入，证明了日本在此期间各区县间 β 收敛的存在。Mankiw、Romer 和 Weil（1992）采用 MRW 分析框架，通过在 Solow-Swan 模型中引入人力资本，对 Solow-Swan 模型进行扩展，对新古典增长模型进行重新解读，通过利用 1960—1985 年的数据，分别检验了 98 个非石油生产国、76 个发展中国家和 22 个 OECD 国家，结果同样发现经济增长存在条件收敛性，但其收敛速度较之传统的新古典增长模型更慢，从而论证了新古典增长模型的有效性。但莫罗和歌德雷卡（Mauro & Godrecca，1994）采用巴罗与萨拉—伊—马丁的分析方法，研究了意大利和亚洲地区新兴工业化国家的经济增长，结果显示，对于像意大利这样的老牌发达国家，由新古典增长模型所预示的收敛性假说被拒绝。

随着内生增长理论的提出与发展，人们逐步开始从内生增长理论的视角对收敛性进行审视。事实上，以罗默（Romer，1986）和卢卡斯（Lucas，1988）为代表提出的内生增长理论，对收敛性的存在基本上是持怀疑态度的。他们认为随着时间的推移，由于人力资本、"干中学"等因素的存在，使得知识、人力资本的递增收益可以抵消物质资本的边际生产力递减，从而导致拥有更多知识和人力资本存量的富裕经济体有比落后经济更大的发展能力，使得传统的资本边际报酬递减的假设事实上不再成立，从而从根本上动摇了新古典增长理论收敛假设的基础，认为随着时间的推移，不同的经济体之间的经济增长可能不仅不会收敛，反而会越来越发散，区域经济差距有可能持续扩大。

伯纳德和德劳夫（1995）通过对经济体作选择性的短时间序列分析，事实上开始了经济增长的俱乐部收敛的分析，这是对收敛性实证研究的一个重要转向。匡施（1996）从国际收入分配的动态变化来分析增长收敛性，利用概率测度的极限分布描述收入变化的长期趋势，结论显示国际收入水平分布格局已经不再呈现出正态分布的形式，而是呈现出"双峰收敛"的分布形态，从而从收入分布的角度将世界经济区隔为高收入和低收入的两个俱乐部，认为世界经济正是呈现出这样一种俱乐部收敛。后续研究如琼斯（Jones，1997）、本—戴维德和普莱斯考特（Ben‐David & Prescott，1998）、达尔加德（Dalgaard，2003）等的研究，也得出了与匡施（1996）基本一致的结论，即认为国际收入分布表现出"俱乐部收敛"的特征。由于存在对初始资源禀赋的路径依赖，高收入国家和低收入国家分别收敛于各自俱乐部；高收入国家和低收入国家的收敛行为的差别在于：前者通过跨越式发展收敛于高水平，而后者则收敛于低水平。

雷（Rey，2001）在考虑空间影响的条件下，采用收入分布的检验方法,对美国48个州1924—1994年的增长收敛性进行检验,发现区域空间效应对经济增长的收敛性有重要影响——一个地区人均收入向上或向下的变动,受到其邻近地区的重要影响。在考虑了空间效应后,经济增长表现出收敛性。

朱塞佩·阿比亚等人(Giuseppe Arbia et al.,2005)采用空间计量技术,包括采用截面数据回归模型和面板数据回归模型,对意大利92个省在1951—2000年的人均GDP的收敛性进行检验,分别进行绝对β收敛检验和条件β收敛检验,研究显示样本期间意大利国内的92个省的经济增长存在显著的收敛性;同样发现,空间效应对经济增长的收敛性具有重要影响。

2.3.2 国内经济增长收敛的实证研究

对于中国区域经济增长收敛的研究,最早的文献见于20世纪90年代早期。此后,相关研究文献迅速增长起来。一方面这是源于经济增长本身所孕育的研究热情,另一方面甚而更为重要的原因则可能是由于中国经济的特点。与国际上对经济增长收敛研究主要对象为发达国家或地区(如OECD、美国等)不同,中国经济具有以下典型特征:①中国是大国经济,拥有世界1/5的人口,经济总量巨大(2010年第二季度,中国经济第一次成功超越日本,成为继美国之后的第二大经济体),具有区域的多样性;②中国是发展中国家,尽管经济总量巨大,但人均量世界排名靠后,面临着艰巨的发展任务;③中国正面临经济发展转型,在由计划经济向市场经济转型发展过程中,区域、城乡差距突出。总之,中国经济的独特特征,注定吸引广大学者的研究热情。

2.3.2.1 β收敛的文献梳理

简天伦、杰弗瑞·赛克斯和安德鲁·华纳(Tianlun Jian, Jeffrey D. Sachs, and Andrew M. Warner, 1996)较早采用β收

敛检验考察了1952—1993年中国人均收入增长的收敛问题。研究分成三个时段：1952—1965年，研究显示由于高度集中的中央计划经济，人均收入没有明显的收敛或者发展的趋势；1965—1978年，由于"文化大革命"的冲击，区域差距扩大，经济呈现出发散的趋势；1978年实行市场化改革以后，由于农业生产率的提高和沿海地区的开放，经济发展表现出β收敛的态势。

宋学明（1996）对中国1978—1992年的区域人均收入收敛性进行考察，发现整体上中国人均收入增长存在绝对β收敛；并通过引入国有工业占工业总产值比例的80%为限，将28个省份分成两个组。结论显示，国有工业比重高于80%的省份依然符合新古典增长理论，呈现出绝对β收敛；而小于80%的省份则更符合内生增长理论，由于外资和技术革新，表现出条件β收敛。

魏后凯（1997）根据巴罗与萨拉—伊—马丁（1992）的分析方法，从人均国内生产总值、人均国民收入和城乡居民人均收入三个维度，较系统研究了中国经济增长的绝对β收敛和条件β收敛，并通过与国际比较，得出结论，认为自新中国成立以来，我国地区经济增长大体可分为三个时期：1952—1965年，地区人均国民收入差距出现一定程度的缩小，其原因在于我国的工业化由沿海地区逐步向内地推进，使落后地区出现了相对更快的增长；1965—1978年，由于这一时期的政治环境，国家资金的大规模投入并没有阻止地区间差距扩大的趋势；1978年以来，随着改革开放的逐步深入，落后地区与高收入地区间人均国内生产总值（GDP）及人均国民收入差距大体每年约以2%的速度缩小，但各地区居民人均收入增长的不平衡格局反而进一步加剧。

申海（1999）根据1978—1996年中国地区经济增长数据，分析得出中国区域经济在1978—1996年间存在显著的β收敛，并通过分别计算四组数据的 β 值,发现该时期中国区域的人均 GDP 较之人均收入有显著的收敛性。

刘木平、舒元(2000)利用新古典经济增长理论,采用 MRW 分析框架,考察了我国 1978—1997 年各省经济增长的收敛性,结果表明:我国各省在上述时间内不存在绝对收敛,但存在条件收敛,但年收敛速度极低,仅为 0.131%,意味着地区经济差距缩小一半大约要 230 年,这与其他学者的研究相差较大;较之发达国家的 2% 的年收敛速度,也是相去甚远。

胡鞍钢、邹平(2000)认为中国各省级单位人均 GDP 在 20 世纪 80 年代表现出 β 收敛趋势,而 90 年代以后却趋于发散。1978—1985 年的收敛速度为 1.46%,1985—1990 年为 0.42%,1990—1994 年则以 1.2% 的速度趋于发散,1978—1994 年的整体上的收敛速度为 0.82%。因此,区域经济增长的收敛性表现出显著的阶段性特点。

蔡昉、都阳(2000)采用 1978—1998 年的增长数据,对人均国内生产总值增长率进行了收敛分析。结论表明,改革以来,中国在地区经济发展中不存在普遍的绝对 β 收敛;但通过引入控制变量,进行条件回归,可得到中国区域经济增长存在条件 β 收敛性,其收敛速度大约为 2.5%。其引入的主要条件变量为人力资本禀赋(用成人识字率表示)、市场化程度(用政府消费支出占国内生产总值的比例表示)、区域开放程度(用进出口总额占国内生产总值比重表示),从而表明人力资本禀赋、市场化程度和区域开放程度在促进区域经济增长中的重要意义。

刘强(2001)采用 1981—1998 年的中国经济产出数据,分别考察了 1981—1989 和 1989—1998 两个子区间发现,中国地区间经济增长的收 β 敛性是存在的,但表现出明显的阶段性和区域性,且这种收敛性随着经济发展的进程而存在整体减弱、局部加强的特征。另外,由于中国大规模的劳动力转移使资本劳动比率并没有出现应有的变化趋势，新古典的经济增长收敛机制在中国并不适用；而大规模劳动力的区际迁移，既是中国阶段性经济增长收敛的重要诱因，也是解决区域差距扩大的有效措施。

林毅夫、刘明兴（2003）在林毅夫、蔡昉、李周（1994、1999）的理论基础之上，将研究重点放在国家的发展战略即技术选择对于区域经济收敛的影响。实证结论表明，中国区域经济存在条件 β 收敛，而国家的发展战略选择是促使经济收敛的关键性变量，从而佐证了采取符合本地区比较优势的技术政策，将发展经济放在市场体系框架内进行，放弃盲目的赶超发展战略是保持经济健康发展的有益选择。

顾六宝（2005）基于拉姆齐模型，从消费的跨期替代弹性出发，考察了中国经济增长收敛性，并用经验数据对收敛速度进行了模拟。结论显示，1995—2005 年中国经济增长存在 β 收敛，其收敛速度为 2.1% ~ 2.2%，这一数值与对发达国家的研究结论大体一致。

滕建州、梁琪（2006）采用时间序列的方法，检验了中国 1952—2003 年东中西三个地区和 27 个省（市、区）的人均产出增长动态。通过引入结构断点，对比分析了在考虑结构断点前后省份 β 收敛的变动情况，得出 β 收敛的不同结果。这实际上预示了正确判断经济的结构变动对于研究结论的重要影响。

吴玉鸣（2006）采用 1978—2002 年的截面数据，利用空间计量经济分析框架，考察了中国 31 个省（市、区）的经济增长的条件 β 收敛及其成因，发现期间中国经济增长增长存在条件 β 收敛，收敛速度约为 2%；而地理因素和空间效应一起对经济增长和收入差距产生重要影响。

张学良（2009）采用空间计量模型，对 1993—2006 年长三角 132 个县（市、区）的经济增长进行了绝对 β 收敛性，发

现存在绝对 β 收敛。

刘生龙（2009）采用空间计量模型对中国 28 个省（市、区）的经济增长收敛性分阶段进行了绝对 β 收敛检验和条件 β 收敛检验，研究发现，我国区域经济增长从长期看存在着绝对 β 收敛，但短期内不存在绝对 β 收敛；但不论长期还是短期，我国区域经济增长均存在条件 β 收敛。

对于 β 收敛，也有学者得出不同的研究结论。王志刚（2004）采用 Islam（1995）的分析框架，根据 1978—1999 年中国产出增长率的面板回归模型，引入包括储蓄率、劳动力的增长率、技术进步率、资本折旧率和人力资本等在内的控制变量。研究发现中国经济总体上说不存在条件 β 收敛，地区间的收入差异在不断扩大；但并不排除地区内部的条件收敛性。而林毅夫等（2003）认为 20 世纪 90 年代后中国西部地区内部差距表现出扩大；郭朝先（2006）也认为不论从存量还是增量意义上西部地区内部差距趋于扩大。项云帆、王少平（2007）运用空间面板数据模型，比较仔细地研究了中国区域人均 GDP 收敛情况。研究显示，研究区间 1996—2000 年区域人均 GDP 为 β 收敛，而 2001—2005 年为 β 发散，整体上 1996—2005 年中国区域人均 GDP 是发散的。郭爱君、贾善铭（2010）采用经济增长的收敛回归法，对西部地区 1952—2007 年经济增长的敛散性进行了研究。研究表明，西部地区并不存在 β 收敛性；特别是在改革开放和西部大开发政策实施后，经济的发散性进一步增强。

2.3.2.2 σ 收敛的文献梳理

σ 收敛的检验关注于产出或收入水平的标准差，考察其是否随着经济的增长而趋于下降。杨伟民（1992）最先采用基尼系数对中国区域经济发展差距及其变动进行了考察，发现 1978—1989 年全国整体上经济差距呈现出缩小的趋势；林毅夫、刘明兴（2003）计算了 1970—1997 年中国 28 个省市自治区的对数农村人均消费标准差、对数城市人均消费标准差、人均GDP标准差、人均工业GDP标准差,用以检验σ收敛的存在性。结论显示,农村和城市居民人均消费在研究期间均显著发散;而人均GDP和人均工业GDP则以1990年为界,表现为先收敛后发散的趋势,且人均GDP的收敛趋势较弱。当进一步将人均GDP区分东、中、西三个区域后分别计算其标准差,结论显示东部收敛明显,中部地区收敛性较弱,而西部地区处于发散状态。

林光平、龙志和、吴梅(2006)采用空间经济计量方法,使用1978—2002年人均GDP数据对中国28个省区经济发展的σ收敛情况进行了空间计量研究,结果表明,考虑到省区间相关性,特别是经济间的相关性后,可显著纠正采用传统方法进行σ收敛研究产生的误差。修正后的σ收敛值表明,随着中国经济发展,尤其是近几年省区间经济表现出σ收敛的趋势。

2.3.2.3 俱乐部收敛的文献梳理

俱乐部收敛是用来分析邻近的具有相似结构特征的区域之间的收敛情况的,比如,经济高度发达地区与高度落后地区间,经济差距日益扩大,出现增长的发散,但两个类型的经济各自收敛,分别形成富裕俱乐部和贫穷俱乐部。显然,俱乐部收敛具有强烈的政策含义,因为,这种类型的收敛意味着"贫者越贫,富者越富"的"马太效应",特别是对于贫穷俱乐部,往往意味着陷入"贫困陷阱"而无力自拔。

蔡昉、都阳(2000)在进行条件收敛检验的同时,通过引入东、中、西三个地区虚拟变量的方式,对人均国内生产总值增长率进行俱乐部收敛检验分析。结论表明,三个地区虚拟变量均显著,且中部地区和西部地区明显有增长劣势(虚拟变量为负),从而表明中国事实上形成了东、中、西三个增长俱乐部。而对于西部地区这样的处于"贫困陷阱"之中的俱乐部，要打破区域差距，破除俱乐部的束缚，必须借助于政策力量，加大区域政策的扶持力度，促使其实现跳跃式发展，摆脱困境。这就从理论上阐释了实施西部大开发的现实意义。张和姚（Zhang & Yao，2001），王铮、葛昭攀（2002）的研究也得到了相似的结论。沈坤荣和马俊（2002）也认为，我国改革开放以来东、中、西三大地区各自内部出现了较为显著的"俱乐部收敛"现象，其测算所得到的收敛速度约为2%。而林毅夫、刘明兴（2003）采用 σ 收敛指数的检验，其研究表明20世纪80年代全国以及各地区的技术选择均趋于收敛，90年代后中部和东部保持了收敛的特性，但西部却发散了，即西部地区并不存在收敛俱乐部。

2.3.2.4 时间序列收敛的文献梳理

陈安平、李国平（2004）采用 Bernard & Durlarf（1995，1996）的时间序列分析法，通过对中国东中、西、部三大地区内和地区间人均产出序列的协整关系检验，考察了我国三大地区内和地区间经济增长的收敛性。结果表明，东部和西部地区内的经济增长具有收敛性，而中部地区内和三大地区间的经济增长却不存在收敛趋势。

滕建州、梁琪（2006）采用时间序列的方法，检验了中国1952—2003年东、中、西三个地区和27个省（市、区）的人均产出增长的随机收敛。得出不同结构断点的设置，会对随机收敛有重要影响，但总体上东部地区存在支持随机收敛，而中部和西部地区则拒绝了随机收敛性。

2.4 对国内外研究现状的简评

2.4.1 关于收敛理论概念的简评

根据经济增长收敛的三个主要理论概念，即 σ 收敛、β 收敛和俱乐部收敛的理论内涵，我们发现：

σ 收敛概念通过构造表示经济差距的统计指标，对经济增长的收敛性进行判断：差距缩小则收敛，差距扩大则发散。显然，这是最接近人们对于经济"收敛"概念的直观理解。σ 收敛概念从经济差距的本身出发，考察区域经济差距本身的发展动态，是研究区域差距与收敛的起点。

β 收敛从经济增长率与初始经济水平的关系出发，其实质在于考察区域差距的发展动因。其中，绝对 β 收敛表示经济增长率与初始经济水平负相关，这将意味着区域差距趋于缩小，因此绝对 β 收敛检验了区域差距的变动的直接原因；而条件 β 收敛重点在于关注收敛发生的条件，即正是这些外生条件导致经济增长率与初始经济水平负相关，因此条件 β 收敛通过检验收敛的实现条件，事实上检验了区域经济差距变动的内在机制。

俱乐部收敛重在考察具有相同初始经济条件组成的"俱乐部"内部与"俱乐部"之间的经济关系，比如由地域邻近的经济体组成的"区域俱乐部"、由收入水平近似的经济体组成的"收入俱乐部"等。因此，俱乐部收敛是在 σ 收敛和 β 收敛基础上的发展，在实证分析中具有内在一致性。

σ 收敛、β 收敛和俱乐部收敛具有内在的联系，构成对于区域差距及增长收敛实证研究的有机系统，这对于本书的研究具有重要的启示。具体而言，本书拟采用 σ 收敛和 β 收敛对区域差距的现状和发展动因展开研究。

2.4.2 关于收敛检验方法的简评

在增长收敛检验的三种方法中，回归检验方法由于具有参数化和结构化的特点，能有效揭示研究的经济内涵；而序列单位根方法和动态收入分布法是非参数化的、简化式方法，对经济内涵的揭示能力有限。因此，回归方法对于增长收敛检验更加具有优势。

在回归检验技术对收敛性进行检验中，考虑到增长收敛在于分析各经济体之间的发展关系，因而经济个体的自身特性与个体之间的相互联系，对收敛检验有重要影响，忽略这种影响将可能带来方程设定和估计的系统偏误。正确识别并准确捕捉这种空间异质性和空间相依性，对于保证收敛研究结论的准确性至关重要；空间面板数据模型（SPDM）正是由于对此具有良好的识别和捕捉能力，从理论角度确保了研究方法的正确性和科学性，成为最重要的检验方法之一。这为本书的实证研究提供了方法指引。

2.4.3 关于收敛性实证研究的简评

2.4.3.1 国外收敛性实证研究简评

从对国外增长收敛的实证研究的梳理过程中，我们发现，国外对经济增长收敛的研究基本遵循了这样一种发展脉络：

（1）从研究对象上看，由注重国家间的研究，倾向于对国家内部各区域间的研究。

（2）从研究收敛的类型上看，由注重研究绝对收敛，转向更加重视对条件收敛和俱乐部收敛的研究。

（3）从研究的手段上看，由传统的回归检验模型，倾向于采用空间计量技术、特别是最新发展的 SPDM，使研究结论更加科学可靠。

2.4.3.2 国内收敛性实证研究简评

现有关于中国区域经济差距与收敛性的广泛探讨，取得了丰富的研究成果，这些成果为后续研究提供了良好基础。但通过对现有文献的系统梳理发现，现有研究在以下方面尚有待进一步发展与完善：

（1）从研究对象上看，现有研究主要集中于中国整体及东、中、西三大区域间的差距；对于区域内部、特别是对于西部地区内部的发展差距及收敛性的研究，则相对偏少，尚未形成对西部地区内部增长收敛性的系统性研究。

（2）从研究内容上看，多数研究重点在于考察收敛的存在性，而对于收敛的生成机制与实现路径的研究相对不足；在关注了增长收敛机制的少数文献中，对收敛机制的归纳提炼需要更加深入与细化。

（3）从研究方法上看，早期有关区域差距与收敛研究大多忽略了区域空间效应，只是最近才引起有关学者的重视。正如吴玉鸣（2006）所指出，从区域经济增长收敛及成因分析的角度看，现有主流研究大多建立在新古典增长理论的横截面框架基础上，使用普通最小二乘法估计方程，忽视了对空间交互效应的识别与捕捉，这种忽略可能使得研究结论出现偏误。

而在少数采用空间计量技术进行收敛检验的文献中，我们发现，研究要么是采用截面数据，对绝对 β 收敛和（或）条件 β 收敛进行空间计量检验，例如林光平（2005）、吴玉鸣（2006）、张学良（2009）等；要么虽然采用了面板数据，但仅对绝对 β 收敛进行空间计量检验，例如项云帆、王少平（2007）等；而在面板数据框架下，对加入外生控制变量的条件 β 收敛检验进行空间计量分析的文献非常少见。

国内外关于增长收敛的广泛研究，特别是国内对于中国区域经济差距与收敛的研究现状，既为本书提供了良好的研究基础，也为本书研究指明了发展方向。本书拟在前述研究成果的基础上，立足中国西部地区内部，采用空间面板数据模型（SPDM）理论与方法，对区域内部经济差距、增长收敛性、以及收敛机制展开深入系统的考察。本研究从对象选择、内容确定和方法采用等方面，对现有研究给予了重要补充和有益发展。

2.5　本章小结

经济增长收敛性研究是经济增长理论研究的核心内容之一。本章对经济增长收敛研究的主要文献资料，从收敛的理论内涵、检验方法与实证研究等方面进行了细致梳理与归纳。

（1）本章梳理了3个主要的收敛概念，即β收敛（包括绝对β收敛和条件β收敛）、σ收敛和俱乐部收敛；以及2个补充性收敛概念：γ收敛和时间序列收敛，这是对3个主要收敛概念的有益补充。

（2）本章将收敛的检验方法归于3大类，即回归方程检验方法，包括截面数据回归模型检验和面板数据回归模型检验方法；单位根检验方法，包括时间序列单位根检验方法和面板数据单位根检验方法；以及收入动态分布检验法。其中，回归方程检验方法中的空间面板数据模型检验方法是经济增长收敛检验的重要方法，构成本书研究的基本方法。

（3）对于收敛的实证检验的文献，本书从国外和国内两个维度分别对相关的重要文献进行了梳理；特别是对于中国经济增长收敛的研究文献，本书从不同的收敛类别进行了系统梳理。

（4）本章通过对增长收敛的理论与实证研究文献的系统梳理，找到了研究的切入视角和发展方向。国内外特别是国内的现有研究成果，既为本研究提供了良好的研究基础，也为本研究的深入发展指明了方向。本书立足中国西部地区内部，采用空间面板数据模型（SPDM）理论与方法，对区域经济差距、经济增长收敛性特别是收敛机制展开系统研究。本研究从对象选择、内容确定和方法采用等方面，对现有研究给予了重要补充和有益发展。

3 经济增长收敛的理论基础与收敛机制设计

对经济增长收敛的深入系统考察，需要首先厘清收敛的理论基础。对"增长收敛"的研究是经济增长理论的核心内容之一；因此，经济增长理论是增长收敛的理论基础。为此，本章首先对相关的经济增长理论进行考察，检视各主要经济增长理论关于增长收敛的理论分析。

对增长源泉即经济增长因素的研究，构成了经济增长理论的另一核心内容。增长源泉分析了实现经济增长的动力和因素，与增长收敛相互独立又彼此联系；其中，增长源泉决定了增长收敛的理论可能，因此决定了增长收敛的生成机制。

本章研究的主要任务在于：一是通过对主要经济增长理论关于增长收敛的理论分析，建立增长收敛研究的理论基础；二是基于增长收敛与增长源泉的理论关系，从增长源泉的角度构建收敛的理论机制。通过本章的考察，奠定后续研究的理论基础，并为增长收敛机制的实证检验提供依据。

3.1 经济增长理论的发展脉络

经济增长理论作为经济理论研究的中心内容，贯穿了经济理论发展的全部。从早期如亚当·斯密（Adam Smith，1776）、大卫·李嘉图（David Ricardo，1817）、托马斯·马尔萨斯（Thomas R. Malthus，1798）等古典经济学家开始，就对经济增长给予了高度的理论重视，并奠定了经济增长研究的理论框架。现代增长理论的起点，以拉姆齐（Ramsey，1928）基于跨时期家庭最优选择条件为起点；尽管直到卡斯（Cass，1965）和库普曼斯（Koopmans，1965）将拉姆齐的消费者最优化分析引入到新古典增长理论，建立了拉姆齐—卡斯—库普曼斯模型后（简称拉姆齐模型），拉姆齐的分析方法才受到足够重视。在此之前，哈罗德（Harrod，1939）和多玛（Domar，1946）建立了在严格假设条件下的哈罗德—多马模型。而更加重要的是，索罗（Solow，1956）和斯旺（Swan，1956）建立了索罗—斯旺模型，从而开始了新古典增长模型的时代。此后直到20世纪80年代中期以来，以罗默（Paul Romer，1986）和卢卡斯（Lucas，1988）的研究为开端，从经济模型自身内部而不是经济系统之外研究经济增长率的决定，从而标志着内生增长理论的正式诞生，经济增长理论进入了又一个新的繁荣阶段。

梳理上述关于经济增长理论的发展脉络，我们发现经济增长理论经历了三个发展阶段，分别是以斯密增长理论、李嘉图增长理论等为代表的古典增长理论、以索洛—斯旺模型等为代表的新古典增长理论和以知识外溢等模型为代表的内生增长理论。其基本的发展脉络如图3-1：

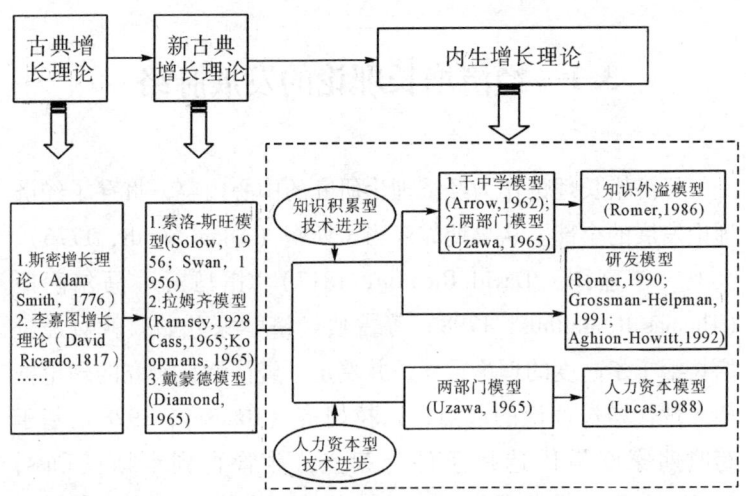

图 3-1　经济增长理论发展脉络

资料来源：笔者根据相关资料整理。

作为经济增长理论的重要内容，无论是古典增长理论、新古典增长理论，还是内生增长理论，均对增长收敛性进行了相应考察。基于本书的研究目的，本章重点对新古典增长理论中的索洛—斯旺模型和几个典型的内生增长模型关于经济增长收敛的理论分析进行考察；并在此基础上，通过增长源泉与增长收敛的理论关系，对经济增长收敛机制进行理论设计。

3.2　新古典增长理论与增长收敛

索洛—斯旺模型（Solow，1956；Swan，1956）作为新古典增长模型的代表，对经济增长收敛性作出了理论判断。本节以 Solow - Swan 模型为代表，梳理新古典增长理论关于收敛的理论分析。

3.2.1 Solow–Swan 模型的假设条件

在新古典研究框架下，Solow–Swan 模型有如下两方面的重要假设：

（1）生产函数为新古典型生产函数。对于总量生产函数，$Y(t) = F(K(t), A(t), L(t))$ 时，总量生产函数的具体形式被设定如下：

$$Y(t) = F(K(t), A(t)L(t)) \tag{3-1}$$

其中：Y 代表产出，K 代表资本，L 代表劳动，A 代表知识，t 代表时期，AL 代表有效劳动。在 Solow–Swan 模型中，知识以与劳动的乘积形式（AL）进入生产函数，故 A 在此可以表示劳动的有效性；以这种方式进入生产函数的知识所表示的技术水平被称为劳动增进型技术中性，也叫哈罗德中性[1]。

具体而言，新古典生产函数被假定满足以下三个条件：

①规模报酬不变，即：$F(cK, cAL) = cF(K, AL)$，产出增加的倍数与要素增加的倍数相同；由此（3-1）式的总量生产函数可得到对应的集约形式：

$$y(t) = f(k(t)) \tag{3-2}$$

其中，$y(t) = \dfrac{Y(t)}{A(t)L(t)}$，表示有效劳均产出；

$k(t) = \dfrac{K(t)}{A(t)L(t)}$，表示有效劳均资本水平。

②资本的边际报酬为正且递减，即：$f'(k) > 0$，$f''(k) < 0$。

---

[1] 在生产函数中，知识的不同的进入生产函数的方式，决定了技术进步的不同方式。三种典型的技术中性分别为：1）AL 型，称为劳动增进型技术中性，又叫哈罗德中性；2）AK 型，称为资本增进型技术中性，又称为索洛中性；3）$Af(K, L)$ 型，称为希克斯中性。在 *Solow* 新古典生产函数框架下，技术进步被假定为 AL 型，即为劳动增进型技术中性或哈罗德中性。

③满足稻田条件（Inada, 1964），即：$\lim_{k \to 0} f'(k) = \infty$，$\lim_{k \to \infty} f'(k) = 0$。

根据上述三个条件，可以推导出一个新的但不独立的条件，即每一种要素都是必要的：$F(0,AL) = F(K,0) = 0$。

（2）对投入要素的假定条件。假定投入要素包括知识、资本和劳动（A，K，L）。模型假设上述要素分别满足以下条件：

①劳动和知识以外生不变的速率增长，即有：$\frac{\dot{L}(t)}{L(t)} = n$，$\frac{\dot{A}(t)}{A(t)} = g$，其中 $\dot{L}(t) = \frac{dL(t)}{dt}$，表示劳动对时间的增量；$\dot{A}(t) = \frac{dA(t)}{dt}$，表示知识或者技术水平对时间的增量①；

②产品分为消费和投资，产品中用于投资的比例即储蓄率 s 外生给定，不随时间变动。现存资本的折旧率给定为 δ。于是得到资本的变动方程为：

$$\dot{K}(t) = sY(t) - \delta K(t) \quad (3-3)$$

3.2.2　Solow – Swan 模型的动态含义

根据模型的设定及其假设条件，可以得到新古典框架下的 Solow – Swan 模型的资本与产出的动态行为，据此可以考察其收敛模式。

（1）资本动态

由于 $k(t) = \frac{K(t)}{A(t)L(t)}$，表明 k 是 K，A，L 的函数；而 K，A，L 又是时间 t 的函数，根据链式法则，可以得到如下的资本动态：

---

① 在一个变量上方打点，表示该变量对时间的增量（微分）。

$$\dot{k} = \frac{dk}{dt} = \frac{d(\frac{K}{AL})}{dt} = \frac{1}{AL}\frac{dK}{dt} + \frac{-KA}{(AL)^2}\frac{dL}{dt} + \frac{-KL}{(AL)^2}\frac{dA}{dt}$$
$$= \frac{\dot{K}}{AL} - \frac{K}{AL}\frac{\dot{L}}{L} - \frac{K}{AL}\frac{\dot{A}}{A} \qquad (3-4)$$

将（3-3）代入（3-4）中，得到：

$$\dot{k} = \frac{sY - \delta K}{AL} - \frac{K}{AL}\frac{\dot{L}}{L} - \frac{K}{AL}\frac{\dot{A}}{A}$$
$$= s\frac{Y}{AL} - \delta\frac{K}{AL} - \frac{K}{AL}\frac{\dot{L}}{L} - \frac{K}{AL}\frac{\dot{A}}{A}$$
$$= sy - \delta k - nk - gk \qquad (3-5a)$$

此即资本 k 的动态方程。将生产函数代入，得到如下形式的资本动态：

$$\dot{k}(t) = sf(k(t)) - (\delta + k + g)k(t) \qquad (3-5b)$$

式（3-5b）表明，社会的实际投资（$sf(k(t))$），分为资本深化即有效劳均的资本增量（$\dot{k}(t)$），与资本广化即维持现有有效劳均资本水平所需要的资本量（$(\delta + k + g)k(t)$）之和，后者因此也被称为持平投资。上述模型所寓示的经济关系可以用图3-2加以表示：

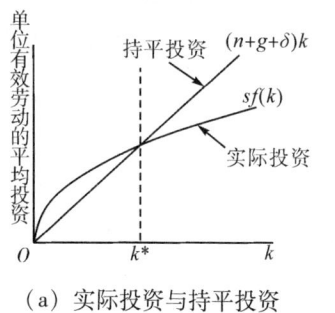
（a）实际投资与持平投资

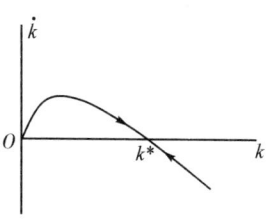
（b）资本相图

图3-2 Solow-Swan模型中的资本动态路径

从图3-2（a）可知，如果每单位有效劳动的平均实际投资大于所需要的持平投资，则 k 上升；反之则下降。如果二者

47

相等，则 k 保持不变。这种对应关系在图 3-2 (b) 的资本动态相图中得到清晰反映：当最初的 k 小于 $k*$ 时，$\dot{k}$ 为正，从而 k 增加；随着资本积累的增加，当 k 大于 $k*$ 时，$\dot{k}$ 变为负数，此时 k 趋于下降。因此，不论 k 从何处开始，它都会向 $k*$ 收敛。在此，$k*$ 表示经济增长稳态时的有效劳均资本水平。所谓稳态（Steady State），指的是"一种其中各种数量都以不变速率增长的状况"（Barro et al.，1995）。

由于 k 总是收敛于 $k*$，而劳动和技术被假定为分别以外生的 n 和 g 的速度增长，且总资本存量 $K=ALk$，因此，在平衡增长路径上，从总量意义上看，K 以不变的速率 $n+g$ 增长，有效劳动 AL 也以不变的速率 $n+g$ 增长；根据规模报酬不变的假定，产出 Y 也按这一比率（$n+g$）增长。从平均意义上看，每单位有效劳动的平均资本 K/AL 与平均产出 Y/AL 均保持不变；而每个工人的平均资本 K/L 和平均产出 Y/L 均以比率 g 的不变速率增长。

3.2.3 Solow-Swan 模型与增长收敛

从上述关于 Solow-Swan 模型的资本和产出的动态方程分析中，我们不难发现，在新古典的分析框架下，由于其所持有的资本边际报酬递减的基本假设，Solow-Swan 模型在理论上寓含了经济增长收敛：在经济增长过程中，一个经济的人均收入距离其稳态水平越远，由于其资本的回报率越高，因此人均收入水平增长越快。简言之，初始人均收入水平低的经济体，相对于初始收入水平高的国家和地区，有更高的增长率，即增长率与初始人均收入成负向关系，故经济增长存在 β 收敛。具体分析如下：

由资本的基本动态方程（式(3-5b)），等号两边同时除以人均资本量 k，变形得到人均资本的增长率方程：

$$\gamma_k = \frac{\dot{k}(t)}{k(t)} = s\frac{f(k(t))}{k(t)} - (n + g + \delta) \qquad (3-6)$$

由式（3-6），对有效劳均资本（k）求导数，得到资本增长率相对于资本存量的变动率：

$$\frac{\partial \gamma_k}{\partial k} = s\frac{\partial f(k(t))}{\partial k(t)} = s\frac{f'(k)k - f(k)}{k^2} \qquad (3-7)$$

由于$f'(k)k$表示资本的产出份额，因此，可以证明①，$f'(k)k - f(k) < 0$，由此得到：

$$\frac{\partial \gamma_k}{\partial k} = s \cdot \frac{\partial f(k(t))}{\partial k(t)} = s \cdot \frac{f'(k)k - f(k)}{k^2} < 0 \qquad (3-8)$$

式（3-8）表明，资本的增长率是初始资本水平的减函数：在其他条件不变的情况下，初始资本水平越低，则资本增长率越高；进而言之，初始资本水平越低，则人均产出增长率越高。从而新古典的Solow - Swan模型预示了经济增长存在β收敛性。

---

① 这一结论可证明如下：由新古典生产函数的基本假设，$y = f'(k)$满足：$f'(0) = 0, f(k) > 0, f''(k) < 0$。故上述问题只需证明资本的平均产量是资本水平的减函数即可，即只需考察：

$$\frac{\partial \left\{\frac{f(k)}{k}\right\}}{\partial k} = \frac{f'(k) \cdot k - f(k)}{k^2}$$

令$z = f'(k) \cdot k - f(k)$，则$\frac{\partial z}{\partial k} = f''(k) \cdot k + f'(k) - f'(k) = f''(k) \cdot k$

由$f''(k) < 0$得：$\frac{dz}{dk} \begin{cases} = 0 & if\ k = 0 \\ < 0 & if\ k > 0 \\ > 0 & if\ k < 0 \end{cases}$

所以$z(k)$在0点取最大值；而$k = 0$时，有$z = f'(k) \cdot k - f(k) = 0$（$\because f(0) = 0$）

所以，当$k > 0$时，有$z(k) < 0$。即在k的正半轴，z是k的减函数。因此，当$k > 0$时，有：

$$\frac{\partial \left\{\frac{f(k)}{k}\right\}}{\partial k} = \frac{f'(k) \cdot k - f(k)}{k^2} < 0 \Rightarrow f'(k) \cdot k - f(k) < 0$$

即资本的平均产出是资本水平的减函数，从而得到$f'(k)k - f(k) < 0$。得证。

3.2.3.1 绝对 β 收敛

绝对 β 收敛是指贫穷的国家或地区比富裕的国家或地区有更高的增长率；换言之，经济增长率和初始经济发展水平之间存在着负相关；并且，随着时间的推移，所有的国家或地区将收敛于相同的人均收入水平。绝对 β 收敛隐含的条件是经济收敛的国家或地区具有完全相同的基本经济特征，包括投资率、人口增长率、资本折旧率和生产函数，从而也具有完全相同的增长路径和均衡稳态，故而经济增长率与初始收入水平成负向关系。

根据 Solow–Swan 模型中的资本动态方程，我们发现，对于具有相同经济结构从而相同经济参数（此处主要是指具有相同的外生储蓄率 s），Solow–Swan 模型预示了经济增长的绝对 β 收敛。这由图 3–3 得到说明：

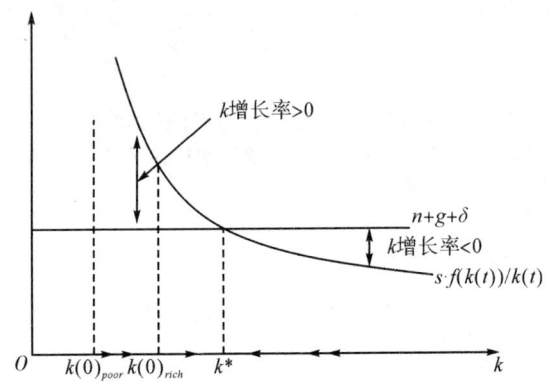

图 3–3 Solow–Swan 模型与绝对 β 收敛

图 3–3 中，有两个资本的初始状态：$k(0)_{poor}$ 和 $k(0)_{rich}$，分别反映了人均资本量较低和人均资本量较高的两种经济发展水平，而 $s\dfrac{f(k(t))}{k(t)}$ 和 $(n+g+\delta)$ 两条线之间的垂直距离反映的即是人均资本量的增长速度。由图可见，由于两个经济具有

相同的结构,仅仅只是初始人均资本水平不同,初始人均资本量较低的经济体有较高的增长率,而初始人均资本量较高的经济的资本增长率较低。特别的,经济系统只有唯一一个稳态,不论初始位置在何处,经济发展的结果是收敛于该唯一稳态。因此,由图3-3所描述的Solow-Swan模型中的资本动态所预示的经济增长模式,即在人均量上落后经济体趋于比富裕经济体增长更快的假说,而不以经济的任何其他特征为条件,这正是绝对β收敛的内在含义。

3.2.3.2 条件β收敛

条件β收敛则放弃了各个经济体具有完全相同的基本经济特征的假定,从而意味着不同的经济体也具有不同的稳态。根据新古典增长理论,每个经济体都将收敛于自身的稳态,其收敛速度与自身稳态的距离成反比。由于不同经济体具有异质特征,亦即具有不同的增长路径和稳态,所以,条件β收敛所考察的是,如果外生变量保持不变,初始收入水平与增长率是否成负相关。也就是在承认不同经济体有自身稳态的条件下,如果一个经济离其自身的稳态值越远时增长速度就越快,则表明该经济系统存在条件β收敛。

由式(3-6)可知,在Solow-Swan模型中,如果储蓄率不再是一个常数,则人均资本增长率决定因素之一就是储蓄率。根据稳态条件:

$$s \cdot f(k^*) = (n + g + \delta) \cdot k^* \quad (3-9)$$

得到储蓄率:

$$s = \frac{(n + g + \delta) \cdot k^*}{f(k^*)} \quad (3-10)$$

将其代入式(3-6),得到稳态资本增长率:

$$\gamma_k = s \cdot \frac{f(k)}{k} - (n + g + \delta)$$

$$= \frac{(n+g+\delta) \cdot k^*}{f(k^*)} \cdot \frac{f(k)}{k} - (n+g+\delta)$$

$$= (n+g+\delta) \cdot \left[\frac{k^* \cdot f(k)}{k \cdot f(k^*)} - 1\right]$$

$$= (n+g+\delta) \cdot \left[\frac{f(k)/k}{f(k^*)/k^*} - 1\right] \quad (3-11)$$

令：$\omega = \frac{f(k)}{k}$，则有：$\frac{\partial \omega}{\partial k} = \frac{f'(k) \cdot k - f(k)}{k^2}$

在新古典生产函数假定下，$f'(k) \cdot k$ 表示资本的产出份额。$\frac{\partial \omega}{\partial k} = \frac{f'(k) \cdot k - f(k)}{k^2} < 0$，即 $\omega = \frac{f(k)}{k}$ 是资本水平的减函数。由此可得：

$$\gamma_k = (n+g+\delta) \cdot \left[\frac{f(k)/k}{f(k^*)/k^*} - 1\right] \begin{cases} > 0 & if\ k < k^* \\ = 0 & if\ k = k^* \\ < 0 & if\ k > k^* \end{cases}$$

$$(3-12)$$

式（3-12）所蕴含的经济含义表明，当人均资本水平（k）低于稳态人均资本水平（k^*）时，人均资本量具有正的增长率，即人均资本水平会增长；反之，人均资本水平（k）高于稳态人均资本水平（k^*）时，人均资本水平会趋于下降；当且仅当人均资本水平（k）等于稳态人均资本水平（k^*）时，人均资本水平不再改变，处于稳态水平。

式（3-12）蕴含着新古典经济增长理论的条件收敛特征。令 $\Delta k = k^* - k$，表示实际资本水平与稳态资本水平的距离。则可以考察资本增长率与 Δk 的关系为：

$$\frac{\partial \gamma_k}{\partial \Delta k} = \frac{\partial \left\{(n+g+\delta) \cdot \left[\frac{f(k)/k}{f(k^*)/k^*} - 1\right]\right\}}{\partial \Delta k}$$

3 经济增长收敛的理论基础与收敛机制设计

$$
\begin{aligned}
&= (n + g + \delta) \cdot \frac{\partial\left\{\frac{f(k)/k}{f(\Delta k + k)/(\Delta k + k)}\right\}}{\partial \Delta k} \\
&= (n + g + \delta) \cdot \frac{f(k)}{k} \cdot \frac{\partial\left\{\frac{(\Delta k + k)}{f(\Delta k + k)}\right\}}{\partial \Delta k} \\
&= (n + g + \delta) \cdot \frac{f(k)}{k} \cdot \frac{f(\Delta k + k) - (\Delta k + k) \cdot f'(\Delta k + k)}{[f(\Delta k + k)]^2} \\
&= (n + g + \delta) \cdot \frac{f(k)}{k} \cdot \frac{f(k^*) - k^* \cdot f'(k^*)}{f^2(k^*)} > 0
\end{aligned}
$$

$$(3-13)$$

由式 (3-13) 可知，人均资本增长速度是实际水平与稳态水平距离的增函数：实际资本水平距离稳态水平越远，则 γ_k 越大，进而人均收入增长速度越大，反之则越小。这正是条件 β 收敛的本质含义。

Solow-Swan 模型所蕴含的条件 β 收敛可用图 3-4 表示如下：

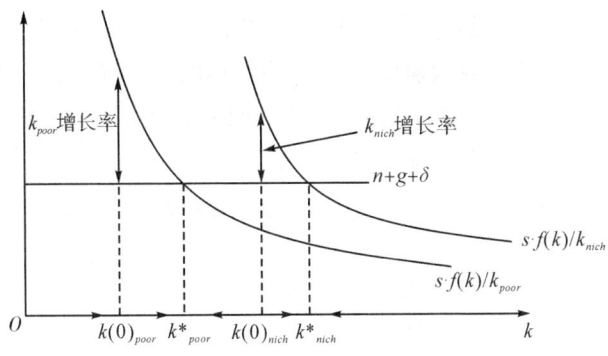

图 3-4 Solow-Swan 模型与条件 β 收敛

在条件收敛模式下，由于放弃了经济参数相同的假设条件，从而允许具有不同发展水平的经济体具有不同的稳态。在

图 3-4 中，初始人均资本水平较低的经济体具有稳态人均资本 k^*_{poor}，而具有较高人均资本存量的经济体，则收敛于其人均资本存量 k^*_{rich}。条件 β 收敛考察了在这两种趋于稳态的过程中，离自身稳态越远的经济，其收敛速度越快。

3.2.4 Solow-Swan 模型与收敛速度

与经济增长收敛密切联系的重要概念是收敛速度，即经济向稳态收敛的时间长短。当我们在讨论地区协调发展的时候，我们不仅仅想知道实现协调发展有没有可能；对实际经济生活更重要的是，这种落后经济向发达经济收敛的时间长短——显然，快速高效的实现增长收敛，比长达几个世纪后的经济发展差距消失来得更有现实意义。

在 Solow-Swan 模型中，根据模型的假定条件，经济增长收敛于其稳态水平。因此。对落后经济向发达经济收敛速度的考察就转向对经济向稳态水平收敛的速度。由式（3-2）的集约形式的生产函数可知，由于在生产函数中，仅有一个变量 k，因此，产出的 y 的行为与变量 k 的行为是一致的。对于产出 y 的收敛速度的考察，等价于对变量 k 的考察。据此，可以先分析变量 k 的收敛速度，借此可推演出产出 y 的收敛速度[①]。本部分放弃这一传统的研究方法，而是直接从产出的行为出发，对经济增长收敛速度进行考察。

根据生产函数 $y = f(k)$，设其反函数为：$k = g(y)$，其中 $g(\cdot) = f^{-1}(\cdot)$。

$$\dot{y} = \frac{dy}{dt} = \frac{\partial f(k)}{\partial k}\frac{dk}{dt} = f'(k)\,\dot{k} \qquad (3-14)$$

将资本 k 的动态方程和 $k = g(y)$ 代入式（3-14），得到：

---

① 戴卫·罗默. 高级宏观经济学 [M]. 2 版. 王根蓓，译. 上海：上海财经大学出版社，2003.

$$\dot{y} = f'(g(y)) \cdot sy - f'(g(y)) \cdot (n + g + \delta) \cdot g(y)$$
(3-15)

根据式（3-15）可知，$\dot{y}$ 是 y 的函数，记为 $\dot{y} = \dot{y}(y)$，且有 $\dot{y}(y^*) = 0$。将 $\dot{y}$ 在稳态水平 $y = y^*$ 处作近似一阶线性泰勒展开，得到：

$$\dot{y} \approx \left. \frac{\partial \dot{y}}{\partial y} \right|_{y=y^*} (y - y^*) \tag{3-16}$$

记 $\lambda = - \left. \frac{\partial \dot{y}}{\partial y} \right|_{y=y^*}$，则式（3-16）可以表示为：

$$\dot{y}(t) \approx -\lambda [y(t) - y^*] \tag{3-17}$$

记 $w(t) = y(t) - y^*$，则 $\dot{w}(t) = \dot{y}(t) - 0 = \dot{y}(t)$，将其代入式（3-17），得到 $\dot{w}(t) = -\lambda w(t) \Rightarrow w(t) = w(0) e^{-\lambda t}$。将 y 回代入该式，得到：

$$y(t) - y^* = e^{-\lambda t} [y(0) - y^*] \tag{3-18}$$

式（3-18）反映了经济在向其稳态逼近过程中，与其初始经济水平的动态关系。其中，λ 可由其定义式并根据式（3-15）推导得到：

$$\lambda = - \left. \frac{\partial \dot{y}}{\partial y} \right|_{y=y^*} = -[f''(g(y^*))g'(y^*)sy^* + f'(g(y^*)) \cdot s$$
$$- f''(g(y^*))g'(y^*)(n+g+\delta)g(y^*) - f'(g(y^*))(n+g+\delta)g'(y^*)]$$
(3-19)

将稳态的储蓄率 $s = \frac{k^*}{f(k^*)}(n+g+\delta) = \frac{g(y^*)}{y^*}(n+g+\delta)$ 代入，得到：

$$\lambda = - \left[f''(g(y^*))g'(y^*) \frac{g(y^*)}{y^*}(n+g+\delta)y^* \right.$$
$$+ f'(k^*) \frac{k^*}{y^*}(n+g+\delta) - f''(g(y^*))g'(y^*)(n+g+\delta)g(y^*)$$
$$\left. - f'(g(y^*))(n+g+\delta)g'(y^*) \right]$$

$$= -\left[\frac{k^* f'(k^*)}{y^*}(n+g+\delta) - (n+g+\delta)f'(k^*) \cdot g'(y^*)\right]$$
$$(3-20)$$

记 $\alpha_k = \frac{k^* f'(k^*)}{y^*}$ 表示资本的产出份额；由于 $g(\cdot) = f^{-1}(\cdot)$ 互为反函数，其一阶导数互为倒数①，故有 $f'(k^*) \cdot g'(y^*) = 1$。将其代入式（3-20），得到：

$$\lambda = -(n+g+\delta)(\alpha_k - 1) = (1-\alpha_k)(n+g+\delta)$$
$$(3-21)$$

由此得到产出 y 的收敛速度（事实上，这一速度与资本 k 的收敛速度相同）。式（3-18）表明，有效劳均产出向其稳态收敛的速度，与它到稳态产出水平 y^* 的距离成正比。参数 λ 表示了产出每年向稳态产出移动的距离占剩余距离的比例。所以，要走完其到稳态增长路径值的距离的一半，需要的时间大约为 $\frac{\ln 2}{\lambda}$ 年，此即为收敛的半周期。

3.3 内生增长理论与增长收敛

在新古典增长理论的分析框架下，由于具有技术进步率、人口增长率、储蓄率水平等外生给定，以及资本报酬递减的基本假定条件，经济增长的最终结果必然是不同初始发展水平的经济体之间将共同趋于同一稳态，即经济增长最终必然收敛。这一特征得到了大量的事实的证实，因此在新古典经济理论产生后相当长一段时间里，特别是 20 世纪 60 年代中后期，该理论基本上垄断了经济增长的相关理论。这种"一家之言"的

---

① 根据求导法则，有"反函数的导数等于直接函数导数的倒数"。

状况的出现，一方面表明新古典增长理论在对于当时世界经济所具有的极强的解释能力，另一方面，也使得在很长一段时间里经济增长理论研究陷入沉寂，"因为经济学家们没什么新的东西可说了"（Barro，Sala-i-Martin，2000）。

尽管新古典增长理论一度给予经济现实很好的解释而显得欣欣向荣，但过于苛刻的假设条件无疑是对现实的严重背离；而且，更加糟糕的是，作为理论的出发点与归宿，经济增长这个中心问题，在以 Solow-Swan 模型为代表的新古典增长理论那里仅仅是由一个外生给定的神秘变量，即劳动的有效性给予解释的，而劳动的有效性本身是什么并不明确；它只是劳动和资本以外的影响产量的其他因素的一个总称。"因此，夸张点说，索洛模型是通过假定增长来解释增长的"［戴维德·罗默（David Romer），1999］。这样的研究体系所给出的研究结论当然不能以令人满意，这使得新古典增长理论受到了越来越多的质疑。正是在这样的发展背景下，以 Romer（1986）和 Lucas（1988）为代表的内生增长理论逐渐脱颖而出。

内生增长理论（Endogenous Growth Theory）又被称为新增长理论（New Growth Theory），是在对新古典增长理论的批判基础上发展起来的，通过对技术等关键变量的内生化，得出"长期经济增长的动力不是来自经济系统之外，而是来自经济系统内部"的核心观点。与新古典增长理论所不同的是，内生增长理论并没有为大多数经济学家所共同接受的理论模型，而仅是具有一些相同或类似观点的模型的松散集合体。根据本书研究的目的，本节将重点对下列理论模型进行分析，以此考察其对经济增长收敛性的理论判断和主张。

3.3.1 知识外溢模型与经济增长收敛

3.3.1.1 知识外溢模型：基本理论

Romer 知识外溢模型（Romer，1986）继承了阿罗（Arrow，

1962）的"干中学"（Learning – by – Doing）模型的思想，并将知识的外溢效应正式在模型中加以反映，以对经济增长进行新视角下的考察。

Arrow（1962）在其"干中学"模型中，将其"干中学"思想简单阐述为：企业在增加其物质资本的同时，也学会了如何更加有效率地生产，已有的生产经验对于生产率的提高具有正向的影响。Arrow 认为，知识水平本身作为一个生产要素，对于重复生产的效率具有显著的改进作用。当把知识作为主要要素引入模型后，资本的边际报酬就不再是递减的了。这是因为，在知识水平不变的前提下，尽管经济中的每个生产厂商是规模收益不变的；但是，在扩大资本投入时，知识水平也会相应上升，而知识的使用具有非竞争性，一家企业对已有知识的使用并不影响其他企业对知识的使用，因此，知识将被作为整体而出现。故作为一个整体，经济就具有递增收益——资本投入的增加将会带来产出的倍增；因此经济发展的结果是发散而不是收敛。

Romer（1986）在 Arrow 模型（1962）基础上，对模型进行了扩展和修正，建立起长期增长模型。其代表性厂商的生产函数如下：

$$Y = F(k_i, K, x_i) \qquad (3-22)$$

式（3-22）中，k_i 为厂商 i 的知识存量，K 是经济中总的知识存量，满足：$K = \sum_{i=1}^{N} k_i$，N 为经济中厂商数目，x_i 代表除知识以外的其他所有生产要素（如物质资本、劳动力等）。

假定只有知识存量可以增加，而其他的所有生产要素 x_i 数量不变，且每一个厂商都将 K 视为既定的变量。对于给定的 K 而言，Y 是 k_i 和 x_i 的凹函数；对于给定的 x_i，Y 是 k_i 的凸函数。模型采用柯布—道格拉斯（Cobb – Douglas，C – D）生

产函数,并设其对于所有厂商均相同,由于 x_i 被假定数量不变,故不显示出现在模型中。生产函数具体被表示为:

$$Y = k_i^\alpha K^\beta \tag{3-23}$$

式(3-23)中,β 体现了知识的外溢效应,且满足 $\alpha + \beta > 1$,因此生产函数对于知识存量具有规模收益递增的特性。

3.3.1.2 知识外溢模型与增长收敛性

假设一个分权经济的时间偏好为 ρ,效用跨期替代弹性为 σ,在无限期界条件下,系统的竞争性均衡增长率为(Romer,1986):

$$g_Y = [\alpha k^{\alpha+\beta-1} N^\beta - \rho]/\sigma \tag{3-24}$$

根据(3-24)可知,由于 $\alpha + \beta > 1$,产出增长率 g_Y 是知识存量 k 的递增函数,即:

$$\frac{\partial g_Y}{\partial k} = \frac{\alpha(\alpha+\beta-1)N^\beta}{\sigma} \cdot k^{\alpha+\beta-2} > 0 \tag{3-25}$$

式(3-23)~式(3-25)表明,由于知识具有外溢效应,使得生产函数具有了规模报酬递增的特性,随着一个经济知识存量的增加,其经济增长率也随之提高。由于发达的经济往往比落后的经济具有更多的知识存量,因此发达的经济通常会具有更快的经济增长。所以,模型预言在均衡状态,经济系统不会出现收敛;这与新古典增长模型中对收敛性的判断大相径庭。

3.3.2 人力资本模型与经济增长收敛

3.3.2.1 人力资本模型:基本理论

与 Romer 从知识外溢的角度考察经济增长的方式不同,Lucas 将新古典经济增长模型中的资本概念加以扩展,将人力资本引入模型,使资本由传统的纯物质资本拓展到包括物质资本和人力资本在内的更广泛意义的资本概念(Lucas,1988)。

通过研究人力资本积累对经济增长的贡献，发现了许多与新古典增长模型不同的结论。Lucas 认为，人力资本的内部和外部效应是"经济增长的发动机"，通过学校正规教育获得各种技能，从而提高自身的生产技能和收入水平，产生"内部效应"；通过在职培训、学习等形式使各种技能从一个人传播到另一个人产生"外部效应"，而这两种效应产生的递增收益可以实现经济的长期稳定增长。

Lucas 人力资本模型的思想，源于宇泽宏文（Uzawa,1965）的"最优技术进步模型"。Uzawa（1965）在新古典的框架中，运用两部门模型结构，研究了如何通过必要劳动投入以实现最优技术进步的问题。Uzawa 将社会生产活动分为生产部门和教育部门两个部门，前者用于物质产品的生产活动，后者专门生产思想从而与知识积累和技术进步有关。经济社会配置一定的资源到教育部门，则会产生新知识；而新知识可以被生产部门以零成本获取并会提高生产部门的生产效率，进而提高生产部门的产出。

Lucas（1988）在 Uzawa（1965）模型基础上，将人力资本引入模型，对原有模型进行修改与完善。设在时点 t 时人口总数从而劳动力总数为 $L(t)$，其外生给定的增长率为 n；单个劳动力的人力资本水平为 $h(t)$（$h(t) \in [0,\infty)$）。则时点 t 时社会总的劳动资源为 $H(t) = \int_0^\infty h(t) \cdot L(t) dh$。又设劳动者将其工作时间的 $u(t)$ 比例用于物质产品的生产，则 $1-u(t)$ 用于人力资本的积累，由此可得全部用于生产物质产品的有效劳动量（Effective Workforce）为 $H^e(t) = \int_0^\infty u(t)h(t)L(t)dh$。Lucas 认为人力资本不仅对其拥有者自身的生产效率提高有贡献，这被称为人力资本的内部效应（Internal Effect）；更重要的是，人力资本具有显著的外部效应（External Effect），社会

整体人力资本水平的提高,对每一个劳动者的生产效率均有提高作用。为此,定义社会平均的人力资本水平 h_a:

$$h_a = \frac{\int_0^\infty hL(h)dh}{\int_0^\infty L(h)dh} \qquad (3-26)$$

为简化分析,假设劳动者是同质的,即每一个劳动者的人力资本水平 h 是相同的,且投入物质产品生产的时间比例 u 也相同;则投入物质产品生产的全部有效劳动力总量为 $H^e(t) = uhL$,而平均人力资本水平简化为 $h_a = h$。在上述设定下,Lucas 建立了一个包括人力资本在内的连续时间条件下的希克斯中性技术进步的 C-D 生产函数模型:

$$Y(t) = AK(t)^\beta [u(t)h(t)L(t)]^{1-\beta} h_a(t)^\gamma \qquad (3-27)$$

式(3-27)中,由于引入了人力资本,而技术水平的变动将由人力资本加以体现,故 A 被设定为常数;$h_a(t)^\gamma (\gamma > 0)$ 反映了人力资本的外部效应。

人力资本积累函数被设定为线性形式:

$$\dot{h}(t) = \omega[1 - u(t)]h(t) \qquad (3-28)$$

产出 Y 被分配到消费和储蓄(投资),满足 $Y(t) = L(t)c(t) + \dot{K}(t)$,$c(t)$ 表示人均消费,$\dot{K}(t)$ 表示(净)资本增加,即(净)投资(折旧率为 0)。又设时间偏好为 $\rho > 0$,相对风险偏好系数(或称为跨期替代弹性)$\sigma > 0$。社会效用函数为:

$$u(c) = \int_0^\infty e^{-\rho t} \frac{1}{1-\sigma} [c(t)^{1-\sigma} - 1] L(t) dt \qquad (3-29)$$

结合前述设定,最大化式(3-29)的社会效用函数可知,其决策变量有两个:一是人均消费 $c(t)$,二是劳动力用于物质产品生产的时间比例 $u(t)$。

定义人力资本的增长率为 $g_h = \dot{h}(t)/h(t)$,人均消费增长

率为 $g_c = \dot{c}(t)/c(t)$，人均资本增长率为 $g_k = \dot{k}(t)/k(t)$。在均衡增长路径上，人均消费与人均资本增长率相等：

$$g_k = g_c = \frac{1-\beta+\gamma}{1-\beta} \cdot g_h \qquad (3-30)$$

由于人力资本存在外部效应，故私人的竞争均衡路径与社会的最优增长路径不再一致。其中，人力资本的社会最优增长率为：

$$g_h^* = \sigma^{-1}\left[\omega - \frac{1-\beta}{1-\beta+\gamma}(\rho-\lambda)\right] \qquad (3-31)$$

而私人竞争均衡条件下的人力资本增长率为：

$$g_h^c = [\sigma(1-\beta+\gamma)-\gamma]^{-1}[(1-\beta)(\omega-(\rho-\lambda))] \qquad (3-32)$$

3.3.2.2 人力资本模型与增长收敛性

根据式（3-27）可知，人力资本的外部效应，使得物质产品的生产具有递增的规模效益，这意味着增加物资资本投入以扩大生产规模将带来产出的倍增。递增的规模收益将吸引更多的资本投入，从而带来更高的产出。Lucas 在《为何资本不从富国流向穷国》一文中指出，在人力资本作为经济增长的主要力量的理论框架下，递增的规模报酬将导致资本从不发达国家或地区流向资本更丰富的发达国家或地区；同时，由于物质资本更丰富的地区，其资本—劳动比也更高，因而其劳动生产率、工资相对水平更高，所以劳动力特别是具有较高人力资本的劳动力将向发达国家与地区流动。这种"资本倒流"与"人才外流"是一个不断强化的过程，其恶性循环的结果必然是发达国家或地区更加发达，而落后国家或地区则更趋落后，形成贫富之间的"路径锁定"[①]，导致富裕与贫穷之间的差距

---

① 黄金辉. 人力资本促进经济增长机理分析：国内外研究述评 [J]. 学习与探索，2007（5）：122-123.

不是缩小而是扩大,经济增长的结果是发散而不是收敛。

同理,根据式(3-30)可知,稳态条件下,人均物质资本和人均消费的增长率将与人力资本的增长率呈正比例关系。这将意味着,人力资本增长率高的国家或地区,其资本和(或)消费的增长率也会较高。进一步 Lucas 分析指出,经济发展较落后的地区,其人力资本积累往往也较低,也即是说初始发展水平较低的经济,其人力资本在长期均衡中也可能会维持在较低的水平,故其人力资本在积累过程中的增长率也往往较低。这样,根据式(3-30),正比例于人力资本增长率的人均物质资本和消费的增长率也必然较低。从而不同初始发展水平的国家间,人均收入的差距将可能持续存在;具体而言,初始发展水平较低的国家或地区在其后的发展过程中,其经济增长的速度较之发达国家或地区为慢,这种"富而快、贫而慢"的增长结果必然是贫富差距的进一步扩大,经济增长的结果不存在新古典增长理论所宣称的收敛性。

3.3.3 研究开发模型与经济增长收敛

3.3.3.1 研究开发模型:基本理论

与源于 Arrow(1962)的"干中学"模型思想的"知识外溢模型"(Romer,1986)不同,Romer(1987,1990)认为知识或技术的获得,不只是简单地由于历史生产经验的积累,即"干中学"(Learning - by - Doing);更加重要的是,出于自身利益最大化的考虑,厂商会进行有目的的研发活动(R&D,Research and Development),以增加知识储量,提高生产效率。基于这一思考,Romer(1987,1990)拓展了经济增长理论,建立了以有目的的知识生产为重要内容的研究开发模型

(R&D 模型)[1]。

R&D 模型将社会经济活动分为两个部门：一是物质生产部门，用于最终产品即物质资料的生产，另一个为研发部门，专门从事知识的生产——该知识被生产出来后，可以被生产部门零成本吸收使用从而极大提高生产部门的生产效率。具体的，物质产品部门的生产函数为劳动增进型技术进步（哈罗德中性技术进步）的 C-D 生产函数：

$$Y(t) = [(1-\alpha_K)K(t)]^\alpha [A(t)(1-\alpha_L)L(t)]^{1-\alpha}$$
$(0 < \alpha < 1)$ \hfill (3-33)

式（3-33）中，变量的含义与前述模型相同。其中，α_L 表示劳动力中用于研究与开发部门的比例，$1-\alpha_L$ 表示劳动力中用于物质产品生产的比例；类似的，α_K 表示资本中用于研究与开发部门的比例，$1-\alpha_K$ 表示资本中用于物质产品生产的比例。由于知识的使用具有非竞争性，不会因为在一个场合的使用而影响到另一个场合的使用；因此知识在物质资料部门与在研发部门的作用均为知识的全部。

式（3-33）中显示，该生产函数具有典型的新古典生产函数所寓示的规模报酬不变的特点：在技术水平给定的条件下，投入要素的增加将带来产出的等倍增加。

类似的，对于研发部门，知识的生产也同样采用 C-D 生产函数：

$$\dot{A}(t) = B[(\alpha_K K(t)]^\beta [\alpha_L L(t)]^\gamma A(t)^\theta,$$
$(B > 0, \beta \geq 0, \gamma \geq 0)$ \hfill (3-34)

---

[1] 其他经济学家，如格鲁斯曼和赫普曼（Grossman & Helpman, 1991a）、阿吉翁和休伊特（Aghion & Howitt, 1992）等也提出了类似思想的增长模型。而两部门的分析模式最早可以追溯到宇泽宏文（Uzawa, 1965）、谢尔（Shell, 1966、1967）和费尔普斯（Phelps, 1966）。事实上，此处的"知识生产模型"正是对上述模型综合后的简化。

B 为转移参数。参数 θ 反映了已有的知识存量对后续知识增长的影响；但这种影响具有不确定性：可能的情形是，原有的知识可能为后续新知识的出现提供更好的思想源泉和工具，从而使新知识的生产变得更加容易——在这种情形下 $\theta \geq 0$；但另外可能的情形是，通常总是简单的知识首先被生产出来，这样后续生产的知识将越来越复杂和困难——在这种情形下，$\theta < 0$。

假定储蓄率 s 和人口增长率 n 外生给定，且 $n \geq 0$；资本折旧率 $\delta = 0$，即：$\dot{K}(t) = sY(t)$，$\dot{L}(t) = sL(t)$。

资本的动态方程为：

$$\dot{K}(t) = s(1-\alpha_K)^{\alpha}(1-\alpha_L)^{1-\alpha}K(t)^{\alpha}A(t)^{1-\alpha}L(t)^{1-\alpha} \quad (3-35)$$

资本的增长率为：

$$g_K(t) \equiv \frac{\dot{K}(t)}{K(t)} = c_K \left[\frac{A(t)L(t)}{K(t)}\right]^{1-\alpha} \quad (3-36)$$

其中，$c_K = s(1-\alpha_K)^{\alpha}(1-\alpha_L)^{1-\alpha}$。

对式（3-36）两边取对数并对时间求导数，得到 $g_K(t)$ 的增长率：

$$\frac{\dot{g}_K(t)}{g_K(t)} = (1-\alpha)[g_A + n - g_K] \quad (3-37)$$

显然，由于 $g_K(t)$ 为正，故 $\dot{g}_K(t)$ 的变动方向完全由 $g_A + n - g_K$ 决定。

同理，知识的增长率方程为：

$$g_A(t) \equiv \frac{\dot{A}(t)}{A(t)} = c_A K(t)^{\beta} L(t)^{\gamma} A(t)^{\theta-1} \quad (3-38)$$

其中，$c_A \equiv B\alpha_K^{\beta}\alpha_L^{\gamma}$。

对式（3-38）两边取对数并对时间求导数，得到 $g_A(t)$ 的增长率：

$$\frac{\dot{g}_A(t)}{g_A(t)} = \beta g_K(t) + \gamma \cdot n + (\theta-1)g_A(t) \quad (3-39)$$

3.3.3.2 研究开发模型与增长收敛性

对于物质产品的生产，由于将人口从而劳动力增长设定为外生的，因此，决定生产的内生要素是资本和知识。根据式（3-34）知，资本与知识物质生产来说是规模报酬不变的。因此，内生要素对于产出的规模报酬情况，将由知识生产函数来决定。而由式（3-35）可知，资本（K）和知识（A）的规模报酬度为$\beta+\theta$；故根据$\beta+\theta$与1的大小比较可以判断生产的规模报酬，从而可确定经济增长的敛散性。

1. 情形 I：$\beta+\theta<1$

根据式（3-38）和（3-39），得到$\beta+\theta<1$时的资本与知识的增长率的相图（见图3-5）：

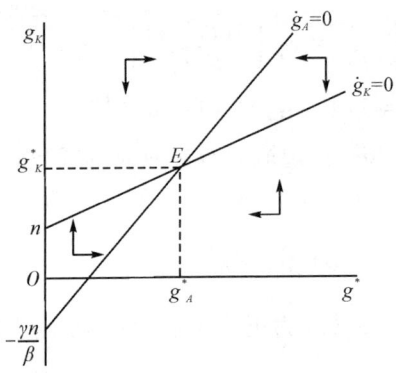

图3-5　资本与知识增长率动态模式（$\beta+\theta<1$）

由图3-5可知，无论资本增长率g_K与知识增长率g_A始于何处，在长期中，必将收敛于唯一的稳态增长率（g_K^*, g_A^*），满足$\dot{g}_K=\dot{g}_A=0$，由式（3-37）知此时有：$g_A^*+n-g_K^*=0\Rightarrow g_K^*=g_A^*+n$；将其代入式（3-39），解得：

$$g_A^*=\frac{\beta+\gamma}{1-(\beta+\theta)}\cdot n \qquad (3-40)$$

因而，人均资本增长率 $g_k^* = g_K^* - n = g_A^* = \dfrac{\beta+\gamma}{1-(\beta+\theta)}$ · n；进而由式（3-34）可以推导得到，人均产出增长率 g_y^* = g_k^* = $\dfrac{\beta+\gamma}{1-(\beta+\theta)}$ · n。显然，g_y^* 与 g_k^* 均是人口增长率 n 的递增函数，意即随着人口增长率的提高，稳态时的人均产出增长率与人均资本增长率也随之提高。

世界经济发展的历史表明，经济发展水平较低的国家或地区，人口增长率往往较发达国家或地区更高。因此，从不同经济体之间的横向比较可知，初始发展水平较低的经济有更高的增长率。这表明，在 $\beta+\theta<1$ 情形中，经济增长表现出收敛性。分析其原因，不难发现，$\beta+\theta<1$ 表明知识生产具有规模收益递减的发展趋势，所以生产要素对于产出表现出规模收益递减，因此与新古典增长理论模型所宣称的一致，经济增长存在收敛性。

2. 情形Ⅱ：$\beta+\theta>1$

根据式（3-38）和（3-39），得到 $\beta+\theta>1$ 时的资本与知识的增长率的相图（见图3-6）：

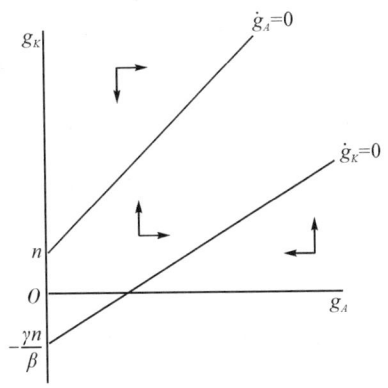

图3-6 资本与知识增长率动态模式（$\beta+\theta>1$）

由图 3-6 可知，无论经济初始状态如何，经济增长的结果是促使经济增长进入 $\dot{g}_A = 0$ 与 $\dot{g}_K = 0$ 两条线之间。此时，资本 K、知识 A 的 g_K 和 g_A 的增长轨迹是趋于发散的；因而产出 Y 的增长率也是趋于发散的。这表明，在 $\beta + \theta > 1$ 情形中，经济增长拒绝了收敛假说。究其原因，$\beta + \theta > 1$ 表明知识的生产函数是规模收益递增的，由此决定了物质产品的生产函数式（3-34）是规模收益递增的。在递增的规模收益条件下，投入的增加将导致产出的倍增，因而富裕经济体必将吸引更多的资本，同时生产出更多的知识，驱动生产率更高；这一过程是不断加强且固化的，从而使得发达经济取得更高的增长率，导致经济增长出现发散而不是收敛。

3. 情形Ⅲ：$\beta + \theta = 1$

作为一种特殊情形，在 $\beta + \theta = 1$ 时，知识生产函数表现出规模收益不变的特征，因而物质产品生产函数也是规模收益不变的。此时，$\dot{g}_K = 0$ 与 $\dot{g}_A = 0$ 两条线将处于平行状态。根据式（3-38）和（3-39），得到此时的资本与知识的增长率的相图（见图 3-7）：

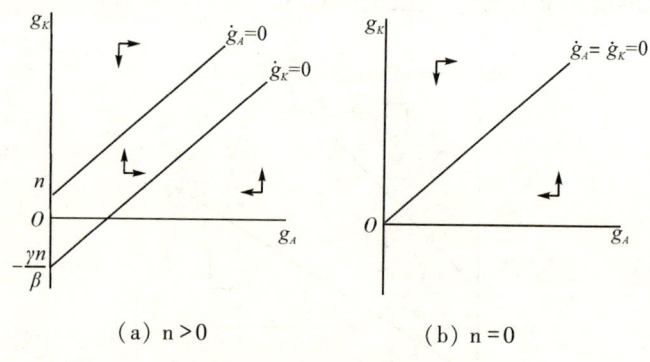

(a) n > 0   (b) n = 0

图 3-7　资本与知识增长率动态模式（$\beta + \theta = 1$）

在图 3-7（a）中，$\dot{g}_K = 0$ 与 $\dot{g}_A = 0$ 两条线将处于平行状态。不论初始状态如何，经济增长的结果将促使经济进入两条平行线之间，资本 K 和知识 A 的增长率不断提高，从而产出增长率也不断提高，这一情形与 $\beta + \theta > 1$ 相类似，经济增长的结果是发散而不是收敛。

在图 3-7（b）中，由于人口（从而劳动力）增长率为 0，$\dot{g}_K = 0$ 与 $\dot{g}_A = 0$ 两条线重合。类似于 $\beta + \theta < 1$，此时经济将收敛于一条（唯一）平衡增长路径。经济增长的结果出现收敛。

3.3.4 其他内生增长理论与收敛

内生增长理论作为一个广泛的理论模型的综合，在将技术变动内生从而经济增长成为一个内生过程的共同思路下，内生增长模型揽括了为数众多的经济增长理论模型。除了前面的知识外溢模型、人力资本模型和知识生产模型外，技术扩散模型[巴罗（Barro），1995]、AK 模型[琼斯（Jones），2002]、制度内生模型[罗默（Romer），1986；诺斯（North），1990)]等也是其重要代表，在经济增长的敛散性方面有着深刻的理论寓意。

在内生增长理论的发展过程中，一度将制度视作彼此心照不宣的既定约束，是外生给定的，因此对于制度对经济增长的影响并没有受到足够的重视。新制度经济学的兴起，对内生增长理论产生了重要影响，制度对经济的影响引起了相关学者的关注和兴趣。其实，早在 20 世纪 50 年代，学者就开始关注制度与经济增长的关系。刘易斯（Lewis，1955）在《经济增长理论》一书中指出，制度作为其他因素的基础，可以从正反两个方面影响经济增长效率，即良好的制度会放大其他因素的正增长效率，加速经济增长；相反，糟糕的制度则可能成为一种阻力，降低经济效率。克鲁格（Krueger，1974）基于贸易壁垒理论从寻租角度分析了政府对于垄断租金追逐的冲动，从而所可能带来的经济效率的下降与社会福利的损失，进而指出一个能对政府部门产生有效约束的社会制度是增长所必需的。Romer（1986）指出，由于存在知识的外溢效应，竞争均衡下的经济增长将不可能实现帕累托最优增长，因此政府需要从制度建设出发，消除知识的社会边际产出与私人边际产出之间的差别，以实现有效率的经济增长。Barro（1993）对于政府从而制度对于经济增长的重要性也做了相应的研究。海迈（Hyamai，1998）认为，由于在政治市场中存在政治性诱致，因此导致了政府部门可能因寻租而对社会福利产生负面影响，并进一步影响到经济增长的质量。因此，他认为以有效的制度手段来约束政府行为，可以促进经济增长。霍和琼斯（Hall & Jones，1999）认为不同国家和地区经济发展差距的重要因素之一，正是不同的社会制度（Social Infrastructure）。

总之，在内生增长理论框架下，社会制度作为一种重要的宏观变量，引起了理论和经验研究的重视，将制度内生化也必将成为经济增长理论发展的重要思路。

将制度作为经济增长的重要变量，对于经济增长的收敛性研究具有重要的理论启迪。可以想见，卓越的社会经济制度必将促进经济的高速发展，而拙劣的社会经济制度将成为经济发展的阻碍。因此，一个落后的经济如果能够采用卓有成效的制度加速经济的发展，将可能实现向发达经济的收敛，甚至于超越；而落后的经济再加上拙劣的社会制度，必将导致社会经济的进一步落后，使得其与发达国家或地区的差距越来越大，经济增长的结果将会是发散而不是收敛。

3.4 经济增长收敛机制：理论设计

缩小区域差距，促进协调发展，本质决不是减缓发达地区的发展速度，集体陷入"贫困陷阱"；而是大力提升落后地区的生产效率，促进其发展。因此，需要从促进经济增长的因素即增长源泉入手，考察增长的收敛机制。

作为物理学上的概念，"机制"指一个系统中各个组成部分间的相互联系、相互制约的关系；在经济学中，"机制"常常被用来刻画经济组织或经济系统内部各组成成分或内外部间各要素的相互制约关系。"经济增长收敛机制"旨在研究是什么因素促进了落后经济向发达经济收敛以及实现收敛的具体方式。

纵观经济增长理论发展过程，我们发现其基本遵循了这样的一条发展脉络：①初始的古典增长理论强调了资源禀赋的重要性，这从斯密的"劳动价值论"和配第"土地是财富之母"等论述中对原始土地和劳动的重视中可见一斑；②发展到哈罗德—多玛模型后，物化劳动即资本受到了前所未有的关注，这种"资本决定理论"反映了在资本稀缺的时代背景下资本对经济增长的重要作用，这对于欠发达经济——资本稀缺是这种经济结构的基本特征——具有重要的理论和实践启示；③到新古典增长理论后，虽然继续重视资本的作用，但研究结论却显示，决定经济增长的是外生的技术进步即 Solow–Swan 模型中劳动的有效性 A；④内生增长理论继承了新古典增长理论重视技术的基本特征，并从知识积累和人力资本的角度将技术进步内生化，拥有特殊技能的人力资本成为经济增长的另外一个重要源泉；⑤内生增长理论的新近发展表明，社会制度对经济增长的影响同样是显著的。知识积累、人力资本和社会制度建设对经济增长的突出贡献,对于发展中国家或地区,特别是对于转型经济有着特殊的理论启示和和实践指导意义。

关于经济增长的收敛机制,已有研究从资本、劳动、人力资本、市场化程度等方面进行了考察(蔡昉、都阳,2000;马瑞永,等,2005)。本书以增长理论为基础,在现有研究基础上,对收敛机制进行深入归纳与提炼,将经济增长的收敛机制设计推向深入。具体的,本研究设计了以下三大收敛机制,即禀赋收敛机制、技术收敛机制和制度收敛机制。

3.4.1 禀赋收敛机制

经济增长离不开投入要素。一个地区经济的发展,除了受到基本不可改变的先天的自然禀赋,如土地、气候条件的影响外,区域劳动力资源、资本资源和人力资本资源对经济发展的影响至关重大。资源的多寡与质量的高低,制约着经济发展的速度和潜力。禀赋收敛机制反映了在经济增长过程中,投入的要素禀赋[①]数量的增加和质量的提高,提高了生产效率,实现经济的长期增长,促使落后地区向发达地区收敛。其本质在于,如果这种资源在促进落后地区的经济增长方面较之发达地区的贡献为大,则表明其具有禀赋收敛性;反之,则有禀赋发散性。

在促进经济增长的禀赋中,劳动、资本和人力资本具有决定性的作用。因此,本书将禀赋收敛机制设计成一个包含三个二级收敛机制的综合机制,即劳动收敛机制、资本收敛机制和人力资本收敛机制。

---

① 自然禀赋如地理、气候等对于地区经济增长的作用同样十分重大;特别是对于广大西部地区而言,自然条件的巨大差异事实上是造成地区发展差距的重要因素。但由于这些因素是自然给定的,具有不可改变性,不属于真正意义上的经济变量;对经济活动的研究显然只能在给定的自然条件下进行。因此,本研究的禀赋收敛机制未将自然禀赋考察包含在内。

1. 劳动收敛机制

劳动力资源作为生产的必备要素，其数量和质量对生产效率具有重要影响。充足而优质的劳动力是经济持续稳定地增长的重要保障。劳动力资源促进落后地区向发达经济收敛的实现路径如图3-8：

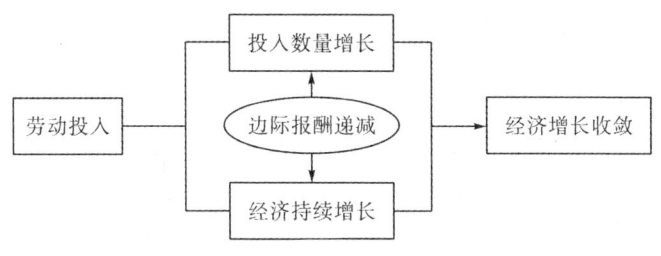

图3-8　劳动收敛机制

2. 资本收敛机制

作为物化劳动的固化，资本在经济增长中的作用，一直以来就是经济学家研究的重点。从古典增长理论到新古典增长理论，再到内生增长理论，资本均是经济增长的关键要素。资本数量的增长和质量的提高，往往决定了经济的发展规模与深度。在新古典增长理论那里，正是由于对资本边际报酬递减的假定，决定了经济增长收敛于同一平衡增长路径，实现了落后经济向发达经济的增长收敛。资本收敛机制实现路径如图3-9：

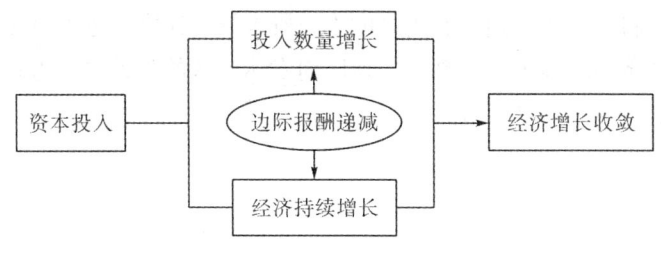

图3-9　资本收敛机制

3. 人力资本收敛机制

将资本概念由物质资本扩展到包括人力资本是内生增长理论的一大贡献。由于人力资本的导入，经济增长将可能出现比较复杂的态势：人力资本边际报酬的非递减性，使得新古典意义上因假设资本边际报酬递减而实现增长收敛的传统模式不复成立，以至于多数内生增长理论从理论的角度拒绝了经济增长收敛假设，而这与实际经济数据常常相背离；正是这种背离恰恰显示了人力资本具有促进经济增长收敛的功能。

显然，与劳动、（物质）资本在促进经济增长收敛所实现的路径不同，人力资本促进经济增长收敛不是在于其边际报酬的递减性，而是在于现实中客观存在的人才流动所导致的。通过优惠政策吸引高素质人才，人力资本的外溢效应促进落后地区人力资本的较快增长——人力资本贫瘠的地区，通过人才引进进而带动本地区人力资本的积累扩张，显然较之于普遍拥有较高人力资本的地区，其速度为快；其可能的原因在于，一方面是发达地区把"简单"知识已经生产发掘殆尽，而此后的进一步生产新知识难度更大，而落后地区则可以通过人才引进很容易就获得了那些简单知识，其获取成本较之发达地区当初创造性生产这些知识的成本为低；另一方面，在人力资本普遍偏高的地区，人力资本基数大，其提高速度慢；而落后地区由于人力资本的基数小，因此有具有快速提高人力资本水平的优势。正是由于人才流动与人力资本的获取成本与提升速度的差异，将促进落后地区有更高的人力资本累进速度，进而有更高的经济增长速度，实现落后地区向发达地区的收敛。人力资本收敛机制如图 3-10：

3 经济增长收敛的理论基础与收敛机制设计

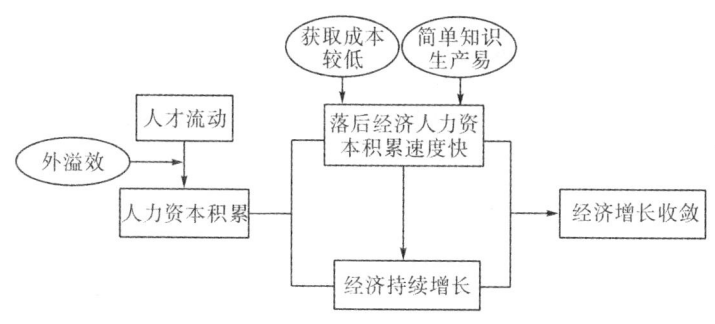

图 3-10　人力资本收敛机制

3.4.2　技术收敛机制

不论是新古典理论的外生技术，还是内生增长理论的内生技术变动，技术在经济增长中扮演着重要角色。此处的技术系指广义技术进步，即是通常所说的全要素生产率（TFP，Total Factor Productivity）。就经济增长的收敛性而言，在于技术落后的地区，通过技术引入，一是直接提高了引入地区的技术水平，二是技术具有外溢效应，引入的技术将激发技术引入地区的技术模仿与创新。因此，技术引入的成本要远低于技术的原始研发成本，占用时间也较短，因此有利于落后地区生产效率的迅速提高，促进落后地区向经济发达地区的收敛。技术收敛机制的实现路径如图 3-11：

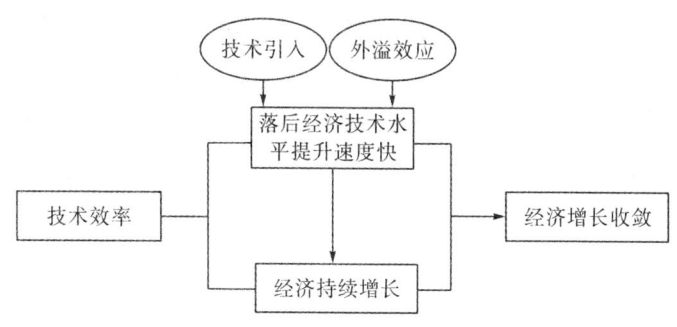

图 3-11　技术收敛机制

3.4.3 制度收敛机制

社会制度对于经济的影响具有双面性：良好有效的社会制度为经济活动参与者提供了健康有序的制度环境，有利于资源的有效配置和生产效率的提高；而落后的制度安排则降低资源效率，制约生产能力的提高。

社会制度作为一个综合的环境条件，主要包括对外开放水平、金融发展水平、产业发展制度、利益分配制度、工业的非国有化率以及国家宏观调控政策等。因此，制度收敛机制作为一个综合机制，包容了各项具体制度，反映了各种制度在提高生产效率进而在促进落后地区向发达地区收敛的过程中所起的作用；就促进经济增长收敛的过程而言，各项制度的发生机理与实现路径是基本一致的。制度收敛机制的实现路径如图 3-12：

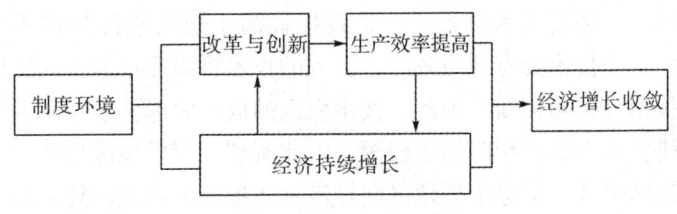

图 3-12　制度收敛机制

总之，区域经济增长的收敛行为是众多因素的综合结果，从而生成不同的收敛机制。在不同的阶段和不同的条件下，这些机制发生作用的方式和强度并非一成不变，而是需要针对实际情况进行具体考察。

3.5 本章小结

本章通过经济增长收敛的理论基础的探寻,并据此对收敛的实现机制进行理论设计,揭示了缩小区域经济差距、实现区域协调发展的理论路径,目的在于为后文的实证分析奠定理论基础;并为实证检验提供依据。

(1)增长收敛的理论基础在于经济增长理论。新古典增长理论与内生增长理论对增长收敛提出了不同的理论预判。在资本边际报酬递减的假定条件下,新古典增长模型预言了经济增长收敛性,包括绝对β收敛和条件β收敛,从理论上阐释了经济增长收敛的存在性。

(2)与新古典增长理论不同的是,以 Romer 和 Lucas 为代表的人物发展起来的内生增长理论,出于研究前提和假设条件的不同,对增长收敛提出了有异于新古典增长理论的判断和主张,但内生增长理论本身并没有完全拒绝增长收敛存在的可能性。具体表现为:Romer 的知识外溢模型强调由于存在知识的外溢效应,因而拒绝了经济增长收敛性;Lucas 的人力资本模型同样认为由于存在人力资本的外溢效应否定了增长收敛的存在性;而 R&D 模型对经济增长收敛的判断具有不确定性,意即在某些条件下,认为经济增长可能存在收敛性,而在另外一些情形中,则不存在收敛性。这种判断的不确定性,事实上为纷繁复杂的现实经济的收敛或者发散性提供了理论依据。

(3)区域经济增长的收敛行为,是众多因素的综合作用的结果,从而决定了增长收敛的生成机制。经济增长收敛机制旨在研究是什么因素促进了落后经济向发达经济收敛,以及实现的具体方式。基于经济增长收敛的理论基础和实际经济活动的分析,本章从禀赋、技术和制度等方面设计了增长收敛的三大机制，即禀赋收敛机制、技术收敛机制和制度收敛机制，用以分析经济增长收敛或者发散的生成机制。

（4）在实际的经济增长过程中，自然禀赋如地理环境、气候条件等对于地区经济增长的作用同样十分重大；特别是对于广大西部地区来说，自然地理、气候条件等的巨大差异，事实上是造成地区发展不平衡的重要因素。但由于这些因素是自然给定的，在一定的发展阶段下是不可改变的，不属于可控的经济变量；对经济活动的研究显然只能在给定的自然条件下进行。对增长的收敛机制研究，目的在于通过调整可控因素以促进区域协调发展，因此，本书的收敛机制并未对自然禀赋进行考察。

（5）本章关于收敛机制的设计，体现出一定的创新性。其表现在于：首先，具有理论的坚实性。将理论机制的设计建立在经济增长理论的基础上；增长理论在历史发展过程中，对促进经济增长的动力因素即增长源泉提出了不同的主张，本章以此为依据，对收敛机制进行设计。其次，理论的包容性。对于收敛机制，已有文献从资本、劳动等方面进行了归纳；本书在此基础上，从更广的研究视角对收敛机制进行深入归纳和提炼，充实并扩展了收敛机制的理论内涵，使收敛机制具有更强的包容性。

4
经济增长收敛的检验方法：SPDM 理论与方法概述

经济增长收敛考察了空间经济个体在不同时间截面上的相互关系，具有时空双维的动态特征，加之经济系统本身的复杂性，更增加了增长收敛检验的技术难度。科学严谨的检验方法是研究结论科学可靠的前提和保证。根据第 2 章可知，在收敛检验的三种方法中，回归方法较之于序列单位根方法和动态收入分布法更加具有优势，因其具有参数化和结构化特征，能揭示经济含义；而在回归检验技术中，考虑到经济个体的自身个性与个体之间的相互联系对收敛检验有重要影响，忽略这种影响将可能带来模型设定和估计的系统偏误；因此，正确识别并准确捕捉这种空间异质性和空间相依性，对于收敛检验至关重要。空间面板数据模型（SPDM）方法由于具有对空间异质性和空间相依性的良好的识别和捕捉能力，从理论上确保了研究方法的正确性和科学性，成为最重要的检验方法之一。

本章对空间面板数据模型（SPDM）理论与方法进行细致演绎；并采用"巴罗回归技术"（Barro et al., 1991），将 SPDM 具体应用于巴罗回归方程，建立起 SPDM 方法框架下的扩展的巴罗回归方程，用以检验增长收敛性。通过本章的研究，确定本书收敛检验的基本方法。

SPDM 理论与方法涉及空间效应及其检验、模型设定、模型检验等方面。下面进行具体考察。

4.1 空间交互效应

空间面板数据模型的迅速发展,源于现实经济数据的两个基本特征：一是空间异质性（Spatial Heterogeneity）。由于发展历史、地理环境、自然条件等的不同,空间各截面单元之间表现出异质性,忽略这些因素的影响将会导致估计结论的偏误（Baltigi, 2005）。但是,由于这些影响因素往往是不可观测的,这给纯粹的时间序列数据和截面数据研究带来了不可逾越的困难;而面板数据模型则可有效捕捉空间异质性,这有力地促进了面板数据模型的发展。二是空间相依性（Spatial Dependence）,也被称为空间交互效应（Spatial Interaction Effects）。理论及实证研究均表明,由于存在区际贸易、人才流动、共同的经济政策等原因,在地理上邻近的区域之间往往彼此影响,即具有显著的空间交互效应。空间面板数据模型（SPDM）除了具有普通面板数据模型（PDM）对于空间异质性的捕捉能力,更能对空间相依性即空间交互效应实施有效捕捉与分析,这极大促进了空间面板数据模型的发展。

采用空间面板数据模型作为研究的起点,在于正确认识空间截面单元之间的交互效应。空间交互效应反映了截面单元之间的相互影响。具体而言,空间交互效应反映了群体的平均行为对组成群体的个体行为的影响［曼斯基（Manski）, 1993］。根据这种影响的具体表现形式,可将空间交互效应分为三种类型。为此,首先引入 Manski 模型（Manski, 1993）：

$$Y = \delta WY + \alpha \iota_{NT} + X\beta + WX\theta + U$$
$$U = \rho WU + \varepsilon \tag{4-1}$$

4 经济增长收敛的检验方法：SPDM 理论与方法概述

模型（4-1）中，Y——被解释变量，为 $NT \times 1$ 维列向量；ι_N——所有元素为 1 的 $NT \times 1$ 维列向量；X——解释变量，为 $NT \times K$ 维矩阵；U——随机扰动项，为 $NT \times 1$ 维列向量；W——空间加权矩阵，为 $N \times N$ 维矩阵，元素非负，主对角线元素为 0；ε——随机扰动项，为 $NT \times 1$ 维列向量，服从独立同分布（IID），且与 U 相互独立。$\delta \alpha \beta \theta \rho$ 为对应各项系数；其中，δ 为空间自回归系数，ρ 为空间自相关系数。

由模型（4-1）所表示的 Manski 模型最初是用作截面数据模型；当将此模型应用于面板数据时，即可得到对应于面板数据的 Manski 模型。在该 Manski 模型中，存在着如下三种空间交互效应：

1. 内生交互效应（WY）

内生交互效应（Endogenous Interaction Effects）反映的是个体行为会随着群体行为的变动而变动。例如，当考察区域宏观投资时，一个地区的投资规模，常常受到其周边地区投资规模的影响。在这里，投资规模是目标变量，即上述模型（4-1）中的被解释变量 Y；它的变动受到了其他地区的 Y 的影响（WY），这即是内生交互效应。

2. 外生交互效应（WX）

外生交互效应（Exogenous Interaction Effects）反映的是个体行为随群体中其他成员的外生特性的变动而变动。例如，考察上述区域宏观投资时，一个地区的投资规模可能会受到另外某一地区的区域特征如产业转型、城市化进程或人口结构等的影响。在这里，产业转型、城市化进程等是模型的解释变量 X；外生交互效应反映的是一个地区的产业转型、城市化进程等因素（WX），会对目标地区的被解释变量（投资）造成影响。

3. 关联效应（WU）

关联效应（Correlated Effects）刻画的是在同一个经济系统中，各截面个体由于具有相似的个体特性或者面临相似的外部环境，因此个体往往表现出相似的行为。由于这些因素通常是不可观测的，故而以随机扰动项加以反映；这样，这些不可观测的变量的影响将以模型扰动项的形式出现，即表现出扰动项之间具有相关性，将此效应称作关联效应。例如，对上述地区投资的考察，由于气候环境、人文习俗等因素，在地理上邻近地区的投资行为往往具有一定程度的相关性；而气候环境、人文习惯等因素是不可观测性的，这些因素将以模型扰动项的形式被包含在模型中，于是截面单元间的相互影响将表现为模型扰动项的相关性上（WU），这即是空间的关联效应。

4.2 空间面板数据模型（SPDM）设定

就模型设定而言，空间面板数据模型就是在传统的面板数据模型基础上，增加反映空间交互效应。因此，这一工作通过以下程序完成。首先进行普通面板数据模型（PDM）的设定，然后增加空间交互效应。

4.2.1 普通面板数据模型设定

这里所谓普通面板数据模型（PDM），乃是相对于空间面板数据模型（SPDM）而言的。普通面板数据模型的最一般模型形式可表示为：

$$y_{it} = \alpha_{it} + \sum_{k=1}^{K} \beta_{kit} x_{kit} + \varepsilon_{it} \quad (i=1,2,\cdots,N; t=1,2,\cdots,T)$$

$$(4-2)$$

参照 Elhorst（2003）、Baltagi（2005）、白仲林（2008）等，可将由（4-2）式所描述的静态普通面板数据模型作如下分类：

1. 混合数据回归模型（Pooled Regression Model）

混合数据回归模型假设解释变量对被解释变量的影响在所有的个体及时点上均保持不变。模型设定为：

$$y_{it} = \alpha + \sum_{k=1}^{K} \beta_k x_{kit} + \varepsilon_{it} \quad (i=1,2,\cdots,N; t=1,2,\cdots,T)$$

$$(4-3)$$

2. 变截距回归模型（Variable Intercept Regression Model）

变截距回归模型假定解释变量对被解释变量的影响，在不同的个体和/或时点上的差别，仅仅在于模型截距的不同，也即是个体或时点的异质性将由模型的截距来捕捉和反映。模型设定如下：

$$y_{it} = \alpha_{it} + \sum_{k=1}^{K} \beta_k x_{kit} + \varepsilon_{it} \quad (i=1,2,\cdots,N; t=1,2,\cdots,T)$$

$$(4-4)$$

对于变截距回归模型，可以进一步根据截距的具体的表现形式的不同——个体截面单元，时间点上，或二者同时——分为个体效应、时期效应，以及个体时期效应。前二者为 One-way 模型，后者为 Two-way 模型；另一方面，效应分为固定效应和随机效应——前者将每一个个体或（和）时期所特有的效应作为一确定的变量；后者则将其视作来自某一分布的随机变量。

3. 变系数回归模型（Variable Coefficient Regression Model）

当解释变量对被解释变量的影响不能仅仅由模型的截距项来加以捕捉的时候，需要采用变系数回归模型。变系数回归模型认为空间异质性需要由模型的截距和斜率来共同反映。模型设定为：

$$y_{it} = \alpha_{it} + \sum_{k=1}^{K} \beta_{kit} x_{kit} + \varepsilon_{it} \quad (i=1,2,\cdots,N; t=1,2,\cdots,T)$$

(4-5)

式（4-5）意味着过多的参数会带来模型识别问题。为此，在实际研究中，常常会对模型的设定施加一定的约束条件。在 One-way 模型设定下，通常只考虑个体效应的变系数模型，包括固定效应模型（SUR 模型）和随机效应模型（Swarmy 模型）；或者部分确定部分随机（混合随机系数回归模型，MRCR 模型）。对于 Two-way 模型设定，则常常只考虑随机效应下的模型设定，并且假定其系数是可在空间和时间两个维度线性分解：$\alpha_{it} = \alpha + \mu_i + \lambda_t$ 和 $\beta_{kit} = \beta_k + v_{ki} + \lambda_{kt}$（Hsiao 随机系数模型）。

根据上述分析，可对静态普通面板数据模型进行整理归类，得到普通面板数据模型族（见图 4-1）。

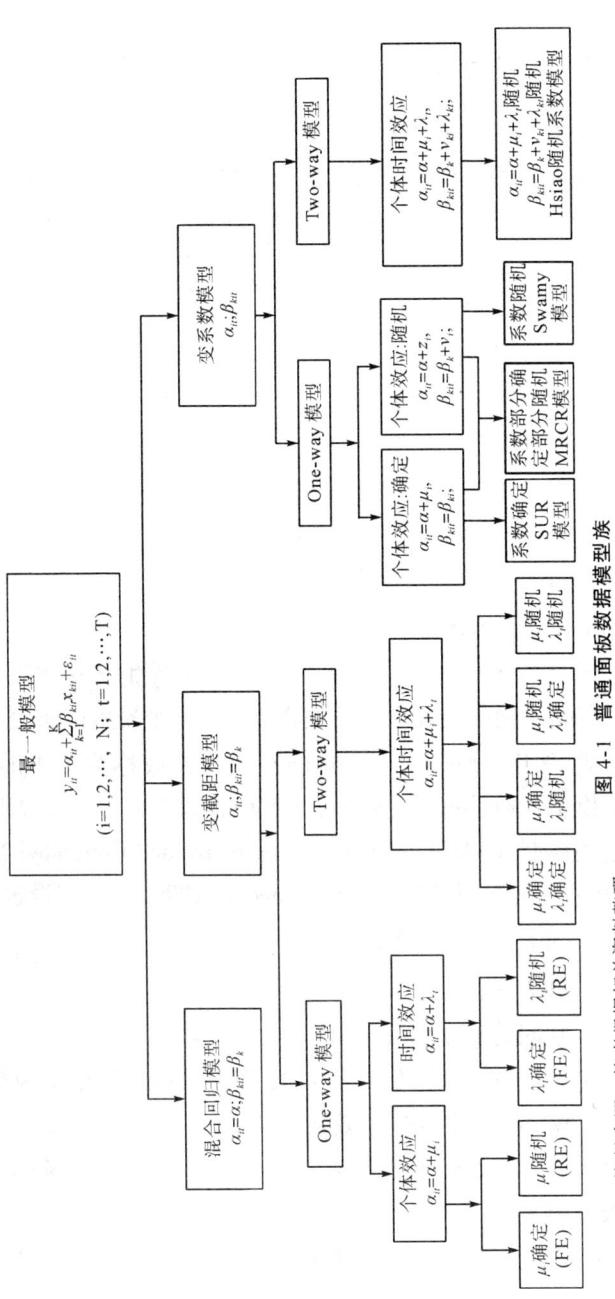

图 4-1 普通面板数据模型族

资料来源：笔者根据相关资料整理。

4.2.2 空间面板数据模型设定

在普通面板数据模型的基础上,加入反映空间相关性的空间交互效应,即得到空间面板数据模型。由于空间交互效应分为内生交互效应、外生交互效应和关联效应,因此根据包含的交互效应的类型可得到以下模型:

1. 三个交互效应模型——Manski 模型

当模型同时包含上述三个交互效应时,便得到 Manski 模型(Manski,1993)。模型的一般形式如前述式(4-1)。将其重新表示如下:

$$Y = \delta WY + \alpha \iota_{NT} + X\beta + WX\theta + U$$
$$U = \rho WU + \varepsilon \qquad (4-6)$$

2. 两个交互效应模型

(1) 广义空间模型(SAC)

在式(4-6)中,如果 $\theta = 0$,即消去外生交互效应,模型中只保留了内生交互效应和关联效应,这个模型最初由科勒吉安和普鲁卡(Kelejian & Prucha)提出,被称为 Kelejian-Prucha 模型(Kelejian, Prucha,1999)。这也就是通常所称的广义空间模型(SAC, Spatial Autoregressive and Correlated Model)[利斯基和佩斯(Lesage and Pace),2009]。模型设定为:

$$Y = \delta WY + \alpha \iota_{NT} + X\beta + U$$
$$U = \rho WU + \varepsilon \qquad (4-7)$$

(2) 空间德宾模型(SDM)

在式(4-6)中,如果 $\rho = 0$,即模型中只保留了内生交互效应(WY)和外生交互效应(WX),而不存在关联效应时,模型简化为空间德宾模型(SDM, Spatial Durbin Model)。SDM 被设定为:

$$Y = \delta WY + \alpha \iota_{NT} + X\beta + WX\theta + U \qquad (4-8)$$

(3) 空间德宾误差模型 (SDEM)

在式 (4-6) 中,如果 $\delta = 0$,即模型中只保留了外生交互效应 (WX) 和关联效应 (WU),而不存在内生交互效应时,模型简化为空间德宾误差模型 (SDEM,Spatial Durbin Error Model)。SDEM 被设定为:

$$Y = \alpha\iota_{NT} + X\beta + WX\theta + U$$
$$U = \rho WU + \varepsilon \quad (4-9)$$

3. 一个空间交互效应模型

由两个交互效应的进一步简化,得到只有一个交互效应的空间面板模型:

(1) 空间自回归模型 (SAR)

在式 (4-6) 中,如果 $\delta = 0$ 同时 $\rho = 0$,即模型中仅保留了内生交互效应 (WY)。此时,空间交互效应 (WY) 类似于时间序列模型中的被解释变量的滞后项,故这一类模型被称为空间滞后模型 (Spatial Lag Model),更为通常的叫法为空间自回归模型 (SAR,Spatial Autoregressive Model)。SAR 模型被设定为:

$$Y = \delta WY + \alpha\iota_{NT} + X\beta + U \quad (4-10)$$

(2) 空间误差回归模型 (SEM)

与 SAR 不同的是,如果在式 (4-6) 中,有 $\delta = 0$ 同时 $\theta = 0$,即在模型中仅留有空间关联效应 (WU)。此时,空间个体间的相互影响仅仅通过随机扰动项表达出来,则模型简化为空间误差模型 (SEM,Spatial Error Model),其模型形式为:

$$Y = \alpha\iota_{NT} + X\beta + U$$
$$U = \rho WU + \varepsilon \quad (4-11)$$

4. 零个空间交互效应模型——普通面板数据模型

最后,当模型中不存在空间交互效应时(交互效应个数为零),则空间面板数据模型 (SPDM) 退化为普通的面板数据模型（PDM）。此时，有 $\delta = 0$、$\theta = 0$ 同时 $\rho = 0$，退化的模型形式为：

$$Y = \alpha \iota_{NT} + X\beta + U \tag{4-12}$$

由此可见，普通的面板数据模型事实上正是空间面板数据模型的特例——在此模型中，不再存在空间交互效应。

根据上述空间面板数据模型设定的梳理，可以得到空间面板数据模型族的从一般到特殊的相互关系。

在经验研究中，常用的空间面板数据模型主要有 SAR 和 SEM 两个（Elhorst，2010）。这也是本书研究中拟采用的模型架构。同时，结合一般面板数据模型的个体和（或）时间效应，以及这种效应是被当作确定的还是随机的，空间面板数据模型族包含下列具体模型（见图 4-2）：

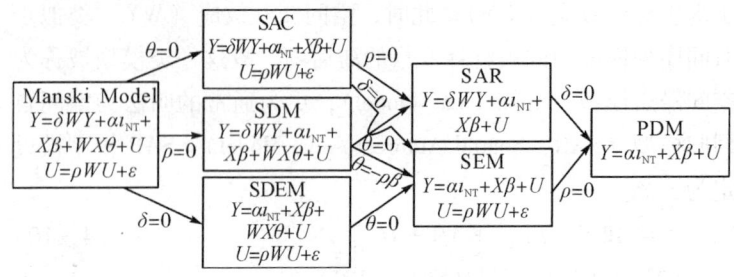

图 4-2 空间面板数据模型族

资料来源：J. Paul Elhorst, 2010b, Applied Spatial Econometrics: Raising the Bar.

对于 SPDM，OLS 估计方法已经不再适用，主要的表现在于，对于仅包含滞后误差项的 SPDM 来说，OLS 估计量虽然是无偏的，但不再具有有效性；而对于包含有空间滞后被解释变量的模型，OLS 估计量不仅丧失了无偏性，而且连一致性也不能满足；因此，对于 SPDM，主要是采用 ML 方法进行估计（Anselin，1988；Anselin and Hudak，1992）。

4.3 空间面板数据模型（SPDM）检验

4.3.1 空间面板数据模型检验的基本内容

模型检验过程，也就是对具体模型的选择过程。在各种模型中，采用何种类型的 SPDM 最适当？这是研究者首先需要解决的问题。对于 SPDM，模型检验进而模型选择包含了以下三个相互联系相互依存的内容：

1. 模型中包含的空间交互效应类型

空间相依即空间交互效应有三种类型，这决定了 SPDM 的基本类型。因此，首先需要确定的是在模型中，应该包含的空间交互效应类型：①空间滞后被解释变量（WY）；②空间滞后解释变量（WX）；③空间自相关误差项（Wu）；④上述三方面的某种或某几种组合。对空间交互效应类型的不同选择，决定了模型的基本类型。

2. 个体或时点效应的检验

与普通的面板数据模型一样，需要对包含在模型中的个体或时点效应进行检验，包括：①无个体时点效应，即混合回归模型（Pooled Regression Model）；②个体效应模型（Individual Specific Effects Model），此时模型的异质性表现为各个截面单元的截距项的不同，而在各时点上没有差别；③时点效应模型（Time‐period Specific Effects Model），模型的异质性表现为各个不同时点上的差别，而在同一时点上各截面单元表现出同质性；④个体时点效应模型（Individual and Time‐period Specific Effects Model），此时，在空间个体和时点上均表现出模型的异质性。

3. 固定或随机效应的检验

一旦确定了模型中包含的个体或时点效应，接下来的任务就是需要确定这些效应是固定的还是随机的。①固定效应（FE），认为表达模型异质性的是一个确定的系数，这个系数对于不同的个体和（或）时点是固定且彼此之间不同的；②随机效应（RE），认为反映模型异质性的是一个服从某一特定分布的均值为零且方差确定的随机变量。

4.3.2 普通面板数据模型的检验框架

模型选择的过程就是对模型进行检验以确定模型的具体类型的过程。空间面板数据模型（SPDM）首先作为面板数据模型（PDM），需要遵循普通面板数据模型设定检验与选择；在此基础上，加入反映空间相依性的空间滞后变量，对其空间交互效应进行选择检验。

对于普通面板数据模型，需要确定模型异质性的体现形式，即异质性是表现在个体上还是时期上；同时确定这种异质性是固定效应还是随机效应。这一检验可通过以下检验框架图表现出来（见图4-3）：

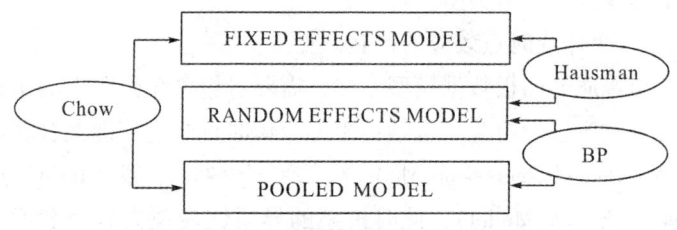

图4-3 普通面板模型的检验策略

1. 固定效应模型族的选择检验：Chow Test

对于固定效应模型族的各模型，其选择检验的基本思路是采用 Chow 检验 [巴尔塔基，(Baltagi)，2005]。

（1）混合回归模型 vs 固定效应变截距回归模型

对混合回归模型式（4-3）与变截距回归模型式（4-4）进行比较选择，将式（4-3）作为受约束模型，而将式

(4-4) 作为无约束回归模型。当式 (4-4) 是个体固定效应模型时,其 CHOW 统计量为:

$$CHOW = \frac{(RRSS-URSS)/(N-1)}{URSS/(NT-N-K)} \sim F(N-1, NT-N-K)$$

(4-13)

其中,RRSS 表示有约束回归即混合回归的残差平方和;URSS 表示无约束回归的残差平方和。在原假设成立的条件下即"应该"采用混合回归模型,统计量 CHOW 服从自由度为 $(N-1, NT-N-K)$ 的 F 分布。

当式 (4-4) 表示时点个体效应时,则统计量类似的为:

$$CHOW = \frac{(RRSS-URSS)/(T-1)}{URSS/(NT-T-K)} \sim F(T-1, NT-T-K)$$

(4-14)

此时统计量 CHOW 服从自由度为 $(T-1, NT-T-K)$ 的 F 分布。

当 (4-4) 式表示个体时点固定固效应时,则 Chow 检验的统计量为:

$$CHOW = \frac{(RRSS-URSS)/(N+T-1)}{URSS/(NT-N-T-K)} \sim F(N+T-1, NT-N-T-K)$$

(4-15)

此时统计量 CHOW 服从自由度为 $(N+T-1, NT-N-T-K)$ 的 F 分布。

(2) 混合回归模型 vs 固定效应变系数回归模型

在面板数据模型族里,变系数模型作为最一般的模型,表示其空间异质性不仅由截距而且由斜率系数加以捕捉;而混合回归模型作为最"简化"模型,认为各个体数据仅是在时间维度的堆栈,个体及时期上均不存在差异性。因此,这两类模型代表了两种极端状态。由于变系数模型存在模型识别的问题，故往往对其施加一定的约束条件。常见的是假设模型具有个体特定效应但不存在时点效应（Individual - Specific Time - Invariant Effects），此即为固定效应模型的 SUR 模型，仍然采用 Chow 检验。此时，对有约束的模型式（4-3）（Pooled 回归模型）与由式（4-5）所表示的无约束回归模型的个体固定效应 SUR 模型进行检验，施加的约束条件数为 $(N-1)(K+1)$，因此，统计量为：

$$CHOW = \frac{(RRSS - URSS)/(N-1)(K+1)}{URSS/(NT - N(K+1))} \sim F((N-1)(K+1), NT - N(K+1)) \quad (4-16)$$

该统计量服从自由度为 $((N-1)(K+1), NT - N(K+1))$ 的 F 分布。

(3) 固定效应变截距回归模型 vs 固定效应变系数回归模型

根据 Chow 检验的基本思路，此时将固定效应变系数回归模型视为无约束回归模型，而将固定效应变截距回归模型视为受约束回归模型。由于对于变系数固定效应模型，通常只考虑个体效应即 SUR 模型，故此时约束条件数有 $(N-1)K$ 个，其检验 Chow 统计量为：

$$CHOW = \frac{(RRSS - URSS)/(N-1)K}{URSS/(NT - N(K+1))} \sim F((N-1)K, NT - N(K+1)) \quad (4-17)$$

该统计量服从自由度为 $((N-1)K, NT - N(K+1))$ 的 F 分布。

2. 随机效应模型族的选择检验：BP 检验

随机效应模型族假定个体（或时点）的异质性来自于一个服从特定分布的随机变量，其均值为零且方差确定。显然，如果这一方差变成常数 0，即随机变量退化为常数，则随机效应模型退化为混合回归模型。基于这样的思路，Breusch -

Pagan 提出采用 LM 检验,对随机效应模型族进行检验,即 BP 检验。(Breusch – Pagan,1980)。对于个体随机效应模型,BP 检验的统计量为:

$$LM_1 = \frac{NT}{2(T-1)} \left[1 - \frac{\tilde{u}'(I_N \otimes J_T)\tilde{u}}{\tilde{u}'\tilde{u}}\right]^2 \sim \chi^2(1) \quad (4-18)$$

其中,$\tilde{u}$ 表示来自 OLS 估计的残差;I_N 表示 N 阶单位阵;J_T 表示 T 维元素为 1 的列向量;$\otimes$ 表示 Kronecker 积。

对于时点随机效应模型,BP 统计量为:

$$LM_2 = \frac{NT}{2(N-1)} \left[1 - \frac{\tilde{u}'(J_N \otimes I_T)\tilde{u}}{\tilde{u}'\tilde{u}}\right]^2 \sim \chi^2(1) \quad (4-19)$$

而对于个体时点的随机效应模型,其统计量为:

$$LM = LM_1 + LM_2 \sim \chi^2(2) \quad (4-20)$$

对于变系数随机效应的 Swamy 模型,其检验可类似进行。

3. 固定效应 vs 随机效应:Hausman 检验

如前所述,固定效应模型将反映个体和(或)时点异质性的系数设定为确定性的常数,这一常数对不同的个体和(或)时点不同;而随机效应模型则将这种异质性设定为来自服从一特定分布的随机变量,其均值为零方差为常数。对于模型的固定抑或随机效应的检验,基本方法是 Hausman 检验[豪斯曼(Hausman),1978]。其基本原理为:

H_0:随机效应模型;H_1:固定效应模型。

设 b_1 为随机效应模型的参数估计,则在原假设 H_0 成立的条件下,b_1 是一致且有效的估计量,而在备选假设 H_1 条件下 b_1 不再是一致估计;设 b_2 为固定效应模型的参数估计,则在 H_0 和 H_1 条件下 b_2 均是一致的,但在 H_0 条件下不具有有效性。由此可知,在 H_0 条件下,b_1 与 b_2 没有系统差别。Hausman 检验的核心结论就是,一个有效估计量与一个非有效估计量之差,同该有效估计量的协方差为零,此即意味着:

$$Cov((b_1 - b_2), b_2) = Cov(b_1, b_2) - \text{var}(b_2) = 0$$

$$(4-21)$$

又因为 $\text{var}(b_1 - b_2) = \text{var}(b_1) + \text{var}(b_2) - \text{Cov}(b_1, b_2) - \text{Cov}(b_1, b_2)$ (4-22)

将式（4-21）代入式（4-22），即得到：

$$\text{var}(b_1 - b_2) = \text{var}(b_1) - \text{var}(b_2) = \Psi \quad (4-23)$$

构造 Wald 统计量：

$$\text{Wald} = [b_1 - b_2]' \hat{\Psi}^{-1} [b_1 - b_2] \sim \chi^2(K-1) \quad (4-24)$$

其中，$\hat{\Psi}$ 是采用固定效应回归模型中斜率估计量的协方差估计矩阵，与随机效应模型（不含常数项）中的协方差估计矩阵所估计得到的（Baltagi, 2005, p302）。统计量 Wald 服从自由度为 (K-1) 的 χ^2 分布，据此可以对模型的固定效应或随机效应进行检验。

4.3.3 空间面板数据模型的检验

在普通面板数据模型基础，对空间面板数据模型（SPDM）的选择包括两方面内容：一是对空间相依即空间交互效应存在性的检验，二是对空间交互效应的具体类型的检验。前者即是对普通面板数据模型与空间面板数据模型之间的比较与选择；后者则是对空间面板数据模型类型的选择。

这两方面的检验策略由图 4-4 表示：

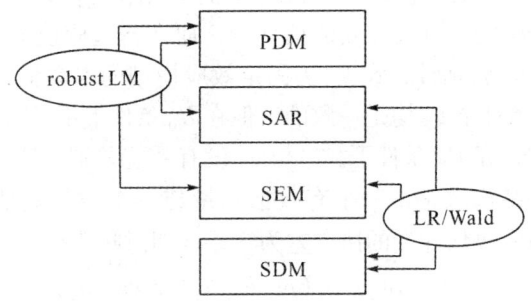

图 4-4 空间面板数据模型的检验策略

1. 空间交互效应的存在性检验

使用 SPDM，首要任务在于确定是否存在空间相依性即空间交互效应——从数据生成过程（Data Generating Process, DGP）来看，只有存在空间交互效应的数据序列，使用 SPDM 才是必要和有意义的。

对空间交互效应存在性的检验，使用稳健 LM 检验（robust LM 检验）[阿瑟林等（Anselin et at.），1996]。在不存在空间交互效应的原假设条件下，以普通面板数据模型（混合回归模型、固定效应模型或随机效应模型）的回归残差为基础，构造 robust LM 统计量：

$$robust\ LM_{SAR} = \frac{[e'(I_T \otimes W)y\hat{\sigma}^{-2} - e'(I_T \otimes W)e\hat{\sigma}^{-2}]^2}{J - T \times T_W} \quad (4-25)$$

$$robust\ LM_{SEM} = \frac{[e'(I_T \otimes W)e\hat{\sigma}^{-2} - [T \times T_W/J]e'(I_T \otimes W)y\hat{\sigma}^{-2}]^2}{T \times T_W[1 - T \times T_W/J]^{-1}} \quad (4-26)$$

其中，e 为来自普通面板模型的回归残差向量；$\hat{\sigma}^2$ 为回归方差估计；T 为时期数；I_T 为维数为 T 的单位阵；W 为空间加权矩阵；J 和 T_W 分别为：

$$J = \frac{1}{\hat{\sigma}^2}\{((I_T \otimes W)X\hat{\beta})'[I_{NT} - X(X'X)^{-1}X'](I_T \otimes W)X\hat{\beta} + TT_W\hat{\sigma}^2\} \quad (4-27)$$

$$T_W = trace(WW + W'W) \quad (4-28)$$

式（4-25）和式（4-26）所表示的两个统计量在原假设条件下均服从自由度为 1 的 χ^2 分布。据此可以对检验结果作出判断：如果原假设不能被拒绝，则表明不存在空间交互效应，使用普通面板数据模型（Pooled Model、FE、RE）对数据进行建模是恰当的；相反，如果检验结果表明拒绝原假设，则表明存在空间相依性，需要使用空间面板数据模型（SAR 或 SEM）。此时，需要进一步检验空间交互效应的具体类型。

2. 空间面板数据模型的类型选择

当上述检验程序表明存在空间交互效应，从而需要使用 SAR 或 SEM 或 SDM 时，需要对空间交互效应的具体类型进行判断。这相当于对有约束的回归模型 SAR、SEM 与无约束的回归模型 SDM 间进行选择。对此，可以采用常用的三大检验（LM、LR、Wald）中的任一个进行检验。由于 SPDM 常常采用 ML 进行估计，这为采用 LR 进行模型检验提供了方便；而 Wald 检验因只需要对无约束的 SDM 估计进行检验，其检验方便可行，故实践中较常用的是采用 LR 和 Wald 检验。具体的，对式（4-7）的 SDM，设置如下两个检验：

（ⅰ）$H_0: \theta = 0$；

（ⅱ）$H_0: \theta + \delta\beta = 0$

显然，如果（ⅰ）不能被拒绝，则 SDM 将退化为 SAR；而如果（ⅱ）不能被拒绝，则 SDM 将退化为 SEM（Burridge，1981）。分别针对（ⅰ）和（ⅱ）构造 Wald 统计量，该统计量服从自由度为 K 的 χ^2 分布，据此可以作出判断（Elhorst，2010）。具体的模型检验策略为：

（1）如果（ⅰ）和（ⅱ）均被拒绝，则采用 SDM。

（2）如果（ⅱ）被拒绝而（ⅰ）不能被拒绝，则 LR 或 Wald 检验表明应该用 SAR 模型；如果同时在前述 robust LM 检验中也得到应该用 SAR，则确定采用 SAR 模型。

（3）如果（ⅰ）被拒绝而（ⅱ）不能被拒绝，则 LR 或 Wald 检验表明应该用 SEM；如果同时在前述 robust LM 检验中也得到应该用 SEM，则确定采用 SEM 模型。

(4) 在（2）和（3）情形下，如果条件不能同时满足，即如果 LR 或 Wald 检验表明应该用 SAR 模型而 robust LM 检验应该用 SEM；或者相反，LR 或 Wald 检验表明应该用 SEM，而 robust LM 检验应该用 SAR，这时确定采用的模型是 SDM。因为 SDM 相对 SAR 和 SEM，具有更强的包容性。

在实际研究工作中，人们常常根据一定的经济理论和经济事实进行模型的选择，而不是完全按照模型选择的理论思路。这一研究范式，在经济增长收敛研究中表现得尤为突出。在经济增长的收敛研究中，常用的两个模型是 SAR 和 SEM，研究者常常将这两个模型的结果一并给出，并据此展开分析。这种处理方式的合理性在于，空间交互效应的体现方式往往并不是一维的，同时采用 SAR 和 SEM 模型分别对空间交互效应进行捕捉和考察，能够有效避免同时进行多维空间交互效应捕捉的复杂性，又不至于遗漏重要的空间交互效应，同时 SAR 和 SEM 模型结果常常具有明确的经济含义。

4.4 空间面板数据模型（SPDM）方法与收敛性检验

采用空间面板计量技术对区域经济增长的收敛性检验考察，避免了传统回归模型中因为忽略空间交互效应而引起的结果偏误。吴玉鸣（2006）指出，由于现有研究大多建立横截面框架基础上，使用普通最小二乘法估计方程，忽视了对空间交互效应的识别与捕捉，这种忽略可能使得研究结论出现偏差；而采用空间面板技术则从理论上保证了研究结论的可靠性。

本节采用巴罗回归技术（Barro et al., 1991）建立 SPDM 框架下的扩展的巴罗回归方程，用以检验 β 收敛性，包括绝对

β 收敛和条件 β 收敛。

4.4.1 绝对 β 收敛的 SPDM 检验一般形式

将原始巴罗回归方程（Barro et al., 1991）拓展到面板数据，对于经济变量 Y，采用面板数据下的巴罗回归方程，检验方程的一般形式为：

$$Ln(\frac{Y_{t+k,i}}{Y_{t,i}}) = \alpha_i + \beta Ln\ Y_{t,i} + \varepsilon_{t,i} \qquad (4-29)$$

式（4-29）中，k 表示时间周期，$Ln(\frac{Y_{t+k,i}}{Y_{t,i}})$ 表示变量 Y 的增长率，$LnY_{t,i}$ 表示期初经济发展水平，通常以变量的对数形式表示。

在此检验方程中，加入反映空间交互效应的因子，即可得到 SPDM 框架下的收敛检验方程，其中主要考虑 SAR 模型和 SEM 模型。

（1）绝对 β 收敛检验的 SAR 模型

$$Ln(\frac{Y_{t+k,i}}{Y_{t,i}}) = \alpha_i + \beta Ln\ Y_{t,i} + \sum_{j=1}^{n} w_{ij} Ln(\frac{Y_{t+k,j}}{Y_{t,j}}) + \varepsilon_{t,i}$$

$$(4-30)$$

（2）绝对 β 收敛检验的 SEM 模型

$$Ln(\frac{Y_{t+k,i}}{Y_{t,i}}) = \alpha_i + \beta Ln\ Y_{t,i} + \varepsilon_{t,i}$$

$$\varepsilon_{t,i} = \sum_{j=1}^{n} w_{ij} \varepsilon_{t,j} + \eta_{t,i}$$

$$(4-31)$$

其中，$\sum_{j=1}^{n} w_{ij} Ln(\frac{Y_{t+k,j}}{Y_{t,j}})$ 和 $\sum_{j=1}^{n} w_{ij} \varepsilon_{t,j}$ 分别表示被解释变量和扰动项的空间滞后因子。w_{ij} 是空间权重矩阵 W 的第 (i, j) 个元素。

在上述检验方程中，如果回归系数 $\beta < 0$ 且统计显著，则

经济增长存在绝对β收敛性；反之，若$\beta>0$，则经济增长趋于发散。

4.4.2 条件β收敛的SPDM检验一般形式

在式（4-30）和（或）式（4-31）中，加入反映外生控制变量，即可得到经济增长的条件β收敛的检验方程：

（1）条件β收敛检验的SAR模型

$$Ln(\frac{Y_{t+k,i}}{Y_{t,i}}) = \alpha_i + \beta Ln\ Y_{t,i} + \theta X_{t,i} + \sum_{j=1}^{n} w_{ij} Ln(\frac{Y_{t+k,j}}{Y_{t,j}}) + \varepsilon_{t,i}$$

(4-32)

（2）条件β收敛检验的SEM模型

$$Ln(\frac{Y_{t+k,i}}{Y_{t,i}}) = \alpha_i + \beta Ln Y_{t,i} + \theta X_{t,i} + \varepsilon_{t,i}$$

$$\varepsilon_{t,i} = \sum_{j=1}^{n} w_{ij}\varepsilon_{t,j} + \eta_{t,i}$$

(4-33)

其中，$X=(x_1,x_2,\cdots,x_k)$表示k个外生控制变量。同理，如果$\beta<0$且统计显著，则经济增长存在条件β收敛性；反之，则经济增长趋于发散。

在上述条件β收敛检验方程中，k个外生控制变量的加入具有重要意义，反映了经济增长收敛的实现条件。当在实证模型中引入具体的控制变量，可以检验各个收敛机制在促进区域经济增长收敛中的实际表现。关于条件收敛方程对收敛机制的实证检验，将在后续相关章节进行具体考察。

4.5 本章小结

本章细致考察了空间面板数据模型（SPDM）理论与方法的主要方面，分别从空间效应、模型设定、模型选择等方面，对 SPDM 方法进行归纳梳理；在此基础上，具体考察了将 SPDM 应用于巴罗回归技术，以对经济增长的 β 收敛性（包括绝对 β 收敛和条件 β 收敛）进行实证检验模型的一般形式。本章的目的在于为后续经济增长收敛的实证检验奠定方法基础。

（1）经济增长收敛性反映了空间经济单位的相互关系，这一关系受到地理邻近单位的相互影响；忽略这种影响将可能对模型的设定与估计带来偏差，影响研究结论的科学性。因此，如何选择恰当的方法以保证研究结论的准确性，是增长收敛研究中的重要任务。空间面板数据模型（SPDM）方法由于对这种空间影响（空间异质性、空间相依性）的出色捕捉能力，逐渐成为各种增长收敛检验方法中最成功、最重要的方法之一。

（2）地理邻近单位的空间关系包括了空间异质性和空间相依性。空间异质性源于各地自身的历史条件、地理环境等不同，由普通面板数据模型（PDM）进行识别与捕捉；空间相依性或叫空间交互效应，来自区际贸易、人才流动等因素的影响，具体可分为内生交互效应、外生交互效应和关联效应。这三种类型的空间交互效应分别对应 SPDM 的不同模型设定。

（3）作为实证研究的方法基础，对 SPDM 的研究涉及不同模型类型的选择。在实际工作中，特别是在经济增长收敛的研究中，SAR 和 SEM 模型是应用最广的检验模型；但在理论上，需要对模型进行仔细检验，以选择最适合的应用模型。首先，作为面板数据模型，SPDM 应遵循普通面板数据模型的设定与选择策略；其次，作为具有特殊性的面板数据模型，SPDM 拥有一套自身的检验策略和要求，既包括对空间交互效应类型的选择，也包括随机效应或固定效应的检验，这是正确选择模型形式的客观要求。

（4）将 SPDM 的理论模型与方法应用于巴罗回归模型，可以对经济增长的 β 收敛性进行实证检验，包括绝对 β 收敛性检验和条件 β 收敛性检验。前者将从人均产出或收入的角度对区域经济发展的动态本身——收敛抑或发散——进行考察，而后者则通过引入外生控制变量，以检视收敛的实现条件，揭示收敛的生成机制。在 SPDM 框架下建立的扩展的巴罗回归模型奠定了本书研究的方法基础。

5
西部地区经济差距的发展现状与动态——σ 收敛检验

准确把握西部地区内部经济差距的发展现状及动态,是本书实证研究的逻辑起点。为此,本章拟实现以下两个相互关联的研究任务,一是考察西部地区经济差距在不同历史阶段的具体特征,发现其变动规律,二是在把握区域差距发展现状的基础上,从三次产业发展的角度,考察产业发展对于区域经济差距波动性的影响。

从经济增长收敛的角度看,对区域差距本身变动规律的考察,其实质就是进行经济增长的 σ 收敛检验。根据 σ 收敛检验的概念内涵,当用于表示区域差距的统计指标随着时间而趋于缩小,则存在 σ 收敛;反之,则表示不存在 σ 收敛,或者说,经济增长是 σ 发散的。本章从 σ 收敛检验的角度,具体考察西部地区经济差距的发展现状及动态,为后续章节关于区域差距的发展动因以及增长收敛的生成机制的考察奠定基础。

本书研究的西部地区,系指西部大开发政策范围内的 12 个省级单位,具体包括内蒙古、广西、重庆、四川、贵州、云南、西藏、陕西、甘肃、青海、宁夏、新疆。西部地区国土面积占全国总国土面积的 70% 以上,人口约为全国人口的 1/3,少数民族人口占全国的 3/4,区域内资源丰富,与多个国家接壤,陆地边境线约占全国的91%,具有重要战略地位。西部作为中国的欠发达地区,经济水平相对滞后,与东部地区经济差距大,大力促进西部地区经济发展已经成为社会共识。

5.1 指标与方法

5.1.1 区域经济发展差距的度量指标

从 σ 收敛检验的角度,对区域差距的发展现状及动态进行研究,首要的任务在于选择适当的测度区域经济差距的统计指标。可供选择的统计指标很多,比较典型的有变异系数(CV),特别是加权变异系数(CV_w)、对数变异系数(CV_{ln})、基尼系数(G)以及泰尔指数(T)等。这些指数虽然各有优点,具体的计算方法也不同,但基本原理是一致的。比较而言,加权变异系数(CV_w)除了能够反映区域总体差距之外,还可将区域差距进一步分解到各产业部门,从而可以考察各产业部门的差距变动对经济总差距变动的贡献。因此,本研究拟采用该指标作为区域差距的度量指标。

加权变异系数(CV_w)最早由美国经济学家威廉姆森(Williamson,1965)提出,故又被称为威廉姆森指数。由于其具有良好的可分解性,该指数一经提出,在度量经济差距方面便得到了广泛应用,如 Mathur(1983)对印度人均 GDP 的差距研究,Akita et al.(1995)对印度尼西亚人均 GDP 的差距及其部门构成的研究等。加权变异系数(CV_w)的计算公式如下:

$$CV_w = \frac{1}{\bar{x}} \sqrt{\sum_{i=1}^{n} (x_i - \bar{x})^2 \times \frac{p_i}{p}} \qquad (5-1)$$

式(5-1)中,x_i 为所考察的经济指标,$\bar{x}$ 为所有地区该经济指标的平均值，n 为地区个数，p_i 为地区 i 的人口数，p 为所有地区的人口总数。

由第 2 章中的分析可知，根据 σ 收敛的概念，当采用加权变异系数度量区域经济差距时，如果经济发展过程中，满足 $CVw_{t+1} < CVw_t$，则经济存在 σ 收敛；反之，则不存在 σ 收敛。

当采用人均 GDP 来研究区域经济差距时，由于 GDP 是全部三次产业部门的增加值之和，所以可以将加权变异系数按第一、第二和第三产业部门进行分解（魏后凯，2006）。其分解公式如下：

$$CV_w^2 = \sum_{k=1}^{3} z_k^2 CV_{wk}^2 + \sum_{k \neq j}^{3} z_k z_j COV_w(k,j) \quad (5-2)$$

$$CV_{wk} = \frac{1}{\bar{x}_k} \sqrt{\sum_{i=1}^{n} (x_{ki} - \bar{x}_k)^2 \times \frac{p_i}{p}} \quad (5-3)$$

$$COV_w(k,j) = \frac{1}{\bar{x}_k} \frac{1}{\bar{x}_j} \sum_{i}^{n} (x_{ki} - \bar{x}_k)(x_{ji} - \bar{x}_j) \frac{p_i}{p} \quad (5-4)$$

其中，z_k、z_j 为部门 k,j ($k,j = 1,2,3$) 在研究区域的 GDP 总额中所占的份额；CV_{wk} 为产业部门 k 的加权变异系数；$COV_w(k,j)$ 为部门 k 和部门 j 之间的加权协方变异系数。$\bar{x}_k$ 和 $\bar{x}_j$ 分别为部门 k 和部门 j 的人均 GDP 的所有地区的平均值，x_{ki} 和 x_{ji} 分别为地区 i 的部门 k 和部门 j 的人均 GDP。

基于分解方程，可以估计得到各产业的发展对区域经济差距变动的贡献，以及产业部门之间的交互作用对区域差距的贡献。具体的，当变量为人均 GDP 时，各产业及产业交互作用对区域经济总体差距的贡献为：

$$H_k = \frac{z_k^2 CV_{wk}^2}{CV_w^2} \quad (k = 1,2,3) \quad (5-5)$$

$$H_{kj} = \frac{2z_k z_j COV_w(k,j)}{CV_w^2} \quad (k,j = 1,2,3) \quad (5-6)$$

其中，H_k 表示产业 j 对地区总体差距的贡献；H_{kj} 表示产业

k 与产业 j 交互作用对地区总体差距的贡献。

5.1.2 EMD 方法简介

从 σ 收敛检验考察区域差距的发展变动,核心在于考察区域差距的变动趋势。然而,由加权变异系数(CV_w)表示的区域差距,由于受到各种随机因素的冲击,并不能直接表示区域经济差距的变动趋势;如果直接对加权变异系数本身进行考察,可能对变动趋势作出错误判断。因此,需要采用适当方法,对原始序列进行分解,提取序列的发展趋势。

在各种时间序列趋势分解的方法中,Huang 等(Huang et al., 1998、1999)提出的经验模态分解(EMD, Empirical Mode Decomposition)方法是最有效的方法之一。EMD 是在传统时间序列分析方法如傅立叶变换、小波分析、谱分析等方法的基础上,提出的一种新的时间序列分解方法。这种方法克服了传统的时序分析方法所固有的一些缺陷,特别是对于非平稳、非线性的时间序列,这一技术成为最为准确有效的手段之一。

EMD 方法将非平稳非线性信号进行逐级线性化和平稳化处理,把不同尺度的波动分解出来,最后获得趋势分量。在分解过程中,保留了数据本身的特点。被分离出来的波动分量被称为本征模函数(IMF, Intrinsic Mode Function)。IMF 包含并突出了原始信号的局部特征信息,具有缓变波包的特性,刻画出各自不同特征尺度的波动动态特征。原始序列在分解出各 IMF 分量之后,剩下的成分为趋势分量,用来表征其长期趋势。测试结果表明,EMD 方法是目前提取非线性数据序列趋势的最好方法(张明阳等,2005)。

对于 EMD 方法而言,最重要的就是提取 IMF 分量。每一个 IMF 分量具有如下特点:①从全局特性上看,极值点数和过零点数必须一致或者至多相差一个;②从各局部点特性看,由极大值构成的极大值包络和极小值形成的极小值包络在该点的值的算术平均和必为零。EMD 方法实际上是一个逐级筛选的过程。对于时间序列 $x(t)$，EMD 方法的基本思路和步骤如下：

（1）首先找出 $x(t)$ 的所有局部最大值点和最小值点，分别用三次样条函数拟合得到极大值包络线（$h_{\max}(t)$）和极小值包络线（$h_{\min}(t)$），并计算二者的平均包络线：

$$m_1^{(1)}(t) = \frac{1}{2}\{h_{\max}(t) + h_{\min}(t)\} \qquad (5-7)$$

（2）从原始序列中去掉平均包络成分，获得去掉了低频信号的新数据序列：

$$h_1^{(1)}(t) = x(t) - m_1^{(1)}(t) \qquad (5-8)$$

（3）考察 $h_1^{(1)}(t)$ 是否满足 IMF 的条件，如果不满足，则将其作为新的序列，重复上述步骤 k 次，直至 $h_1^{(k)}(t)$ 满足 IMF 条件。定义 $c_1(t) = h_1^{(k)}(t)$，则 $c_1(t)$ 为原序列的第一个 IMF 波动分量。

（4）从原始序列中去掉第一个 IMF 分量，得到第一个去掉了高频成分的差分序列：

$$r_1(t) = x(t) - c_1(t) \qquad (5-9)$$

（5）将 $r_1(t)$ 作为新的序列，重复步骤（1）~（4），获得原始序列的第二个 IMF 分量 $c_2(t)$ 及剩余项 $r_2(t) = r_1(t) - c_2(t)$。

（6）将上述步骤重复 n 次，直至剩余分量 $r_n(t)$ 不可再分解为止。由此得到了原始序列的 n 个表征不同尺度的波动分量和代表趋势项的剩余项。

由上述分解过程，可得原始序列与各分量间的关系满足：

$$x(t) = \sum_{i=1}^{n} c_i(t) + r_n(t) \qquad (5-10)$$

其中，$c_i(t)$（$i = 1,2,\cdots,n$）代表原始序列的第 i 个 IMF 分量；剩余分量 $r_n(t)$ 代表了趋势项。

5.2 数据来源及统计描述

5.2.1 数据来源及处理

本章以综合性强的实际人均产出即实际人均 GDP 作为经济变量，通过计算人均产出的加权变异系数，考察区域差距的发展现状及动态。为此，首先对数据进行收集和整理。在使用 EMD 方法时，为了保证对序列分解的效率和准确性，要求数据序列尽可能长。为此，根据数据的可获得性和中国经济发展的实际情况，本章的样本数据范围设定为 1952—2009 年，在此样本范围内对中国西部地区内部各省（市、区）的经济差距及发展动态进行考察。

1. 名义 GDP

国内生产总值（GDP）作为衡量经济发展的综合指标，是研究地区经济发展差距基本变量。本章采用 GDP 作为经济指标，包括三次产业的增加值。为方便记，以下将第一、二、三次产业的增加值分别记作 GDP1、GDP2、GDP3。其中，1952—2004 年的 GDP 及三次产业的增加值数据来源于《新中国统计资料汇编 60 年》；由于第二次经济普查，在 2010 年对从 2005 年开始的 GDP 数据进行了调整，其调整后的数据出现在各省（市、区）的 2010 年的统计年鉴上。为了反映这一最新变化，2005—2009 年的 GDP 及三次产业增加值数据采自各省（市、区）的统计年鉴（2010 年）。

在采用《新中国统计资料汇编 60 年》数据时，发现内蒙古 1987 年 GDP2 数据值存在异常，经与《内蒙古统计年鉴

(2010)》印证进行了修正;另外,发现宁夏1963年、1980年和2003年的GDP数据存在异常,经与《宁夏统计年鉴(2010)》印证进行了修正。

2. GDP指数与实际GDP

为了消除价格因素的影响,需要对名义GDP进行价格调整。但在公开发行的《中国统计年鉴》及各省(市、区)统计年鉴上,并没有公布GDP的价格平减指数;而是公布了采用可比价计算得到的GDP指数①。采用与名义GDP相同的处理方法,得到1952—2009年的GDP指数和三次产业的增加值指数。

根据GDP指数,本研究计算得到以1952年为基期的各年实际GDP数据[见表5-1(a)]。具体计算公式如下:

第t期的实际GDP_t = 基期GDP_0 × GDP指数$_t$ (5-11)

理论上,三次产业的增加值数据也须采用与GDP相同的处理方式得到,且GDP总额与三次产业增加值之和应大致相等。但这样处理的实际结果发现,在1952—1990年三次产业的实际增加值之和,与实际GDP总额基本一致;但在1990年之后,二者之间的差距变得异常显著②。为了保证数据的可比性、可加性以及其后加权变异系数的可分解性,故对三次产业实际增加值的计算,不是依据增加值指数,而是用名义增加值分别除以同一"隐含的GDP缩减指数"得到。其中,隐含的GDP缩减指数计算公式为:

---

① 统计年鉴上的"GDP指数",是用可比价计算的相对于基期的GDP的百分比,是"发展速度"的含义;与经济学上的"GDP缩减指数"是含义完全不同的两个概念。将GDP指数与基期GDP相乘,可得各期相对于基期的实际GDP;进而由名义GDP除以实际GDP,可得GDP缩减指数——由于该指数是采用上述公式计算得到,而非统计公布数据,故在研究中通常称其为"隐含的GDP缩减指数"。

② 经试算,对于一些省份的某些年份,二者之间的偏差高达60%以上。

5 西部地区经济差距的发展现状与动态——σ 收敛检验

$$\text{隐含的 } GDP \text{ 缩减指数} = \frac{\text{名义 } GDP}{\text{实际 } GDP} \qquad (5-12)$$

由隐含的 GDP 平减指数，计算得到三次产业的实际 GDP：

$$\text{第 } i \text{ 产业实际 } GDP = \frac{\text{第 } i \text{ 产业名义 } GDP}{\text{隐含的 } GDP \text{ 缩减指数}} (i=1,2,3)$$

$$(5-13)$$

据此得到三次产业的实际 GDP 序列［见表 5-1（b）、表 5-1（c）、表 5-1（d）］。

表 5-1　　　　西部地区实际 GDP　　　　（单位：亿元）

表 5-1（a） 实际 GDP

年份	内蒙古	广西	重庆	四川	贵州	云南	西藏	陕西	甘肃	青海	宁夏	新疆
1952	12.16	12.81	17.85	24.61	8.55	11.78	1.32	12.85	13.32	1.63	1.73	7.91
1953	14.14	13.94	19.81	27.57	10.64	14.23	1.35	15.88	13.99	1.66	1.78	8.44
1954	16.89	15.85	21.85	31.28	11.32	16.37	1.39	17.99	16.23	2.22	2.26	9.75
1955	15.31	17.31	22.40	33.38	12.24	17.81	1.43	18.49	17.91	2.76	2.38	10.73
1956	21.23	19.00	25.36	37.87	14.57	20.94	1.62	23.41	21.26	3.63	2.87	12.21
1957	23.54	21.35	25.90	41.56	15.73	20.86	1.55	22.45	20.76	3.53	2.75	12.19
1958	29.50	24.55	30.72	47.20	18.87	22.28	1.72	28.87	24.32	4.28	3.87	15.84
1959	36.25	26.69	29.86	43.59	19.81	24.33	1.74	30.96	24.86	6.09	5.28	18.43
1960	34.73	26.32	33.09	36.46	19.06	23.52	1.74	32.19	18.83	6.67	5.57	21.58
1961	22.67	22.57	21.42	28.45	11.93	20.04	2.39	21.43	11.78	4.24	4.09	19.51
1962	21.46	22.66	21.38	28.47	10.56	19.72	2.41	19.28	12.42	3.70	3.67	15.18
1963	25.69	24.00	24.51	31.95	11.47	20.59	2.55	21.06	15.81	4.03	4.38	16.92
1964	29.10	25.61	28.11	35.92	13.46	23.57	2.82	23.59	19.54	4.53	4.81	19.17
1965	31.94	28.14	32.13	40.89	16.11	27.46	3.27	31.15	24.36	5.09	5.62	21.86
1966	35.13	28.23	33.97	46.10	15.69	30.12	3.52	34.35	24.01	5.45	6.53	24.46
1967	29.28	27.88	30.58	45.96	15.02	27.74	3.76	31.43	20.34	5.82	6.20	20.95
1968	29.26	24.83	25.74	39.85	13.55	21.05	3.52	23.82	22.81	5.41	5.97	18.49
1969	29.50	31.44	28.77	45.71	13.41	27.82	3.47	34.59	26.96	6.08	7.36	18.83
1970	36.37	36.10	34.66	50.68	18.15	31.89	3.67	43.07	33.00	7.26	8.75	22.15
1971	37.12	42.08	38.68	52.82	22.68	34.37	3.99	50.99	35.69	7.68	10.10	23.92
1972	40.02	48.38	38.65	50.59	21.75	38.74	4.24	52.38	37.76	8.87	11.03	22.63
1973	44.69	50.76	39.81	53.75	21.30	42.69	4.60	53.74	40.12	9.69	11.39	23.33
1974	43.01	53.50	40.36	53.50	19.12	41.11	4.87	55.67	45.62	10.05	13.73	21.84

表5-1(a)(续)

年份	内蒙古	广西	重庆	四川	贵州	云南	西藏	陕西	甘肃	青海	宁夏	新疆
1975	47.89	57.15	45.00	62.51	21.15	43.24	5.13	58.45	53.07	10.84	14.50	25.51
1976	47.57	57.79	42.70	68.12	19.75	39.18	5.41	57.04	53.22	10.88	13.87	27.09
1977	50.91	60.67	51.10	79.01	25.38	44.50	5.79	64.07	53.88	11.71	14.85	31.77
1978	54.99	67.80	59.69	92.80	31.40	54.16	6.21	71.11	61.00	13.46	16.17	34.89
1979	60.35	70.09	66.19	102.19	34.85	55.85	6.69	76.44	61.86	12.24	17.21	39.22
1980	61.36	77.25	71.15	111.90	36.39	60.60	8.19	82.02	67.48	14.41	18.58	42.08
1981	67.86	83.43	75.42	116.44	38.75	65.32	9.87	85.71	61.78	14.21	18.94	45.66
1982	80.47	93.85	81.99	129.11	44.88	75.44	9.90	93.51	67.30	15.89	20.64	50.17
1983	88.39	96.97	90.27	143.33	50.53	81.78	9.38	100.33	77.30	17.57	23.82	56.95
1984	102.68	103.68	104.44	160.88	60.54	93.64	11.76	118.19	87.93	19.96	27.07	64.98
1985	120.36	115.08	113.20	180.01	65.32	105.81	13.57	137.70	99.53	22.13	31.88	75.96
1986	127.44	122.45	122.72	190.00	68.98	110.36	12.32	149.68	110.51	23.92	34.53	84.85
1987	138.88	133.73	128.98	206.53	76.42	123.93	12.33	164.65	120.36	25.28	37.27	93.34
1988	152.49	139.71	140.98	222.05	83.00	143.75	12.85	199.23	136.80	27.23	41.79	102.29
1989	156.66	144.75	147.60	229.08	86.73	152.09	13.93	205.81	148.76	27.56	45.02	108.53
1990	168.44	154.89	157.63	249.92	90.46	165.32	15.17	212.81	157.14	28.58	46.68	121.24
1991	181.03	174.61	171.82	272.70	98.72	176.23	15.23	228.13	167.46	29.92	48.90	138.69
1992	200.96	206.59	199.65	306.99	106.79	195.44	16.31	247.05	184.03	32.13	53.09	156.86
1993	224.39	244.34	230.19	347.16	117.89	217.14	18.84	276.94	205.32	35.23	58.56	172.86
1994	249.43	281.53	260.81	386.45	127.79	243.63	21.80	300.75	227.45	38.09	63.04	193.77
1995	274.73	313.51	292.37	427.91	137.38	272.14	25.70	332.03	251.01	41.14	69.03	211.41
1996	314.25	339.63	325.10	473.27	149.61	302.35	29.09	368.22	281.04	44.73	76.52	225.15
1997	348.03	366.96	360.86	523.11	163.07	331.68	32.52	407.61	306.55	48.78	82.60	244.06
1998	385.11	403.66	391.16	573.70	176.93	358.55	36.46	454.90	336.35	53.12	89.84	262.37
1999	419.12	435.95	420.89	611.74	192.50	384.72	40.94	501.75	366.74	57.43	97.98	281.78
2000	464.18	470.39	456.66	663.52	208.67	413.57	45.20	553.94	402.31	62.57	107.97	306.30
2001	513.86	509.44	497.75	723.08	227.03	441.69	50.94	608.23	441.60	69.90	118.88	332.64
2002	581.50	563.44	549.01	797.20	247.69	481.45	57.51	675.74	485.16	78.34	131.05	359.91
2003	685.58	620.91	612.15	887.65	272.71	523.82	64.42	755.48	537.27	87.63	147.65	400.22
2004	826.13	694.17	686.83	1000.69	303.80	583.02	72.21	852.93	599.11	98.38	164.18	445.85
2005	1022.82	786.15	767.19	1126.78	342.38	634.90	80.95	969.78	670.09	110.39	182.08	494.44
2006	1217.77	892.68	862.32	1278.86	386.21	708.55	91.71	1104.58	747.19	125.02	205.20	548.83
2007	1452.05	1027.18	999.43	1464.34	443.37	795.00	104.55	1279.11	839.71	141.86	231.26	615.79
2008	1710.83	1158.72	1144.35	1625.41	493.47	879.27	115.11	1488.88	924.17	161.06	260.40	683.53
2009	1999.96	1320.26	1314.86	1861.09	549.72	985.66	129.39	1691.37	1019.26	177.39	291.39	738.89

5 西部地区经济差距的发展现状与动态——σ 收敛检验

表 5-1 (b) 实际 GDP1

年份	内蒙古	广西	重庆	四川	贵州	云南	西藏	陕西	甘肃	青海	宁夏	新疆
1952	8.64	8.34	11.86	14.56	5.85	7.27	1.29	8.40	8.66	1.20	1.43	5.12
1953	9.48	8.52	12.75	15.95	6.88	8.49	1.30	10.05	8.95	1.18	1.39	5.32
1954	10.74	9.38	13.46	17.00	7.30	9.54	1.34	11.08	10.38	1.58	1.78	5.79
1955	8.97	9.89	13.49	18.26	7.68	10.14	1.36	10.27	10.56	1.73	1.82	5.84
1956	12.18	10.35	14.66	20.28	8.82	11.39	1.39	12.87	11.27	1.81	2.13	6.51
1957	12.50	11.33	13.02	23.17	9.39	11.55	1.39	11.56	9.96	1.90	1.92	6.55
1958	13.18	12.73	13.89	24.02	9.73	9.18	1.41	12.55	9.87	1.67	2.16	8.25
1959	14.95	11.65	9.65	19.09	8.47	8.64	1.28	11.08	7.95	1.69	2.20	7.53
1960	11.21	10.70	9.69	15.43	7.14	8.17	1.02	10.58	4.83	1.64	1.76	7.94
1961	10.23	9.92	7.86	14.54	6.07	9.77	1.63	10.57	4.71	1.67	2.09	7.46
1962	10.87	11.83	8.69	18.57	7.04	10.98	1.77	9.58	5.09	1.75	2.12	7.08
1963	11.25	11.89	10.93	20.26	7.60	11.26	1.92	10.08	6.48	2.21	2.28	8.71
1964	12.55	13.57	11.92	22.51	8.91	13.04	2.10	10.72	6.84	2.54	2.33	10.05
1965	13.72	15.33	14.08	24.04	10.07	14.14	2.32	15.18	7.55	2.79	2.70	11.27
1966	15.69	14.71	14.40	25.70	9.44	15.21	2.45	14.08	6.72	2.65	2.92	12.61
1967	12.77	15.65	13.94	26.11	9.96	15.01	2.63	14.38	5.97	3.06	2.97	9.94
1968	13.20	15.15	14.41	22.39	8.97	12.58	2.55	12.58	7.76	2.54	2.63	8.59
1969	13.25	16.53	13.52	24.11	8.78	15.10	2.46	14.44	7.82	2.90	2.90	8.79
1970	16.43	17.65	14.49	25.29	9.69	15.62	2.43	17.37	7.92	3.00	2.78	9.93
1971	15.01	19.87	14.75	25.37	11.19	17.39	2.52	20.09	7.85	2.99	3.36	10.44
1972	14.80	23.13	14.93	23.37	9.95	19.44	2.41	18.84	9.06	3.53	3.36	10.01
1973	16.45	24.04	16.43	24.40	11.72	21.30	2.63	19.98	10.03	3.80	3.05	10.14
1974	15.88	24.53	17.18	24.18	11.34	19.29	2.80	20.86	12.32	3.98	4.18	8.94
1975	17.90	25.89	16.78	27.74	10.99	20.98	2.84	21.39	13.27	4.05	4.03	10.17
1976	18.30	25.53	16.16	28.73	11.42	20.44	2.95	21.55	12.78	4.06	3.37	10.53
1977	18.63	26.63	19.60	35.30	12.16	19.42	3.09	22.05	12.40	3.43	3.59	11.67
1978	17.96	27.72	22.00	41.32	13.08	23.11	3.14	21.67	12.45	3.18	3.81	12.48
1979	19.79	31.13	25.12	45.67	14.68	23.54	3.21	26.30	11.81	3.20	4.09	14.03
1980	16.17	34.98	27.34	49.62	15.01	25.81	4.38	24.60	15.03	4.05	4.96	17.02
1981	23.64	38.66	30.21	51.91	17.07	28.61	5.98	29.72	15.37	3.76	5.95	19.35
1982	28.76	45.89	33.10	58.81	21.12	32.23	5.64	30.92	17.23	4.43	6.41	21.62
1983	29.97	45.81	36.80	63.68	21.84	33.60	5.02	32.53	23.36	4.62	7.59	23.81
1984	34.42	45.72	40.31	70.64	25.57	38.46	5.48	40.40	23.72	5.55	8.54	26.56
1985	39.33	49.28	40.03	73.90	26.59	42.38	6.78	40.65	26.68	5.79	9.37	29.03
1986	38.35	51.03	43.27	75.13	27.90	43.18	5.78	41.67	29.85	6.51	10.36	30.25

表5-1(b)(续)

年份	内蒙古	广西	重庆	四川	贵州	云南	西藏	陕西	甘肃	青海	宁夏	新疆
1987	40.70	55.33	42.48	78.68	30.69	45.48	5.62	45.60	34.16	6.84	9.82	35.31
1988	50.79	52.73	44.05	81.44	33.39	49.40	6.12	52.38	37.63	7.11	11.13	38.36
1989	47.68	56.62	43.46	80.92	34.16	49.86	6.40	52.42	40.48	7.18	11.25	38.96
1990	59.38	60.97	52.79	90.16	34.81	61.54	7.72	55.56	41.46	7.22	12.12	48.27
1991	58.98	65.71	55.08	90.96	38.63	57.72	7.73	56.93	41.07	7.16	12.20	46.19
1992	60.45	74.45	55.73	97.01	38.07	59.01	8.13	54.24	42.97	7.31	11.69	44.64
1993	62.57	70.11	59.10	104.98	37.65	53.07	9.21	60.53	48.22	7.13	11.68	44.27
1994	74.83	78.42	67.69	115.34	44.73	58.51	10.02	61.59	52.08	8.92	13.85	54.91
1995	83.40	94.87	76.00	116.02	49.04	67.40	10.75	69.58	49.80	9.71	13.95	62.45
1996	96.09	106.99	78.73	126.90	52.66	71.81	12.18	75.89	73.17	9.81	16.32	62.30
1997	97.31	117.67	81.50	142.06	55.04	76.58	12.31	76.35	73.48	10.05	16.50	65.66
1998	104.20	123.91	81.67	150.65	54.63	78.99	12.50	83.26	76.83	10.33	17.84	68.98
1999	104.19	125.54	80.72	155.24	54.98	82.39	13.23	80.20	73.57	10.08	17.80	65.05
2000	105.80	126.05	81.14	159.72	54.95	88.79	13.96	79.29	74.17	9.52	16.85	64.73
2001	107.61	128.81	83.13	165.33	54.97	91.80	13.74	79.75	81.60	10.42	17.50	64.25
2002	112.26	134.40	87.70	176.81	56.00	96.47	14.11	84.63	84.86	10.88	18.40	68.07
2003	120.59	144.99	91.32	187.85	57.11	101.36	14.16	88.36	91.31	10.89	18.44	87.60
2004	142.02	165.36	109.18	216.45	60.57	112.29	14.52	99.99	101.76	12.81	19.97	90.04
2005	154.42	180.06	102.52	225.99	62.99	121.36	15.63	107.43	106.74	13.28	21.42	96.83
2006	156.39	194.19	85.27	234.79	63.09	128.70	16.06	112.89	109.58	13.02	22.48	95.12
2007	172.28	218.96	103.10	281.71	68.62	139.48	16.81	131.67	120.26	14.84	24.63	109.89
2008	182.83	239.92	113.65	285.86	74.71	157.65	17.67	153.42	134.90	16.69	25.73	112.92
2009	190.87	248.17	122.18	294.67	77.31	170.56	18.73	163.48	149.55	17.62	27.40	131.25

表5-1(c) 实际GDP2

年份	内蒙古	广西	重庆	四川	贵州	云南	西藏	陕西	甘肃	青海	宁夏	新疆
1952	1.37	2.95	3.90	3.67	1.59	1.82	0.00	1.92	1.73	0.12	0.08	1.74
1953	2.04	3.41	5.22	4.57	2.09	2.76	0.01	2.59	1.82	0.19	0.12	2.03
1954	3.17	4.04	6.20	5.68	2.22	3.43	0.01	3.35	2.43	0.23	0.16	2.50
1955	3.09	4.44	6.70	6.38	2.48	4.01	0.01	4.36	3.77	0.48	0.18	2.80
1956	4.69	4.84	7.92	7.38	3.23	5.02	0.16	5.62	5.10	0.95	0.20	3.22
1957	5.59	5.48	9.66	7.43	3.37	5.03	0.07	5.32	5.81	0.70	0.23	3.17
1958	10.13	6.80	12.64	11.19	5.58	7.67	0.17	10.08	8.61	1.40	0.76	4.42
1959	13.59	8.86	15.76	11.50	7.59	9.61	0.22	12.99	10.70	2.66	1.62	7.31
1960	16.25	8.44	17.90	8.16	7.88	9.71	0.45	14.43	9.41	2.80	2.31	9.47

表 5-1(c)(续)

年份	内蒙古	广西	重庆	四川	贵州	云南	西藏	陕西	甘肃	青海	宁夏	新疆
1961	6.51	7.12	9.08	6.14	3.42	6.37	0.22	5.68	3.77	0.97	0.85	8.28
1962	5.60	5.78	8.06	4.38	1.87	5.27	0.12	5.24	3.85	0.66	0.68	5.23
1963	8.77	6.73	8.83	5.65	2.03	5.71	0.10	6.25	5.69	0.71	0.94	5.04
1964	10.22	6.68	11.00	6.86	2.55	6.60	0.13	7.59	8.60	0.85	1.14	5.60
1965	10.90	7.57	12.90	9.98	3.72	8.99	0.22	10.21	12.43	1.06	1.50	6.61
1966	11.93	7.78	14.80	12.79	3.83	10.08	0.30	13.55	12.96	1.39	1.98	7.46
1967	9.60	6.22	11.77	12.08	2.92	8.25	0.33	10.43	10.50	1.31	1.85	6.84
1968	9.36	4.46	6.89	10.42	2.66	3.76	0.14	5.96	11.42	1.33	1.98	6.32
1969	9.43	8.16	10.16	13.86	2.75	8.11	0.19	13.60	14.82	1.55	2.69	6.55
1970	12.02	10.51	14.58	17.36	6.12	11.08	0.38	18.78	20.14	2.49	3.64	8.32
1971	14.27	13.39	17.99	18.45	8.47	11.52	0.59	22.87	23.21	2.80	4.17	9.11
1972	15.80	14.48	17.07	18.28	8.74	13.22	0.72	24.65	22.66	3.18	4.79	8.32
1973	18.39	15.89	16.24	19.77	6.15	14.75	0.85	24.09	23.27	3.59	5.28	8.77
1974	17.20	16.99	15.24	19.90	4.52	15.07	0.94	24.89	26.01	3.68	6.41	8.85
1975	19.75	19.37	19.37	23.93	6.43	15.23	1.07	26.90	31.32	4.15	7.09	11.07
1976	18.57	20.23	17.90	25.28	5.39	11.90	1.22	25.15	32.46	4.05	7.00	11.94
1977	21.29	21.54	21.84	27.90	9.09	17.10	1.39	31.01	32.37	5.25	7.65	14.72
1978	24.98	23.07	27.31	32.95	12.62	21.63	1.72	36.96	36.79	6.68	8.21	16.39
1979	26.69	23.18	29.68	35.91	14.13	22.17	1.85	36.13	37.55	5.99	8.82	18.42
1980	28.94	24.44	31.58	39.55	14.49	24.43	2.06	41.26	36.39	6.34	8.46	16.95
1981	27.91	24.27	32.11	40.06	14.24	24.84	1.59	38.83	30.77	5.87	7.58	17.21
1982	32.12	25.23	33.81	43.55	15.51	29.04	2.03	42.06	33.74	6.40	7.95	17.96
1983	35.05	26.72	35.90	48.71	19.16	32.20	2.36	44.84	36.26	7.03	9.02	21.10
1984	38.24	29.85	42.13	54.67	24.33	36.48	2.41	49.95	42.60	7.67	10.34	22.92
1985	41.84	34.78	47.63	63.31	26.29	41.96	2.35	62.40	47.44	8.98	12.77	27.41
1986	43.20	41.14	50.81	66.60	25.18	42.88	1.59	67.17	51.25	9.58	12.97	30.00
1987	46.07	45.28	53.09	73.09	27.76	45.61	1.48	72.73	51.61	9.68	14.83	31.62
1988	48.27	44.90	59.39	80.22	30.81	53.66	1.53	87.79	57.99	11.54	16.40	35.04
1989	52.96	41.51	61.67	81.01	31.90	57.84	1.81	91.02	62.97	11.54	18.55	36.88
1990	54.03	40.86	60.84	87.70	32.28	57.76	1.96	87.88	63.64	10.99	18.24	38.57
1991	62.43	47.48	65.84	101.02	33.90	61.16	2.08	96.21	69.05	11.89	18.92	44.59
1992	72.70	59.90	78.20	115.14	38.35	69.19	2.19	107.85	74.50	13.33	21.74	57.56
1993	84.89	90.00	95.54	135.58	43.76	90.26	2.76	121.48	88.23	15.46	25.56	71.58
1994	91.34	110.38	109.19	151.14	47.47	106.16	3.73	130.62	99.62	15.90	25.91	72.88
1995	98.98	112.18	118.61	171.80	50.21	119.08	6.06	141.44	115.58	15.83	29.42	73.68
1996	112.04	117.49	129.86	190.52	52.77	133.29	5.07	155.75	121.35	17.00	30.38	78.40

表5-1(c)(续)

年份	内蒙古	广西	重庆	四川	贵州	云南	西藏	陕西	甘肃	青海	宁夏	新疆
1997	127.44	124.00	143.28	204.20	58.48	147.19	7.51	169.57	130.49	18.43	32.61	90.45
1998	139.96	140.93	151.75	218.64	65.83	160.20	8.03	189.59	141.50	20.55	34.81	93.80
1999	155.11	150.89	162.20	226.25	71.95	164.41	9.22	214.68	157.25	22.56	38.45	101.86
2000	175.70	165.71	177.70	242.07	79.26	171.35	10.38	240.30	161.11	25.82	44.44	120.76
2001	196.59	172.36	194.06	264.74	86.85	179.31	11.70	265.85	179.75	29.13	47.87	127.99
2002	226.13	189.09	215.46	292.45	96.01	194.61	11.61	302.15	197.56	33.23	53.18	134.61
2003	277.72	216.59	248.08	335.35	108.86	214.70	16.58	356.52	219.54	38.61	64.40	152.66
2004	339.10	253.47	283.83	391.07	123.40	242.45	17.28	417.15	253.09	44.69	74.60	184.56
2005	464.45	298.09	346.02	467.98	140.20	261.61	20.67	481.07	290.55	53.76	83.53	221.16
2006	584.96	353.33	413.07	555.55	159.76	303.07	25.27	571.07	342.27	63.99	99.39	263.00
2007	721.97	427.79	506.23	644.49	172.91	339.55	30.16	663.51	396.99	74.55	114.49	287.96
2008	881.21	501.33	603.97	751.15	189.82	378.88	33.69	785.93	429.09	88.09	131.93	338.36
2009	1050.06	575.38	694.43	882.70	207.46	412.58	40.05	877.05	459.52	94.39	142.61	333.35

表5-1(d) 实际GDP3

年份	内蒙古	广西	重庆	四川	贵州	云南	西藏	陕西	甘肃	青海	宁夏	新疆
1952	2.15	1.52	2.09	6.38	1.11	2.69	0.04	2.53	2.93	0.31	0.22	1.05
1953	2.62	2.01	1.84	7.05	1.67	2.98	0.04	3.25	3.22	0.29	0.28	1.09
1954	2.99	2.42	2.18	8.60	1.79	3.40	0.05	3.56	3.41	0.42	0.33	1.46
1955	3.25	2.98	2.22	8.74	2.09	3.66	0.06	3.86	3.58	0.55	0.38	2.09
1956	4.37	3.81	2.78	10.21	2.52	4.54	0.07	4.92	4.89	0.87	0.54	2.49
1957	5.46	4.53	3.23	10.95	2.97	4.29	0.09	5.57	4.99	0.93	0.60	2.47
1958	6.19	5.03	4.19	12.00	3.56	5.42	0.14	6.25	5.84	1.21	0.94	3.17
1959	7.70	6.18	4.45	13.00	3.75	6.08	0.24	6.89	6.21	1.74	1.45	3.59
1960	7.27	7.18	5.50	12.87	4.03	5.64	0.27	7.18	4.59	2.23	1.50	4.17
1961	5.92	5.52	4.48	7.76	2.44	3.90	0.55	5.18	3.30	1.60	1.15	3.76
1962	4.96	5.04	4.64	5.52	1.65	3.47	0.52	4.45	3.48	1.29	0.87	2.87
1963	5.68	5.38	4.74	6.04	1.84	3.62	0.54	4.73	3.64	1.12	1.16	3.17
1964	6.33	5.36	5.19	6.55	2.00	3.93	0.59	5.28	4.11	1.15	1.34	3.53
1965	7.33	5.24	5.14	6.87	2.43	4.33	0.73	5.76	4.39	1.24	1.42	3.97
1966	7.51	5.75	4.78	7.62	2.43	4.83	0.77	6.71	4.33	1.41	1.63	4.38
1967	6.91	6.00	4.87	7.77	2.14	4.48	0.81	6.62	3.87	1.45	1.38	3.67
1968	6.70	5.22	4.43	7.04	1.91	3.50	0.82	5.29	3.63	1.54	1.36	3.57
1969	6.81	6.75	5.10	7.74	1.89	4.62	0.83	6.56	4.32	1.63	1.77	3.49
1970	7.93	7.90	5.59	8.03	2.34	5.19	0.87	6.92	4.95	1.78	2.33	3.90
1971	7.85	8.82	5.94	9.00	3.02	5.46	0.89	8.03	4.64	1.89	2.57	4.36

5 西部地区经济差距的发展现状与动态——σ 收敛检验

表 5-1(d)(续)

年份	内蒙古	广西	重庆	四川	贵州	云南	西藏	陕西	甘肃	青海	宁夏	新疆
1972	9.41	10.76	6.65	8.94	3.06	6.08	1.12	8.89	6.04	2.16	2.87	4.30
1973	9.85	10.83	7.14	9.58	3.43	6.64	1.12	9.67	6.83	2.29	3.06	4.43
1974	9.93	11.98	7.93	9.42	3.26	6.76	1.14	9.92	7.29	2.39	3.14	4.05
1975	10.24	11.89	8.85	10.84	3.73	7.03	1.22	10.17	8.49	2.64	3.38	4.27
1976	10.69	12.04	8.64	14.11	2.94	6.85	1.24	10.34	7.99	2.76	3.47	4.62
1977	10.98	12.50	9.66	15.81	4.14	7.99	1.31	11.00	9.11	3.04	3.61	5.39
1978	12.04	17.01	10.38	18.53	5.70	9.42	1.34	12.49	11.76	3.60	4.14	6.03
1979	13.87	15.78	11.39	20.61	6.04	10.14	1.63	14.02	12.50	3.05	4.29	6.77
1980	16.25	17.83	12.24	22.73	6.88	10.35	1.75	16.16	16.06	4.02	5.16	8.12
1981	16.32	20.49	13.10	24.48	7.44	11.87	2.30	17.16	15.65	4.57	5.42	9.10
1982	19.59	22.73	15.07	26.75	8.24	14.17	2.23	20.52	16.33	5.07	6.27	10.60
1983	23.38	24.44	17.57	30.94	9.53	15.98	2.01	22.96	17.68	5.93	7.22	12.04
1984	30.02	28.12	22.01	36.07	10.64	18.70	3.87	27.84	21.61	6.74	8.19	15.51
1985	39.19	31.03	25.55	42.80	12.43	21.47	4.44	34.66	25.41	7.36	9.74	19.52
1986	45.89	30.28	28.64	48.27	15.89	24.30	4.96	40.83	29.41	7.82	11.20	24.60
1987	52.11	33.12	33.41	54.75	17.98	32.83	5.23	46.32	34.60	8.76	12.62	26.41
1988	53.43	42.07	37.54	60.39	18.79	40.69	5.20	59.05	41.17	8.57	14.26	28.89
1989	56.01	46.62	42.47	67.15	20.68	44.40	5.72	62.36	45.31	8.83	15.22	32.69
1990	55.03	53.06	44.01	72.06	23.37	46.02	5.49	69.37	52.04	10.37	16.31	34.39
1991	59.61	61.41	50.90	80.72	26.26	57.35	5.42	74.98	57.34	10.88	17.78	47.92
1992	67.79	72.24	65.72	94.83	30.36	67.24	6.00	84.97	66.55	11.50	19.66	54.65
1993	76.93	84.23	75.56	106.60	36.48	73.81	6.86	94.93	68.86	12.64	21.32	57.01
1994	83.26	92.73	83.93	119.96	35.60	78.96	8.04	108.55	75.75	13.27	23.28	65.98
1995	92.35	106.46	97.75	140.09	38.13	85.66	8.88	121.02	85.63	15.59	25.65	75.28
1996	106.12	115.15	116.52	155.84	44.18	97.25	11.85	136.58	86.52	17.91	29.83	84.45
1997	123.28	125.29	136.08	176.85	49.55	107.91	13.11	161.70	102.59	20.29	33.49	87.96
1998	140.94	138.82	157.71	204.41	56.47	119.36	15.93	182.05	118.03	22.25	37.18	99.58
1999	159.81	159.52	177.96	230.25	65.57	137.92	18.49	206.87	135.91	24.79	41.72	114.87
2000	182.69	178.63	197.82	261.73	74.46	153.43	20.86	234.35	167.03	27.22	46.69	120.81
2001	209.66	208.26	220.55	293.00	85.21	170.58	25.50	262.63	180.24	30.34	53.51	140.40
2002	243.12	239.97	245.86	327.94	95.69	190.37	31.79	288.97	202.73	34.23	59.47	157.23
2003	287.28	259.33	272.74	364.46	106.74	207.76	33.68	310.60	226.41	38.14	64.80	159.96
2004	345.00	275.35	293.82	393.17	119.83	228.27	40.41	335.79	244.26	40.89	69.61	171.25
2005	403.95	308.00	318.65	432.81	139.20	252.11	44.65	381.28	272.81	43.35	77.12	176.45
2006	476.43	345.16	363.98	488.52	163.36	276.79	50.39	420.62	295.34	48.01	83.33	190.71
2007	557.79	380.43	390.10	538.13	201.84	315.96	57.59	483.93	321.83	52.47	92.14	217.94
2008	646.80	417.46	426.73	588.40	228.94	342.74	63.75	549.95	360.18	56.28	102.74	232.25
2009	759.03	496.70	498.24	683.71	264.95	402.53	70.61	650.84	410.19	65.38	121.38	274.29

3. 实际人均 GDP

最后，用总量的实际 GDP 及三次产业实际增加值除以各期的年末总人口，得到各地各年的实际人均 GDP 及三次产业实际人均增加值，分别记作实际人均 GDP1、实际人均 GDP2 和实际人均 GDP3。其中，1952—2008 年的年末总人口数据采自《中国统计资料 60 年汇编》；2009 年的人口数据采自《中国统计年鉴（2010）》（见表 5-2）；并据此得到各地区各年的实际人均 GDP，以及三次产业实际人均增加值［见表 5-3 (a)、表 5-3 (b)、表 5-3 (c)、表 5-3 (d)］。

表 5-2　　　　　西部地区年末总人口　　　（单位：万人）

年份	内蒙古	广西	重庆	四川	贵州	云南	西藏	陕西	甘肃	青海	宁夏	新疆
1952	715.9	1943	1776.52	4628.5	1489.9	1695.12	115	1528	1064.69	161.38	142.42	465.17
1953	758.4	1976	1759.22	4694.4	1521.5	1730.6	115.92	1615	1099.59	164.01	151.05	478.36
1954	801.5	2018	1816.73	4782.6	1557.05	1767.75	116.85	1651	1118.39	173.24	158.41	500.08
1955	843	2053	1857.74	4882.6	1586.77	1805.83	117.78	1716	1155.04	179.42	165.11	511.78
1956	896.6	2092	1962.89	4989.5	1628.09	1841.63	118.72	1756	1218.37	199.92	172.02	533.17
1957	936	2147	2005.18	5088.8	1680.86	1896.78	119.67	1803	1255.06	204.64	179.38	558.01
1958	986.1	2186	1958.62	5095.3	1710.02	1914.48	120.62	1832	1281.48	225	193.52	582.35
1959	1062.5	2205	1977.94	4983	1743.96	1911.93	122.5	1881	1293.12	260.01	208.86	648.98
1960	1191.1	2172	1884	4783.6	1642.99	1894.55	126.98	1944	1244.04	248.65	213.03	686.33
1961	1163.1	2159	1791.57	4667.3	1623.53	1899.86	129.87	1969	1210.82	211.42	203.06	710.06
1962	1171.8	2218	1797.19	4688.3	1664.29	1963.72	130.17	2008	1240	205.01	198.81	698.97
1963	1215.4	2300	1861.14	4834.6	1703.56	2021.08	132.38	2056	1249.17	209.74	206.71	713.12
1964	1253.7	2362	1917.37	4980.9	1751.99	2088.44	134.67	2100	1290.03	219.48	214.9	744.18
1965	1296.4	2445	1974.89	5162.1	1820.71	2160.36	137.12	2144	1345.44	230.45	226.79	789.1
1966	1329.6	2528	2032.8	5335.5	1885	2231.86	139.67	2194	1392.97	240.61	235.38	837.99
1967	1371	2588	2097.99	5505.1	1957	2287.13	142.41	2244	1438.07	250.45	244.41	871.84
1968	1411	2651	2144.93	5685.3	2035	2361.69	145.16	2295	1488.13	260.95	255.34	908.42
1969	1460	2738	2213.41	5849.6	2108	2422.79	148.05	2348	1533.17	271.93	264.97	943.55
1970	1491	2818	2289.64	6052.4	2180.46	2503.33	151.2	2428	1585.66	282.73	277.35	976.58
1971	1555	2898	2354.36	6229.4	2259	2592.69	155.38	2492	1640.64	295.65	286.66	1009.91
1972	1602.9	2973	2413.36	6403.2	2323.21	2663.08	159.28	2554	1692.18	307.05	297.24	1049 69
1973	1651.1	3057	2483.23	6582.4	2395.23	2746.89	162.92	2610	1742.14	318.15	307.8	1089.08
1974	1705.2	3130	2541.08	6729.5	2463.41	2818.97	166.12	2655	1778.69	328.75	317.25	1125.82

表5-2(续)

年份	内蒙古	广西	重庆	四川	贵州	云南	西藏	陕西	甘肃	青海	宁夏	新疆
1975	1737.9	3201	2592.59	6874.7	2530.95	2884.29	169.11	2692	1804.02	337.49	327.92	1154.53
1976	1769.2	3267	2615.57	6963	2585.11	2951.75	172.4	2722	1825.96	346.58	337.93	1185.8
1977	1798.1	3329	2628.06	7031.3	2640.14	3024.59	175.62	2751	1847.46	356.75	346.71	1208.97
1978	1823.4	3402	2635.56	7071.9	2686.4	3091.47	178.82	2779	1870.05	364.86	355.58	1233.01
1979	1851.8	3470	2653.69	7120.5	2730.99	3134.79	182.69	2807	1893.79	372.02	364.14	1255.97
1980	1876.5	3538	2664.79	7154.8	2776.67	3173.39	185.28	2831	1918.43	376.9	373.72	1283.24
1981	1902.9	3613	2694.05	7215.6	2826.78	3222.77	185.96	2865	1941.4	381.6	383.38	1303.05
1982	1941.6	3684	2721.69	7300.4	2875.21	3283.1	189.25	2904	1974.88	392.79	393.04	1315.9
1983	1969.8	3733	2738.63	7336.9	2901.46	3330.8	193.14	2931	1999.84	392.57	399.05	1333.3
1984	1993.1	3806	2747.75	7364	2931.85	3372.1	196.68	2966	2025.88	401.61	406.87	1344.08
1985	2015.9	3873	2768.26	7419.3	2972.18	3418.1	199.48	3002	2052.89	407.38	414.62	1361.14
1986	2040.7	3946	2807.6	7511.9	3025.86	3480	202.49	3042	2085.39	421.12	424.33	1383.64
1987	2066.4	4016	2845.14	7613.2	3072.58	3534	207.95	3088	2115.73	427.9	435.16	1406.33
1988	2093.9	4088	2873.34	7716.4	3127.27	3594	212.31	3140	2148.15	434.2	444.53	1426.42
1989	2122.2	4150	2897.01	7803.2	3171	3648	215.91	3198	2184.86	440.2	454.81	1454.16
1990	2162.6	4242	2920.9	7892.5	3267.53	3730.6	221.47	3316	2254.67	447.66	465.68	1529.16
1991	2183.9	4324	2938.99	7947.8	3314.63	3782.1	225.03	3363	2284.92	454.43	473.88	1554.57
1992	2206.6	4380	2950.78	7992.2	3360.96	3831.6	228.53	3405	2314.19	461.02	482.27	1580.63
1993	2232.4	4438	2964.92	8037.4	3408.69	3885.2	232.22	3443	2345.23	466.7	490.86	1605.26
1994	2260.5	4493	2985.59	8098.7	3458.41	3939.2	236.14	3481	2387.25	474	503.87	1632.7
1995	2284.4	4543	3001.77	8161.2	3508.08	3989.6	239.84	3513	2437.95	481.2	512.38	1661.35
1996	2306.6	4589	2875.3	8215.4	3555.41	4041.5	243.7	3543	2466.86	488.3	521.21	1689.29
1997	2325.7	4633	2873.36	8264.7	3605.81	4094	247.6	3570	2494.2	495.6	528.94	1718.08
1998	2344.9	4675	2870.75	8315.7	3657.6	4143.8	251.54	3596	2519.37	502.8	536.57	1747.35
1999	2361.9	4713	2860.37	8358.6	3710.06	4192.4	255.51	3618	2542.58	509.8	543.29	1775
2000	2372.4	4751	2848.82	8407.5	3755.72	4240.8	259.83	3644	2556.89	516.5	554.32	1849.41
2001	2377.5	4788	2829.21	8436.6	3798.51	4287.4	262.95	3659	2575.24	523.1	563.22	1876.19
2002	2378.6	4822	2814.83	8474.5	3837.28	4333.1	266.88	3674	2592.58	528.6	571.54	1905.62
2003	2379.6	4857	2803.19	8529.4	3869.66	4375.6	270.17	3690	2603.34	533.7	580.19	1933.95
2004	2384.4	4889	2793.32	8595.3	3903.7	4415.2	273.68	3705	2618.78	538.6	587.71	1963.11
2005	2386.4	4660	2798	8212	3730	4450.4	277	3720	2594.36	543.2	596.20	2010.35
2006	2392.4	4719	2808	8169	3757.18	4483	281	3735	2606.25	547.7	603.73	2050
2007	2405.1	4768	2816	8127	3762.36	4514	284.15	3748	2617.16	551.6	610.25	2095.15
2008	2413.7	4816	2839	8138	3793	4543	287.08	3762	2628.12	554.3	617.69	2130.81
2009	2422.07	4856	2859	8185	3798	4571	290.03	3772	2635.46	557.3	625.2	2158.63

117

表 5-3　　　　　　　西部地区实际人均 GDP　　　　　（单位：元）

表 5-3（a）实际人均 GDP

年份	内蒙古	广西	重庆	四川	贵州	云南	西藏	陕西	甘肃	青海	宁夏	新疆
1952	169.86	65.93	100.48	53.17	57.39	69.49	114.78	84.10	125.11	101.00	121.47	170.05
1953	186.47	70.53	112.63	58.72	69.96	82.23	116.83	98.34	127.20	101.16	117.74	176.44
1954	210.73	78.52	120.26	65.40	72.67	92.63	118.84	108.96	145.09	128.25	142.96	195.03
1955	181.61	84.30	120.59	68.36	77.16	98.63	121.38	107.76	155.07	153.58	144.18	209.74
1956	236.80	90.81	129.22	75.90	89.49	113.73	136.31	133.33	174.48	181.51	166.85	229.06
1957	251.51	99.45	129.17	81.66	93.61	109.99	129.72	124.51	165.41	172.58	153.06	218.44
1958	299.16	112.32	156.84	92.63	110.33	116.36	142.81	157.61	189.80	190.33	199.80	272.07
1959	341.17	121.05	150.98	87.48	113.59	127.23	141.99	164.57	192.28	234.32	252.88	283.99
1960	291.57	121.18	175.66	76.21	115.99	124.17	137.32	165.58	151.33	268.42	261.49	314.40
1961	194.88	104.53	119.56	60.95	73.48	105.47	184.27	108.86	97.29	200.75	201.32	274.71
1962	183.16	102.16	118.99	60.72	63.44	100.42	185.47	95.99	100.17	180.40	184.48	217.17
1963	211.40	104.33	131.68	66.08	67.30	101.88	192.65	102.44	126.55	192.28	211.74	237.26
1964	232.10	108.42	146.63	72.11	76.83	112.87	209.37	112.35	151.49	206.23	223.88	257.65
1965	246.41	115.11	162.69	79.22	88.50	127.10	238.65	145.28	181.08	220.87	247.76	276.97
1966	264.22	111.69	167.10	86.41	83.25	134.96	251.87	156.55	172.34	226.54	277.46	291.86
1967	213.58	107.71	145.74	83.48	76.74	121.30	264.17	140.07	141.41	232.42	253.76	234.53
1968	207.35	93.66	120.00	70.09	66.57	89.13	242.25	103.81	153.28	207.18	233.68	203.49
1969	202.06	114.81	130.00	78.14	63.62	114.84	234.67	147.33	175.83	223.43	277.68	199.60
1970	243.93	128.09	151.40	83.73	83.22	127.38	243.05	177.40	208.14	256.95	315.37	226.79
1971	238.74	145.19	164.29	84.79	100.41	132.58	256.90	204.61	217.56	259.92	352.32	236.85
1972	249.66	162.72	160.13	79.00	93.63	145.49	266.44	205.08	223.16	288.99	370.92	215.59
1973	270.66	166.04	160.30	81.65	88.91	155.41	282.06	205.90	230.31	304.45	370.06	214.26
1974	252.23	170.92	158.83	79.50	77.63	145.84	293.21	209.67	256.46	305.81	432.65	193.99
1975	275.54	178.54	173.57	90.93	83.57	149.93	303.25	217.14	294.20	321.21	442.05	220.95
1976	268.88	176.89	163.24	97.83	76.42	132.74	313.54	209.56	291.49	313.79	410.58	228.47
1977	283.15	182.26	194.46	112.38	96.15	147.14	329.59	232.90	291.67	328.34	428.37	262.82
1978	301.57	199.30	226.48	131.22	116.89	175.21	347.05	285.90	326.20	368.98	454.76	282.97
1979	325.90	201.98	249.42	143.52	127.62	178.16	366.20	272.34	326.66	328.95	472.62	312.25
1980	326.99	218.33	267.00	156.40	131.05	190.95	441.99	289.73	351.74	382.42	497.08	327.93
1981	356.64	230.92	279.94	161.37	137.09	202.68	530.68	299.16	318.25	372.42	494.07	350.38
1982	414.48	254.76	301.23	176.86	156.08	229.78	523.02	322.00	340.76	404.50	525.02	381.28
1983	448.73	259.76	329.61	195.36	174.16	245.52	485.81	342.32	386.51	447.63	596.97	427.15
1984	515.17	272.42	380.09	218.47	206.48	277.50	597.74	398.50	434.04	497.06	665.39	483.46
1985	597.05	297.13	408.94	242.62	219.76	309.55	680.12	458.70	484.83	543.14	768.99	558.06

表5-3(a)(续)

年份	内蒙古	广西	重庆	四川	贵州	云南	西藏	陕西	甘肃	青海	宁夏	新疆
1986	624.48	310.32	437.09	252.93	227.95	317.11	608.38	492.03	529.92	567.98	813.69	613.24
1987	672.08	333.00	453.35	271.28	248.73	350.67	593.03	533.18	568.90	590.84	856.37	663.70
1988	728.24	341.75	490.65	287.76	265.40	399.98	605.23	634.48	636.80	627.10	940.01	717.12
1989	738.18	348.80	509.50	293.57	273.52	416.92	645.13	643.54	680.89	625.98	989.97	746.36
1990	778.88	365.13	539.67	316.65	276.85	443.15	684.93	641.76	696.95	638.47	1002.34	792.83
1991	828.91	403.81	584.64	343.11	298.03	465.95	676.78	678.34	732.91	658.43	1031.98	892.21
1992	910.70	471.66	676.61	384.11	317.72	510.08	713.75	725.56	795.20	696.98	1100.91	992.36
1993	1005.14	550.55	776.34	431.93	345.86	558.89	811.28	804.37	875.47	754.94	1192.95	1076.82
1994	1103.41	626.60	873.55	477.17	369.52	618.49	923.07	863.99	952.76	803.69	1251.12	1186.81
1995	1202.64	690.09	973.98	524.32	391.61	682.13	1071.51	945.15	1029.58	855.02	1347.28	1272.52
1996	1362.40	740.10	1130.67	576.07	420.78	748.10	1193.74	1039.28	1139.25	916.05	1468.21	1332.81
1997	1496.46	792.07	1255.87	632.95	452.24	810.16	1313.58	1141.78	1229.07	984.18	1561.64	1420.56
1998	1642.32	863.45	1362.59	689.90	487.65	865.50	1449.46	1265.02	1335.07	1056.58	1472.39	1501.51
1999	1774.50	925.00	1471.44	731.87	518.86	917.67	1602.45	1386.83	1442.38	1126.59	1803.43	1587.48
2000	1956.60	990.09	1602.97	789.20	555.61	975.22	1739.69	1520.14	1573.45	1211.38	1947.87	1656.20
2001	2161.33	1063.99	1759.32	857.07	597.69	1030.21	1937.37	1662.28	1714.78	1336.19	2110.70	1772.95
2002	2444.73	1168.47	1950.43	940.70	645.44	1111.10	2155.08	1839.26	1871.33	1482.01	2292.96	1889.12
2003	2881.08	1278.38	2183.75	1040.70	704.74	1197.14	2384.30	2047.36	2063.76	1641.64	2544.78	2069.46
2004	3464.71	1419.87	2458.84	1164.23	778.24	1320.47	2638.52	2302.11	2287.74	1826.66	2793.56	2271.13
2005	4286.02	1687.01	2741.93	1372.12	917.92	1426.62	2922.33	2606.94	2582.86	2032.14	3053.94	2459.49
2006	5090.18	1891.63	3070.95	1565.50	1027.92	1580.53	3263.86	2957.38	2866.93	2282.69	3398.88	2677.24
2007	6037.37	2154.31	3549.12	1801.82	1178.43	1761.18	3679.56	3412.77	3206.07	2571.85	3789.60	2939.20
2008	7088.01	2405.97	4030.82	1997.31	1301.00	1935.43	4009.85	3957.68	3516.45	2905.61	4215.68	3207.83
2009	8257.25	2718.81	4599.02	2273.78	1447.40	2156.33	4461.22	4484.01	3867.49	3183.01	4660.71	3422.98

表5-3(b) 第一产业实际人均GDP1

年份	内蒙古	广西	重庆	四川	贵州	云南	西藏	陕西	甘肃	青海	宁夏	新疆
1952	120.69	42.92	66.76	31.46	39.26	42.89	112.17	54.97	81.34	74.36	100.41	110.07
1953	125.03	43.14	72.50	33.98	45.22	49.08	112.54	62.20	81.41	72.09	91.81	111.23
1954	133.96	46.50	74.11	35.55	46.90	53.96	114.56	67.10	92.84	91.14	112.23	115.83
1955	106.43	48.17	72.60	37.39	48.38	56.15	115.43	59.85	91.46	96.45	110.06	114.15
1956	135.82	49.48	74.69	40.64	54.18	61.85	116.96	73.30	92.48	90.52	124.00	122.09
1957	133.50	52.79	64.93	45.53	55.88	60.88	116.41	64.10	79.38	93.06	106.78	117.34
1958	133.61	58.22	70.91	47.13	56.90	47.98	117.07	68.49	77.05	74.26	111.74	141.67
1959	140.72	52.85	48.77	38.31	48.56	45.17	104.46	58.88	61.50	65.16	105.56	116.01

119

表5-3(b)(续)

年份	内蒙古	广西	重庆	四川	贵州	云南	西藏	陕西	甘肃	青海	宁夏	新疆
1960	94.11	49.26	51.45	32.25	43.48	43.12	80.24	54.43	38.81	66.06	82.81	115.66
1961	87.98	45.96	43.87	31.16	37.41	51.40	125.15	53.71	38.92	78.81	102.84	105.10
1962	92.75	53.35	48.34	39.61	42.28	55.91	136.22	47.73	41.04	85.29	106.46	101.23
1963	92.59	51.68	58.74	41.90	44.59	55.69	144.67	49.01	51.87	105.24	110.15	122.19
1964	100.11	57.44	62.18	45.20	50.84	62.43	156.10	51.04	53.01	115.52	108.38	134.98
1965	105.84	62.70	71.32	46.57	55.29	65.44	169.31	70.80	56.11	120.86	119.10	142.83
1966	118.04	58.17	70.81	48.16	50.06	68.13	175.52	64.18	48.22	110.09	124.11	150.51
1967	93.15	60.49	66.43	47.42	50.90	65.62	184.50	64.06	41.48	122.06	121.54	113.97
1968	93.55	57.16	67.19	39.38	44.09	58.37	175.87	54.80	52.14	97.23	102.99	94.60
1969	90.77	60.37	61.09	41.22	41.63	62.30	165.89	61.49	50.98	106.47	109.46	93.16
1970	110.17	62.65	63.29	41.78	44.46	62.40	160.71	71.54	49.95	105.93	100.13	101.70
1971	96.53	68.55	62.65	40.73	49.53	67.07	162.08	80.62	47.85	101.24	117.15	103.38
1972	92.36	77.81	61.85	36.49	42.83	73.01	151.09	73.78	53.56	114.87	113.00	95.38
1973	99.62	78.64	66.15	37.06	48.92	77.55	161.53	76.55	57.57	119.53	99.12	93.10
1974	93.11	78.37	67.62	35.93	46.04	68.41	168.49	78.55	69.25	121.18	131.69	79.38
1975	103.01	80.88	64.73	40.35	43.42	72.74	168.14	79.47	73.54	120.00	122.79	88.08
1976	103.44	78.15	61.78	41.26	44.18	69.24	171.23	79.17	69.97	117.16	99.87	88.78
1977	103.61	80.01	74.60	50.21	46.06	64.19	175.86	80.16	67.11	96.03	103.47	96.52
1978	98.51	81.48	83.47	58.43	48.69	74.75	175.87	77.96	66.57	87.14	107.04	101.18
1979	106.85	89.71	94.65	64.14	53.77	75.08	175.58	93.70	62.37	85.97	112.23	111.68
1980	86.19	98.86	102.59	69.35	54.06	81.32	236.54	86.91	78.34	107.48	132.68	132.61
1981	124.25	107.01	112.14	71.93	60.38	88.78	321.47	103.73	79.15	98.59	155.14	148.50
1982	148.15	124.57	121.63	80.55	73.47	98.16	298.13	106.48	87.23	112.73	163.10	164.28
1983	152.15	122.72	134.37	86.79	75.26	100.87	259.67	110.97	116.80	117.64	190.09	178.58
1984	172.72	120.12	146.69	95.25	87.21	114.06	278.77	136.21	117.08	138.28	209.98	197.58
1985	195.12	127.23	144.59	99.61	89.47	123.98	339.68	135.40	129.98	142.16	226.10	213.25
1986	187.91	129.32	154.11	100.02	92.21	124.08	285.68	137.00	143.15	154.70	244.06	218.61
1987	196.97	137.77	149.31	103.35	99.88	128.70	270.23	147.66	161.45	159.90	225.60	251.09
1988	242.57	128.99	153.29	105.54	106.77	137.45	288.42	166.83	175.17	163.85	250.28	268.92
1989	224.66	136.43	150.01	103.70	107.72	136.67	296.30	163.92	185.78	163.10	247.45	267.95
1990	274.60	143.73	180.72	114.23	106.53	164.96	348.64	167.56	183.88	161.31	260.32	315.66
1991	270.09	151.97	187.42	114.45	116.54	152.63	343.60	169.28	179.72	157.46	257.35	297.10
1992	273.97	169.98	188.85	121.39	113.27	154.01	355.70	159.28	185.67	158.48	242.45	282.43
1993	280.27	157.97	199.33	130.61	110.47	136.61	396.73	175.82	205.63	152.88	237.93	275.81
1994	331.04	174.54	226.71	142.42	129.33	148.53	424.30	176.92	218.16	188.15	274.90	336.32
1995	365.09	208.82	253.20	142.17	139.81	168.94	448.39	198.05	204.25	201.88	272.32	375.91

表5-3(b)(续)

年份	内蒙古	广西	重庆	四川	贵州	云南	西藏	陕西	甘肃	青海	宁夏	新疆
1996	416.57	233.15	273.81	154.47	148.10	177.69	499.69	214.19	296.62	201.00	313.18	368.82
1997	418.41	253.99	283.64	171.89	152.64	187.06	497.10	213.87	294.59	202.86	311.99	382.14
1998	444.38	265.05	284.60	181.16	149.36	190.61	496.93	231.53	304.96	205.36	332.57	394.79
1999	441.14	266.38	282.22	185.72	148.19	196.53	517.87	221.67	289.34	197.80	327.72	366.46
2000	445.95	265.31	284.84	189.97	146.30	209.38	537.41	217.59	290.07	184.32	303.91	350.03
2001	452.61	269.03	293.84	195.96	144.73	214.12	522.63	217.96	316.88	199.19	310.69	342.47
2002	471.94	278.72	311.55	208.64	145.93	222.64	528.66	230.34	327.34	205.83	321.91	357.29
2003	506.76	298.52	325.77	220.24	147.58	231.65	524.29	239.46	350.75	203.92	317.87	452.98
2004	595.63	338.22	390.86	251.82	155.16	254.33	530.48	269.88	388.56	237.89	339.79	458.66
2005	647.08	386.38	366.41	275.19	168.87	272.69	564.26	288.79	411.42	244.39	359.28	481.67
2006	653.68	411.51	303.68	287.42	167.91	287.09	571.37	302.25	420.47	237.77	372.43	464.01
2007	716.33	459.22	366.13	346.63	182.39	309.00	591.54	351.30	459.51	269.04	403.61	524.49
2008	757.46	498.17	400.32	351.26	196.96	347.01	615.62	407.81	513.31	301.14	416.48	529.94
2009	788.06	511.05	427.36	360.01	203.56	373.13	645.69	433.40	567.47	316.16	438.24	608.03

表5-3（c）第二产业实际人均GDP2

年份	内蒙古	广西	重庆	四川	贵州	云南	西藏	陕西	甘肃	青海	宁夏	新疆
1952	19.14	15.18	21.95	7.93	10.67	10.74	0.09	12.57	16.25	7.44	5.62	37.41
1953	26.95	17.24	29.65	9.73	13.77	15.94	0.52	16.01	16.52	11.63	7.71	42.39
1954	39.53	20.01	34.15	11.87	14.29	19.42	0.51	20.28	21.72	13.10	10.02	49.96
1955	36.65	21.62	36.04	13.07	15.62	22.21	0.93	25.39	32.63	26.73	10.94	54.69
1956	52.27	23.13	40.35	14.79	19.85	27.25	13.46	32.03	41.87	47.64	11.69	60.31
1957	59.72	25.54	48.15	14.61	20.04	26.51	5.82	29.50	46.31	34.08	13.05	56.88
1958	102.74	31.10	64.52	21.95	32.62	40.06	14.12	55.03	67.15	62.26	39.47	75.99
1959	127.94	40.18	79.69	23.08	43.53	50.24	17.95	69.06	82.73	102.30	77.72	112.69
1960	136.45	38.88	95.01	17.06	47.98	51.27	35.54	74.23	75.67	112.54	108.41	137.99
1961	55.96	33.00	50.69	13.16	21.05	33.53	16.89	28.83	31.13	46.10	41.72	116.62
1962	47.83	26.08	44.83	9.33	11.25	26.85	9.24	26.10	31.08	32.23	34.42	74.88
1963	72.12	29.27	47.46	11.69	11.90	28.26	7.50	30.40	45.56	33.63	45.45	70.64
1964	81.50	28.28	57.39	14.71	31.60	9.62	36.49	66.58	38.51	53.10	75.20
1965	84.06	30.97	65.33	19.34	20.41	41.62	16.06	47.63	92.35	46.04	65.93	83.78
1966	89.70	30.78	72.78	23.97	20.29	45.17	21.40	61.78	93.03	57.87	84.11	89.04
1967	70.05	24.04	56.08	21.95	14.91	36.09	23.06	46.50	73.03	52.50	75.62	78.46
1968	66.31	16.82	32.14	18.33	13.08	15.94	9.58	25.96	76.74	50.90	77.59	69.61
1969	64.61	29.80	45.89	23.69	13.04	33.48	12.81	57.91	96.68	56.89	101.41	69.42

121

表5-3(c)(续)

年份	内蒙古	广西	重庆	四川	贵州	云南	西藏	陕西	甘肃	青海	宁夏	新疆
1970	80.58	37.29	63.68	28.68	28.05	44.25	25.03	77.34	127.00	87.96	131.08	85.19
1971	91.77	46.21	76.41	29.61	37.50	44.44	37.80	91.77	141.44	94.82	145.36	90.25
1972	98.57	48.72	70.72	28.55	37.62	49.64	45.14	96.50	133.89	103.69	161.31	79.29
1973	111.41	51.97	65.38	30.04	25.68	53.68	52.01	92.30	133.57	112.93	171.40	80.51
1974	100.87	54.29	59.99	29.58	18.36	53.46	56.36	93.76	146.20	112.08	201.90	78.60
1975	113.62	60.53	74.71	34.81	25.42	52.80	63.13	99.91	173.59	123.10	216.26	95.86
1976	104.95	61.91	68.42	36.31	20.86	40.30	70.58	92.39	177.78	116.90	207.14	100.72
1977	118.41	64.71	83.11	39.68	34.41	56.52	79.42	112.74	175.24	147.04	220.72	121.72
1978	137.01	67.82	103.62	46.59	46.96	69.98	96.03	132.98	196.74	183.06	230.88	132.90
1979	144.15	66.81	111.84	50.44	51.74	70.73	101.33	128.71	198.29	161.12	242.23	146.65
1980	154.22	69.07	118.49	55.28	52.19	77.00	111.13	145.73	189.67	168.31	226.43	132.06
1981	146.68	67.18	119.17	55.51	50.38	77.09	85.72	135.53	158.47	153.95	197.69	132.05
1982	165.44	68.49	124.23	59.66	53.95	88.45	107.06	144.85	170.82	162.81	202.29	136.46
1983	177.92	71.58	131.09	66.39	66.05	96.68	122.28	153.00	181.30	179.05	225.98	158.24
1984	191.84	78.42	153.32	74.24	82.98	108.19	122.34	168.42	210.27	190.96	254.02	170.49
1985	207.55	89.79	172.04	85.33	88.46	122.74	117.95	207.86	231.08	220.32	307.90	201.37
1986	211.68	104.26	180.96	88.66	83.23	123.22	78.34	220.80	245.76	227.55	305.55	216.85
1987	222.96	112.75	186.60	96.01	90.34	129.07	71.32	235.51	243.94	226.23	340.78	224.81
1988	230.52	109.84	206.70	103.96	98.53	149.32	72.03	279.59	265.97	265.86	368.98	245.67
1989	249.58	100.03	212.88	103.81	100.60	158.54	83.81	284.63	288.22	262.23	407.79	253.60
1990	249.86	96.31	208.28	111.12	98.79	154.82	88.27	265.01	282.25	245.47	391.72	252.25
1991	285.85	109.81	224.03	127.10	102.27	161.70	92.44	286.10	302.22	261.62	399.25	286.82
1992	329.47	136.76	265.02	144.07	114.11	180.58	95.62	316.73	321.94	289.16	450.88	364.18
1993	380.26	202.80	322.22	168.69	128.37	232.31	119.03	352.83	376.21	331.31	520.72	445.88
1994	404.05	245.67	365.73	186.63	137.25	269.50	158.16	375.24	417.28	335.52	514.28	446.38
1995	433.28	246.93	395.13	210.51	143.12	298.48	252.84	402.61	474.09	329.06	574.24	443.47
1996	485.75	256.03	451.62	231.90	148.42	329.79	207.96	439.59	491.92	348.20	582.80	464.08
1997	547.97	267.65	498.64	247.07	162.19	359.52	287.07	474.97	523.16	371.93	616.55	526.46
1998	596.89	301.45	528.62	262.93	179.99	386.51	319.04	527.23	561.63	408.63	648.84	536.81
1999	656.73	320.16	567.06	270.68	193.94	392.17	360.77	593.37	618.49	442.54	707.66	573.87
2000	740.59	348.79	623.76	287.92	211.04	404.04	399.48	659.44	630.12	499.98	801.74	652.95
2001	826.90	359.98	685.92	313.81	228.64	418.22	445.08	726.57	697.99	556.92	850.00	682.16
2002	950.69	392.15	765.44	345.10	250.20	449.51	435.17	822.39	762.20	628.70	930.54	706.55
2003	1167.07	445.93	885.00	393.17	281.32	490.68	613.69	966.17	843.32	723.29	1110.06	789.38
2004	1422.16	518.45	1016.11	454.98	316.11	549.11	631.55	1125.91	966.45	829.66	1269.33	940.15
2005	1946.22	639.67	1236.66	569.88	375.86	587.85	746.09	1293.20	1119.91	989.70	1401.07	1100.10

表5-3(c)(续)

年份	内蒙古	广西	重庆	四川	贵州	云南	西藏	陕西	甘肃	青海	宁夏	新疆
2006	2445.06	748.74	1471.05	680.07	425.21	676.03	899.15	1528.96	1313.26	1168.31	1646.20	1282.94
2007	3001.84	897.21	1797.68	793.03	459.58	752.22	1061.31	1770.30	1516.87	1351.58	1876.19	1374.41
2008	3650.86	1040.98	2127.39	923.01	500.46	833.98	1173.55	2089.13	1632.67	1589.18	2135.92	1587.93
2009	4335.37	1184.89	2428.93	1078.44	546.24	902.59	1381.04	2325.17	1743.61	1693.64	2280.99	1544.27

表5-3(d) 第三产业实际人均GDP3

年份	内蒙古	广西	重庆	四川	贵州	云南	西藏	陕西	甘肃	青海	宁夏	新疆
1952	30.03	7.82	11.76	13.78	7.45	15.87	3.04	16.56	27.52	19.21	15.45	22.57
1953	34.49	10.15	10.47	15.01	10.97	17.21	3.61	20.13	29.28	17.44	18.22	22.81
1954	37.25	12.01	12.00	17.98	11.48	19.25	4.19	21.59	30.53	24.01	20.71	29.24
1955	38.52	14.51	11.94	17.89	13.16	20.28	5.01	22.51	30.98	30.40	23.17	40.89
1956	48.71	18.20	14.18	20.47	15.45	24.63	5.89	28.00	40.14	43.35	31.16	46.66
1957	58.30	21.12	16.08	21.53	17.69	22.60	7.48	30.91	39.73	45.44	33.22	44.22
1958	62.81	23.00	21.42	23.54	20.81	28.32	11.62	34.09	45.60	53.93	48.58	54.41
1959	72.51	28.01	22.52	26.09	21.50	31.82	19.59	36.63	48.05	66.85	69.60	55.28
1960	61.01	33.04	29.20	26.90	24.52	29.79	21.54	36.92	36.86	89.82	70.28	60.76
1961	50.94	25.57	25.01	16.63	15.02	20.54	24.23	26.32	27.24	75.84	56.76	53.00
1962	42.36	22.73	25.82	11.77	9.91	17.67	40.02	22.17	28.05	62.89	43.60	41.06
1963	46.70	23.39	25.48	12.49	10.82	17.93	40.48	23.03	29.13	53.41	56.14	44.43
1964	50.49	22.70	27.07	13.14	11.44	18.83	43.65	25.16	31.82	52.21	62.40	47.47
1965	56.50	21.45	26.04	13.31	12.80	20.04	53.28	26.85	32.62	53.96	62.74	50.36
1966	56.47	22.74	23.50	14.28	12.90	21.66	54.94	30.60	31.08	58.58	69.24	52.31
1967	50.37	23.18	23.24	14.11	10.94	19.59	56.61	29.50	26.90	57.85	56.60	42.10
1968	47.50	19.68	20.67	12.38	9.40	14.83	56.80	23.04	24.40	59.05	53.11	39.28
1969	46.68	24.64	23.03	13.23	8.95	19.06	55.97	27.92	28.17	60.07	66.81	37.01
1970	53.18	28.02	24.43	13.27	10.71	20.73	57.30	28.52	31.19	63.06	84.16	39.89
1971	50.50	30.43	25.23	14.44	13.37	21.08	57.02	32.22	28.26	63.87	89.82	43.22
1972	58.74	36.18	27.57	13.96	13.18	22.84	70.21	34.79	35.72	70.43	96.62	40.93
1973	59.63	35.43	28.77	14.55	14.31	24.18	68.53	37.05	39.18	71.99	99.54	40.65
1974	58.25	38.26	31.22	13.99	13.22	23.97	68.36	37.35	41.01	72.55	99.05	36.01
1975	58.91	37.14	34.14	15.77	14.72	24.39	71.98	37.76	47.08	78.10	103.00	37.01
1976	60.44	36.84	33.04	20.26	11.37	23.20	71.73	37.99	43.74	79.73	102.83	38.96
1977	61.07	37.54	36.75	22.49	15.68	26.43	74.31	40.00	49.32	85.27	104.18	44.58
1978	66.04	50.00	39.40	26.20	21.24	30.47	75.15	44.95	62.89	98.77	116.49	48.89
1979	74.89	45.46	42.93	28.95	22.12	32.35	89.29	49.93	66.00	81.86	117.83	53.92

表5-3(d)(续)

年份	内蒙古	广西	重庆	四川	贵州	云南	西藏	陕西	甘肃	青海	宁夏	新疆
1980	86.58	50.41	45.92	31.77	24.79	32.63	94.31	57.08	83.72	106.62	137.97	63.26
1981	85.75	56.72	48.63	33.92	26.33	36.82	123.48	59.90	80.63	119.88	141.24	69.83
1982	100.88	61.70	55.36	36.65	28.66	43.17	117.82	70.67	82.71	128.95	159.64	80.53
1983	118.67	65.46	64.14	42.18	32.85	47.97	103.87	78.35	88.41	150.94	180.90	90.32
1984	150.61	73.87	80.09	48.98	36.29	55.45	196.63	93.87	106.69	167.82	201.39	115.38
1985	194.39	80.11	92.30	57.69	41.84	62.83	222.49	115.44	123.77	180.66	234.99	143.44
1986	224.88	76.74	102.02	64.25	52.51	69.81	245.08	134.23	141.01	185.73	263.85	177.78
1987	252.15	82.48	117.44	71.92	58.51	92.89	251.48	150.01	163.52	204.71	290.00	187.80
1988	255.18	102.91	130.65	78.26	60.10	113.21	244.78	188.06	191.67	197.40	320.75	202.54
1989	263.93	112.33	146.61	86.06	65.20	121.70	265.01	195.00	207.37	200.64	334.73	224.81
1990	254.45	125.09	150.68	91.31	71.53	123.37	248.01	209.20	230.82	231.69	350.29	224.92
1991	272.97	142.03	173.19	101.56	79.21	151.63	240.74	222.97	250.96	239.35	375.24	308.25
1992	307.23	164.92	222.73	118.65	90.34	175.49	262.43	249.55	287.59	249.34	407.58	345.75
1993	344.62	189.79	254.84	132.63	107.02	189.98	295.50	275.72	293.63	270.75	434.30	355.13
1994	368.32	206.39	281.11	148.12	102.94	200.46	340.61	311.83	317.32	280.02	461.94	404.11
1995	404.27	234.35	325.65	171.65	108.68	214.70	370.28	344.49	351.24	324.07	500.64	453.15
1996	460.09	250.92	405.24	189.70	124.26	240.62	486.09	385.50	350.71	366.85	572.31	499.91
1997	530.08	270.42	473.59	213.99	137.41	263.58	529.41	452.93	411.32	409.39	633.10	511.95
1998	601.05	296.95	549.36	245.82	154.38	288.04	633.48	506.27	468.47	442.58	692.98	569.91
1999	676.61	338.46	622.16	275.46	176.74	328.97	723.66	571.78	534.55	486.24	767.98	647.16
2000	770.04	375.99	694.38	311.31	198.27	361.80	802.95	643.11	653.27	527.07	842.21	653.22
2001	881.83	434.97	779.56	347.30	224.33	397.87	969.66	717.76	699.91	580.08	950.08	748.32
2002	1022.09	497.65	873.44	386.97	249.37	439.33	1191.12	786.52	781.98	647.49	1040.45	825.28
2003	1207.24	533.92	972.98	427.29	275.84	474.81	1246.44	841.73	869.70	714.43	1116.81	827.09
2004	1446.92	563.20	1051.87	457.42	306.97	517.02	1476.49	906.32	932.73	759.12	1184.44	872.32
2005	1692.72	660.95	1138.86	527.05	373.19	566.50	1611.98	1024.95	1051.53	798.05	1293.59	877.72
2006	1991.44	731.42	1296.22	598.01	434.81	617.41	1793.35	1126.17	1133.20	876.61	1380.25	930.28
2007	2319.20	797.87	1385.31	662.15	536.46	699.96	2026.70	1291.18	1229.69	951.23	1509.81	1040.17
2008	2679.68	866.82	1503.11	723.03	603.58	754.44	2220.67	1460.74	1370.47	1015.29	1663.27	1089.96
2009	3133.82	1022.87	1742.72	835.32	697.60	880.61	2434.49	1725.45	1556.41	1173.21	1941.48	1270.67

将上述经济数据序列用三维图形展示如下（见图5-1）：

5 西部地区经济差距的发展现状与动态——σ 收敛检验

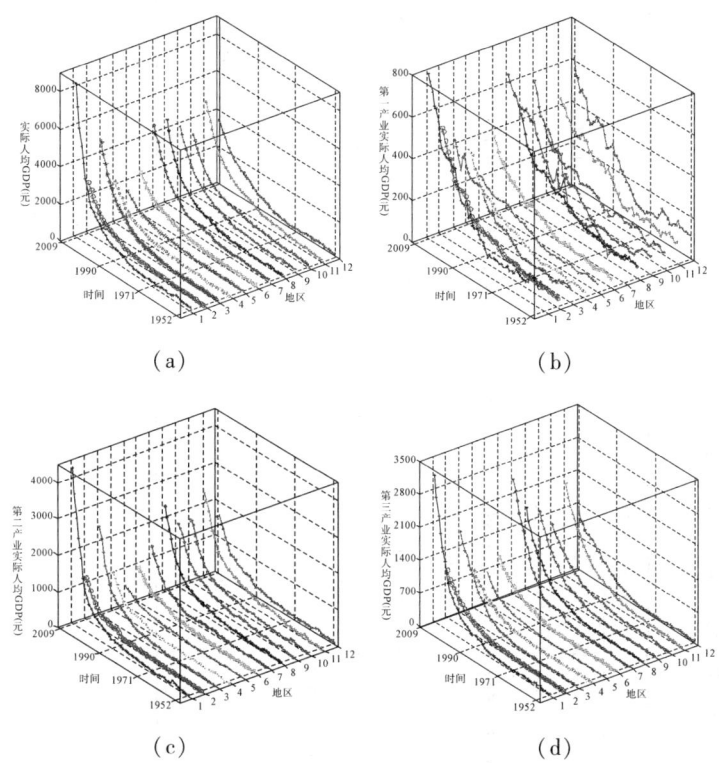

注：地区坐标数字表示 1—内蒙古，2—广西，3—重庆，4—四川，5—贵州，6—云南，7—西藏，8—陕西，9—甘肃，10—青海，11—宁夏，12—新疆。

图 5-1 西部地区实际人均 GDP 和三次产业实际人均增加值

5.2.2 数据统计描述

对西部 12 省（市、区）的实际人均 GDP 和三次产业实际人均增加值进行统计描述，得到表 5-4（a）、表 5-4（b）、表 5-4（c）、表 5-4（d）：

表 5-4（a）实际人均 GDP

实际人均 GDP 和三次产业实际人均增加值统计描述

（单位：元）

	内蒙古	广西	重庆	四川	贵州	云南	西藏	陕西	甘肃	青海	宁夏	新疆
均值	1172.91	510.22	787.76	404.63	301.28	473.92	888.07	778.34	791.44	698.65	1019.18	833.58
中位数	348.90	224.63	273.47	158.89	134.07	196.82	463.90	294.44	333.71	377.42	495.57	339.16
最大值	8257.25	2718.81	4599.02	2273.78	1447.40	2156.33	4461.22	4484.01	3867.49	3183.01	4660.71	3422.98
最小值	169.86	65.93	100.48	53.17	57.39	69.49	114.78	84.10	97.29	101.00	117.74	170.05
标准差	1750.93	622.21	1057.53	520.73	330.14	520.26	1057.85	1010.91	928.85	718.88	1099.34	860.82
偏度	2.52	1.94	1.99	1.98	1.86	1.59	1.85	2.03	1.77	1.87	1.67	1.46
峰度	8.92	6.16	6.30	6.34	5.88	4.70	5.60	6.62	5.32	5.90	5.12	4.18
J-B 统计量	145.86	60.58	64.63	65.06	53.39	31.53	49.44	71.73	43.18	53.90	37.98	24.10
伴随概率	0.0000	0.0000	0.0000	0.0000	0.0000	0.0000	0.0000	0.0000	0.0000	0.0000	0.0000	0.0000
观测值个数	58	58	58	58	58	58	58	58	58	58	58	58

资料来源：笔者根据相关统计资料整理得到。

表 5-4(b) 第一产业实际人均 GDP1

	内蒙古	广西	重庆	四川	贵州	云南	西藏	陕西	甘肃	青海	宁夏	新疆
均值	246.34	150.03	155.99	107.43	88.69	124.89	291.89	138.86	162.59	143.43	198.56	225.66
中位数	138.27	102.94	107.36	70.64	58.64	85.05	248.10	98.72	91.97	120.43	143.91	149.51
最大值	788.08	511.05	427.36	360.01	203.56	373.13	645.76	433.40	567.57	316.33	438.38	607.93
最小值	86.19	42.92	43.87	31.16	37.41	42.89	80.24	47.73	38.81	65.16	82.81	79.38
标准差	196.77	122.41	111.26	88.57	49.07	82.64	168.53	92.98	135.80	59.88	102.76	142.54
偏度	1.30	1.44	0.91	1.39	0.70	1.22	0.60	1.29	1.23	0.95	0.64	0.88
峰度	3.56	4.25	2.51	4.12	2.13	3.74	1.92	4.21	3.58	3.30	2.09	2.62
J-B 统计量	16.99	23.85	8.52	21.70	6.65	15.74	6.29	19.58	15.52	8.92	5.98	7.87
伴随概率	0.0002	0.0000	0.0141	0.0000	0.0360	0.0004	0.0431	0.0001	0.0004	0.0116	0.0502	0.0195
观测值个数	58	58	58	58	58	58	58	58	58	58	58	58

资料来源:笔者根据相关统计资料整理得到。

表 5-4(c) 第二产业实际人均 GDP2

	内蒙古	广西	重庆	四川	贵州	云南	西藏	陕西	甘肃	青海	宁夏	新疆
均值	502.59	184.03	347.75	159.18	111.30	190.55	199.68	362.60	351.65	302.18	436.87	331.73
中位数	150.45	68.15	118.83	55.40	51.97	77.04	81.62	140.19	185.49	165.56	226.20	137.23
最大值	4335.37	1184.89	2428.93	1078.44	546.24	902.59	1381.04	2325.17	1743.61	1693.64	2280.99	1587.93
最小值	19.14	15.18	21.95	7.93	10.67	10.74	0.09	12.57	16.25	7.44	5.62	37.41
标准差	883.22	259.17	523.06	234.01	131.96	224.74	308.35	520.06	414.26	380.52	534.52	391.62
偏度	2.88	2.28	2.43	2.30	1.79	1.58	2.26	2.25	1.91	2.20	1.93	1.83
峰度	10.96	7.84	8.58	7.99	5.49	4.64	7.56	7.58	6.01	7.42	6.23	5.58
J-B 统计量	233.47	107.12	132.47	111.14	45.98	30.57	99.75	99.62	57.10	94.07	61.34	48.60
伴随概率	0.0000	0.0000	0.0000	0.0000	0.0000	0.0000	0.0000	0.0000	0.0000	0.0000	0.0000	0.0000
观测值个数	58	58	58	58	58	58	58	58	58	58	58	58

资料来源：笔者根据相关统计资料整理得到。

表 5-4(d) 第三产业实际人均 GDP3

	内蒙古	广西	重庆	四川	贵州	云南	西藏	陕西	甘肃	青海	宁夏	新疆
均值	423.98	176.15	284.02	138.01	101.30	158.49	396.53	276.88	277.20	253.04	383.72	276.19
中位数	86.16	53.56	47.27	32.85	25.56	34.72	99.09	58.49	81.67	113.25	139.61	66.54
最大值	3133.82	1022.87	1742.72	835.32	697.60	880.61	2434.49	1725.45	1556.41	1173.21	1941.49	1270.67
最小值	30.03	7.82	10.47	11.77	7.45	14.83	3.04	16.56	24.40	17.44	15.45	22.57
标准差	690.11	244.47	438.46	201.38	154.65	214.97	604.55	403.81	384.56	286.64	473.73	337.55
偏度	2.39	1.85	1.80	1.90	2.29	1.71	1.98	1.89	1.77	1.59	1.61	1.33
峰度	8.15	5.56	5.19	5.73	7.77	5.06	5.92	5.89	5.19	4.58	4.69	3.54
J-B 统计量	119.36	48.91	42.92	52.73	105.64	38.69	58.39	54.75	41.97	30.54	31.83	17.70
伴随概率	0.0000	0.0000	0.0000	0.0000	0.0000	0.0000	0.0000	0.0000	0.0000	0.0000	0.0000	0.0001
观测值个数	58	58	58	58	58	58	58	58	58	58	58	58

资料来源:笔者根据相关统计资料整理得到。

从表 5-4 的数据统计描述中，可以看到 12 省（市、区）的人均 GDP 表现出较大的差异性。各地区的人均 GDP 的均值、标准差、最大值与最小值等存在显著差别。但各地的数据显示出来的 Jarque-Bera 统计量均较大，表明从历史发展角度看，数据拒绝了正态分布假定。这显然是合理的，因为，一般而言，一方面，人均 GDP 将会是一个上升的过程；另一方面，三次产业实际人均增加值与人均 GDP 具有基本一致的统计特征。

5.3　西部地区内部经济发展差距：实证结果

5.3.1　实际人均 GDP 的加权变异系数

为了实证分析西部地区经济发展的差距，首先根据西部 12 省（市、区）的实际人均 GDP 数据，利用公式（5-1）计算得到西部 12 省（市、区）的实际人均 GDP 的加权变异系数 CV_w，数据序列如图 5-2 所示：

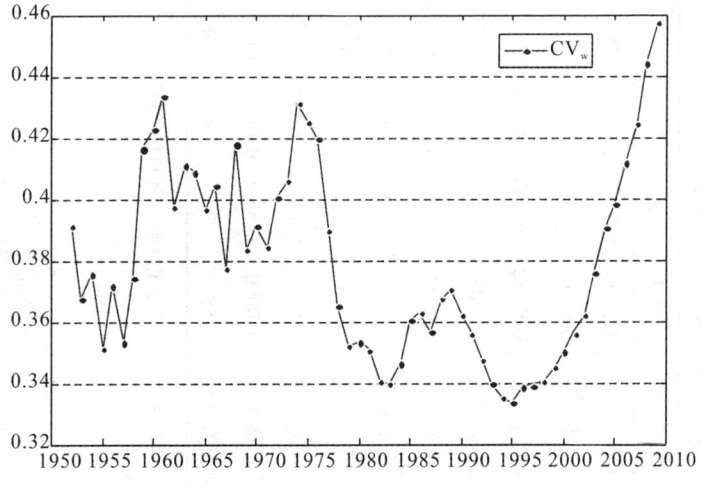

图 5-2　实际人均 GDP 加权变异系数（CV_w）

从图5-2上看到，研究期间，实际人均GDP的加权变异系数呈现出明显的阶段性波动特征，"N"形曲线特征显著。更加重要的是，我们发现，从20世纪70年代中期以来，该系数总体上表现出典型的"U"形曲线特征，尽管在90年代初期前后略有起伏。这表示，20世纪70年代中期特别是1978年改革开放政策实施以来，到90年代中期，西部人均产出的差距逐步缩小；但从90年代中期以后，这一差距转而快速上升。从绝对数量来看，从1995年的低点0.33左右，径直上升至2009年的历史最高点0.46左右。

从σ收敛检验来看，上述实证结果显示，西部地区经济整体看不存在σ收敛；特别是1995年以来，持续扩大的区域差距表示出经济增长具有σ发散性。但是，对这一结论需要有足够的谨慎。如前所述，由于加权变异系数可能受到多种随机因素的影响，并不能作为区域的发展趋势。而σ收敛检验关注的是发展趋势，为此需要采用EMD方法对加权变异系数进行趋势提取，以保证在σ收敛检验框架下对区域差距的发展趋势作出准确判断。

5.3.2 西部地区经济发展差距的EMD分析

区域经济发展差距的形成，既有长期趋势的因素，也有短期波动的影响。因此，需要对区域差距进行细致分析，以对其中的短期波动与长期趋势成分展开深入剖析。本部分采用EMD方法，对西部12省（市、区）的经济发展差距进行多时间尺度分析，以考察不同时间周期下经济差距的动态特征。实证结果得到CV_w的4个IMF分量和及其趋势分量（见图5-3）：

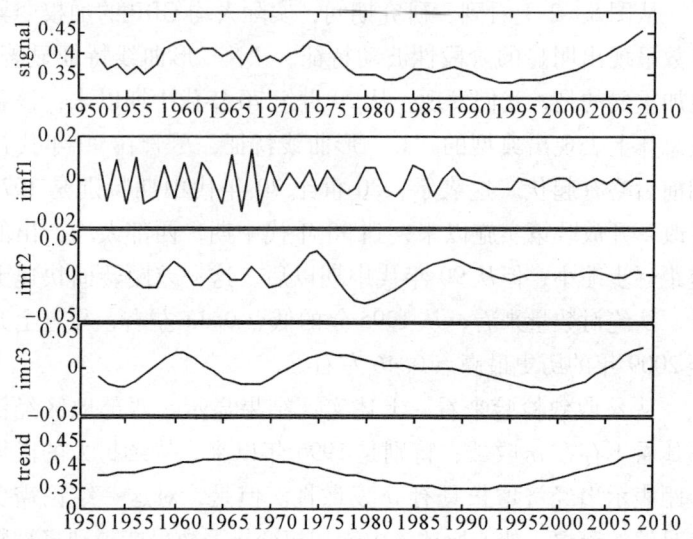

图5-3 西部12省(市、区)人均GDP的加权变异系数的IMF分量图

图5-3中,第1信号图表示了CV_w的原始信号;第2~4个信号图显示了经过EMD方法分解得到的IMF分量,反映了不同时间尺度下的CV_w波动情况。从图中可知,各IMF分量具有各不相等的波动周期,因而具有不同的时间尺度;各波动组分的振幅也各不相同,反映了各组分对于CV_w波动的贡献即方差贡献率也各不相同(见表5-5):

表5-5 各IMF分量的准周期及方差贡献率

	IMF1	IMF2	IMF3	趋势项
准周期(年)	3	9.5	25	60
方差贡献(%)	4.70	17.04	18.95	59.30
方差贡献排序	4	3	2	1

从表5-5可知,在1952—2009年,就西部地区人均GDP之间差距的变动性而言,主要是由长期趋势项所导致,其次是

由准周期约为25年的IMF3分量与准周期约为9.5年的IMF2分量决定的,三者对方差的贡献率超过了95%。趋势项反映的是区域差距的长期变化趋势,而各IMF分量则刻画了各种不同时间尺度的波动分量所引起的短期和中期波动性。

IMF的趋势项剔除了各种短期和中期的波动影响,它反映了CV_w的长期变化态势,是进行区域经济差距分析的最重要成分(见图5-4)。

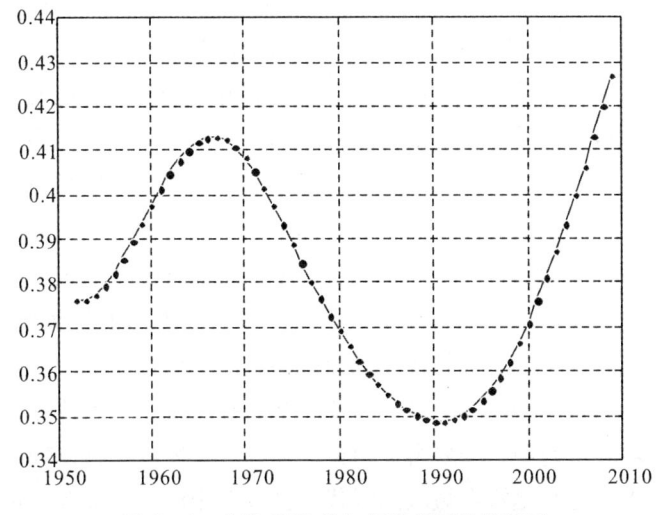

图5-4 人均GDP的加权变异系数趋势图

从图5-4中看到,在1952—2009年的整个研究期间,区域差距的变动趋势成典型的"N"形曲线特征;而70年代以来,区域差距趋势表现出明显的"U"形曲线特征:以1991年为转折点,在此之前,区域差距趋于缩小;而从1992年开始,直至研究期末,区域差距处于持续扩大中。特别的,我们注意到,现阶段,西部地区经济发展差距处于历史高点。这一变化趋势特征,与原始的加权变异系数序列具有基本一致但并不完全等同的变动特征。

因此，从 σ 收敛检验来看，20 世纪 50 年代初期到 60 年代后期，经济增长表现为 σ 发散；从 70 年代到 90 年代，经济增长表现出 σ 收敛性；而 90 年代以后，经济增长再次表现出显著的 σ 发散性。因而，西部地区经济增长的 σ 收敛表现出阶段性特征。

将加权变异系数的变动趋势与历史时段结合起来进行考察，并重点考察 20 世纪 70 年代以来的情形，我们发现，1978 年改革开放政策的实施对于区域差距的持续缩小具有积极作用；而始于 1992 年的社会主义市场经济制度的建立与发展，促成了区域经济差距的扩大。这源自放开市场后，各地的经济自主性得以释放，经济活力不断提高，生产效率得以提高；但由于历史条件、自然环境差别以及经济活力释放程度的不同，各地生产效率提高的程度不尽相同，在中央计划的调控力度下降之后，各地的不平衡发展得以彰显，区域差距持续扩大。这一方面反映了市场经济制度在激发经济活力方面的积极作用，另一方面也蕴含了其导致区域差距扩大的可能性。

区域差距的持续扩大，需要引起足够重视。笔者认为，对于区域经济差距，需要辩证对待。在经济发展水平整体较低的条件下，尤其是资金短缺的时代，区域差距的存在甚至一定程度的扩大是合理的，这有助于集中优势资源，提高资源配置效率，并激发各地经济活力，符合邓小平同志的"允许一部分人、一部分地区先富起来"的战略思想；但随着经济的不断发展，各地生产力水平整体大力提升之后，在"资金瓶颈"已经基本解除的发展条件下，区域差距的继续扩大将会损害经济的健康发展。缩小区域差距，实现协调发展，既是扩大市场、促进内需以实现经济持续增长的现实要求，更是各地共享发展成果的社会主义制度的内在要求，契合了邓小平同志的"让先富带动后富、最后实现共同富裕"的发展理念。

5.4 三次产业发展对经济差距波动的影响分析

区域经济差距的发展动态,是经济系统内部和外部因素综合作用的结果。从外生因素看,已有研究从影响经济增长的因素的角度进行考察,如王小鲁、樊纲(2004)考察了资本、劳动力、人力资本等生产要素的地区配置及流动,以及制度变革(例如市场化程度)和结构变化(例如城市化和农村工业化发展水平)等因素对地区经济差距变化的影响;陈秀山、徐瑛(2004)考察的主要因素包括投入要素的数量和质量、要素配置效率、要素使用效率、空间格局变动等四个方面。管卫华等(2006)则采用 EMD 分析技术,考察了劳动力、资本投入等对中国区域经济差距变动的影响。

本研究认为,由于影响经济增长的外部因素是纷繁复杂的,既有直接的也有间接的,彼此之间可能相互联系相互制约,因此从增长的外生要素角度研究区域差距,需要对所有主要的因素进行考察,才能保证研究结论的可靠性。现有的研究文献已经在这方面进行了许多有益的尝试,本研究拟将在关于经济增长收敛的生成机制研究中对其展开深入考察;而在本章中,则放弃这一传统的研究视角,转而从经济系统内部,即三次产业发展差异的角度,考察三次产业发展对区域经济发展差距变动的影响,以此厘清产业发展与区域经济差距的内在联系。

5.4.1 西部地区三次产业人均 GDP 的加权变异系数

采用与 GDP 相同的计算方法,得到西部 12 省(市、区)三次产业实际人均增加值的加权变异系数,并将其与实际人均 GDP 的加权变异系数进行比较,得到图 5-5:

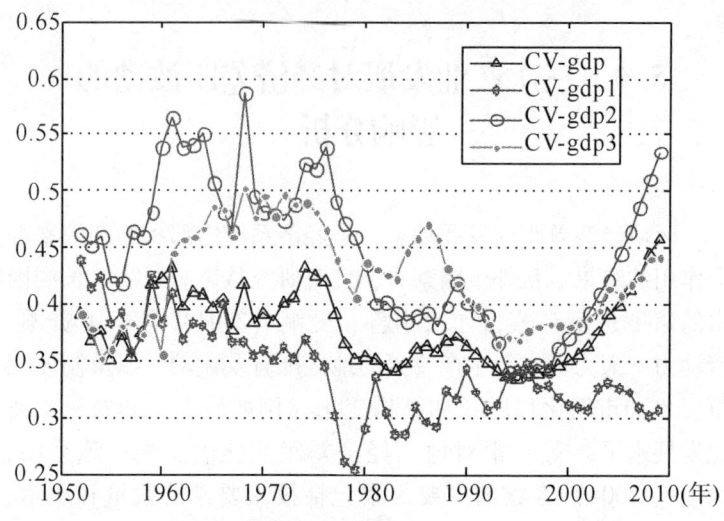

图5-5 三次产业增加值与人均GDP加权变异系数

根据图5-5可知,从三次产业的角度看,西部地区实际人均GDP的差距,可以从各产业人均增加值的差距变动中得到有效说明。总体上看,第一产业的变异系数水平较低,近年来更有不断下降的趋势。20世纪70年代以前,第三产业的加权变异系数呈现出上升态势;此后有所下降,但90年代以后,地区间的变异系数开始扩大,这可能与90年代以后第三产业在西部地区的快速发展有一定的关系。比较而言,第二产业的地区差距的变动性是最突出的,特别是90年代中期以来,这一差距呈快速增长的态势;我们据此有理由相信,第二产业发展的地区差距的变动,可能是导致西部地区经济差距变动的根本原因;特别是近年来区域差距的扩大,主要源于第二产业的发展差距。

5.4.2 三次产业对经济差距变动趋势的影响分析

为了剔除各种随机性因素的影响,深入考察三次产业在区域间的发展差距对于实际人均 GDP 差距的长期趋势影响，本部分仿照实际人均 GDP 的做法，对三次产业的实际人均增加值的加权变异系数进行 EMD 分解，得到三次产业增加值的区域差距变动的发展趋势。通过与实际人均 GDP 差距的变动趋势进行比较，可以直观地看到三次产业的地区不平衡发展对区域经济差距的影响关系（见图 5-6）：

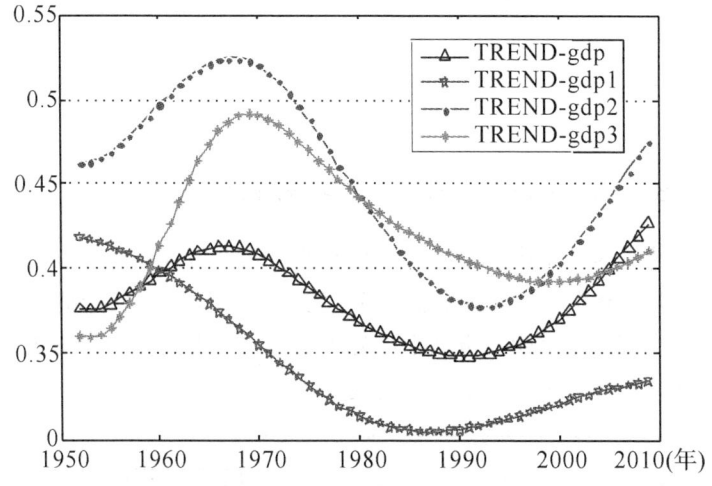

图 5-6　三次产业人均增加值与人均 GDP 差距的变动趋势

从图 5-6 中可直观地看到，从长期发展趋势来看，在 20 世纪 70 年代以前，实际人均产出的差距主要是由第三产业差距的迅速扩大所引起；70 年代直至 80 年代末，三次产业差距的缩小导致了整体上地区间差距的缩小。而自 90 年代初开始，第一、三产业的地区差距呈现出缓慢增长态势，而第二产业则出现了迅速扩大的态势，导致地区间人均产出从 90 年代开始出现扩大，第二产业的发展差距成为现阶段经济发展差距持续扩大的根本动因。

从经济增长的 σ 收敛性检验的角度，根据加权变异系数的趋势来看，西部地区内部三次产业在不同发展阶段，收敛性不同，表现出以下特点：

（1）第一产业在50年代到80年代中期之前，具有显著的σ收敛性；而此后，经济增长表现出σ发散性，但发散的幅度并不显著。

（2）第二产业在50年代到70年代初期，表现出σ发散；70年代初到90年代初，存在σ收敛性；此后，第二产业开始表现出显著σ发散性。

（3）第三产业在50年代到70年代初期，表现出σ发散；70年初期到本世纪初，存在σ收敛；最近10年来，表现出σ发散，但发散幅度较小。

5.4.3 三次产业对经济差距变动的贡献分析

为了对三次产业的发展差距导致对西部地区经济发展差距的影响具体分析，采用公式（5-5），经计算得到各产业在各年对经济区域差距的贡献率。为便于直观分析比较，将三次对区域差距的贡献率图示如下（见图5-7）：

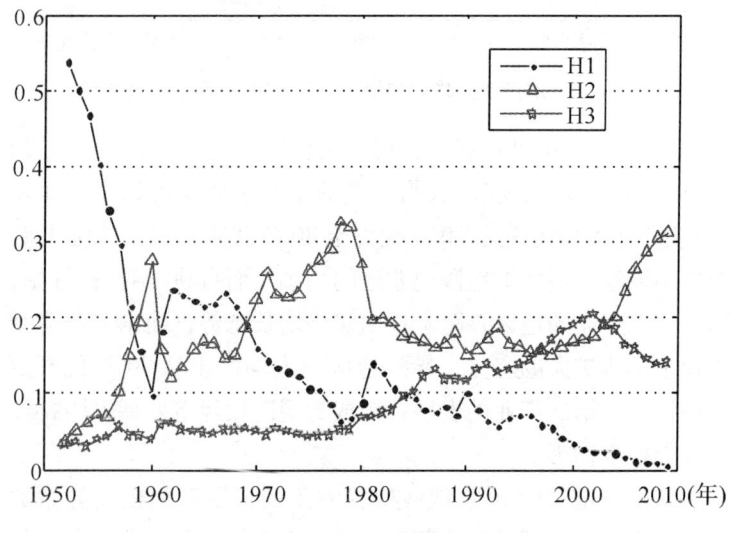

图5-7　三次产业发展差距对总差距的贡献率

根据图 5-7，单独就三次产业对区域经济差距贡献考察可知，各产业对区域经济差距的影响，在不同的历史阶段具有不同的发展特点：

（1）新中国成立初期，第一产业的差距贡献率最大，表明这一时期西部地区经济发展的差距主要来自第一产业，但这差距呈现出迅速缩小的特点；来自第二产业的差距则表现出迅速上升势头；而第三产业的差距缓慢增长。

（2）20 世纪 60 年代直至改革开放初期，除了因为三年自然灾害所导致的国民经济的调整，引起第一产业的差距急速增长而第二产业迅速回落外，其余时段第二产业的差距贡献在整体上表现出急剧扩大，第一产业则快速下降，而第三产业在这一期间表现出基本平稳的态势。使得这一时期里，除了最初几年外，其余时间里区域经济差距主要来自第二产业。

（3）改革开放政策实施后直至 90 年代初，整体上看第一、二产业基本上呈现出下降态势，而第三产业的贡献有了一定幅度的增加。这一时期，相比于任何另外的发展阶段，各产业对区域差距的贡献变动最为平缓，产业发展没有出现大起大落的情况；而恰好这一时期是西部地区经济发展差距趋于缩小的历史阶段，表明产业的平衡发展有助于区域差距的缩小。

（4）在整个 90 年代，第一产业的差距贡献继续减小，对经济发展差距已经没有显著影响，第二产业的差距贡献基本平衡略有下降；与此形成鲜明对比的是，第三产业在这一时期的贡献迅速扩大，甚至在 90 年代中期后一度超过了第二产业，成为这一时期经济差距的主要来源。这与 90 年代社会主义市场经济建立初期，第三产业在西部地区得以迅速发展密切相关。

（5）进入 21 世纪后，第一产业的贡献继续下降，第三产业也迅速回落，但第二产业的差距再次高涨，成为影响经济发展差距的主导力量，并且这一态势仍在持续中。这一特点契合了西部大开发政策实施以来，西部各省（市、区）大力发展工业、建筑业，大力推进基础设施建设等战略举措。

从上述研究结论中我们获得了一个重要发现，即每当某一产业快速发展时，也是其对区域差距贡献放大的阶段。这意味着产业的快速发展是一个非均衡的过程。非均衡的发展方式提供了产业发展所需要的资金与技术支持，从产业发展来说具有合理性。但产业的非均衡发展将带来经济差距的进一步扩大，因此，从表面上看，促进产业发展与缩小区域差距似乎具有不可调和的矛盾性，但二者其实并不矛盾。显然，缩小经济差距绝不是要求产业同化，更不是要减缓产业的发展速度。理解这一问题的关键在于，此处的"产业"是在"三次产业"这样的大范畴里；在每一个大的产业概念里，还有更加微观的具体产业门类。通过选择适合自身优势的具体产业，进而带动相关产业的发展，是促进三次产业协调发展进而缩小区域差距、实现协调发展的有力措施，且同时又避免了具体产业的雷同化发展。

总之，产业在地区间的不平衡发展，对西部地区经济发展差距的形成及变动规律具有重要影响。这一发现从经济系统内部对经济差距提供了新的诠释，从而为通过产业发展来缩小区域差距的政策安排提供了理论支撑。

5.5 本章小结

本章采用 σ 收敛检验，对采用加权变异系数表示的西部地区内部经济差距展开分析。为了消除随机扰动因素对研究结论的不利影响，研究采用 EMD 方法对序列进行趋势分解，用该趋势作为西部地区经济差距的发展趋势，以此对西部地区经

济差距展开考察;并从三次产业发展的角度,考察并发现产业在地区间的不平衡发展对区域经济差距波动具有重要影响:

(1) 西部地区内部区域差距发展具有阶段性特点,表现为在研究的整体时段上,区域差距表现出"N"形曲线特征;而从20世纪70年代以来,区域经济发展差距成"U"形特征。进入90年代以来,区域差距呈现出持续扩大的趋势,不存在σ收敛性。从三次产业来看,整体上也不存在σ收敛性。

(2) 产业在地区间的不平衡发展对于区域经济差距的波动具有重要影响。具体考察产业对区域差距影响规律性,我们发现:每当某一产业处于快速发展的阶段,也是其对区域差距贡献放大的阶段。这具体表现在,90年代社会主义市场经济建立初期,第三产业在西部地区得以迅速发展后,第三产业对区域差距的贡献迅速扩大;而21世纪初西部大开发政策实施背景下,由于大力推进基础设施建设,西部地区工业、建筑业发展迅速,第二产业的快速增长随即表现出对区域差距贡献的迅速增加。这一方面表明产业的快速发展是一个非均衡过程,或者说非均衡发展有利于产业发展;另一方面更加验证了产业的地区不平衡发展对区域差距的波动具有重要影响。

(3) 发现"产业发展越快,则区域差距越大"的结论,即当某一产业快速发展时,其对区域差距的贡献增大,导致整体区域差距增大。这一发现并不意味着因此就要减缓产业的发展速度,也不是要求各地产业雷同化发展。事实上,各地由于自身的发展历史、地理环境、自然条件等差别,不可能也不应该发展完全相同的产业结构。但"发展越快差距越大"的发现,表明现行的产业发展方式的确存在弊端,这就要求从产业发展的角度,重新寻找缩小区域差距的破解方法。通过选择适合本地的优势产业,带动相关产业发展,既可提升本地经济发展水平,缩小与其他地区的差距,同时又避免了区域产业的同化。这正是从产业角度考察区域经济差距波动性带给我们新启示。

（4）现阶段区域差距的持续扩大，需要引起足够重视。对于区域经济差距，需要辩证对待。在经济发展水平整体较低的条件下，尤其是资金短缺的时代，区域差距的存在甚至一定程度的扩大具有合理性，有助于集中优势资源，提高资源配置效率，并激发各地经济活力，符合邓小平同志的"允许一部分人、一部分地区先富起来"的战略思想；但随着经济的不断发展，各地生产力水平整体大力提升且"资金瓶颈"已经基本解除的发展条件下，区域差距的持续扩大将会损害经济发展。改革开放以来，特别是西部大开发政策实施以来，西部地区经济综合实力已经有了很大发展。在这样的历史条件下，积极采取措施逐步缩小区域内部发展差距，实现协调发展，既是拓展市场、扩大内需以实现经济持续增长的现实要求，更是各地共享发展成果的社会主义制度的内在要求，契合了邓小平同志的"让先富带动后富、最后实现共同富裕"的发展理念。

6
西部地区经济差距的发展动因
——绝对 β 收敛检验

第5章从 σ 收敛检验的角度，分析了西部地区经济差距的发展现状与动态规律；作为研究的深入，本章在此基础上，从经济增长率与初始经济水平的关系，即绝对 β 收敛检验的角度，对西部地区经济增长的收敛性进行实证考察。在本质上，这是从经济增长率的角度，考察区域差距及变其动的发展动因，是对第5章研究的深入与拓展。

采用绝对 β 收敛检验检验经济增长的收敛性，考察区域经济差距的发展动因，这个问题背后的重要意义在于，如果存在绝对 β 收敛，意味着经济增长率与收入的初始水平成负相关，则经济发展的自然结果是区域差距缩小，区域协调发展将自动实现；反之，如果不存在绝对 β 收敛，意味着如果保持经济的自然发展状态，则经济发展的结果将会是区域经济差距持续扩大，因此必须人为采取相应措施，以阻止区域差距的进一步扩大。

为此，本章拟采用空间面板数据模型（SPDM）的理论与方法，对西部地区经济增长进行绝对 β 收敛检验，深入考察区域差距的发展动因。考虑到1978年以前我国实行的是高度集中的计划经济，与现阶段经济结构具有根本性差别，对现阶段经济发展的启示作用不大，故本章在经济增长收敛研究中，将研究范围限定在改革开放政策实施以后，即样本的范围为 1978—2009 年。

6.1 空间相关性检验

应用空间面板数据模型（SPDM）进行经济问题分析，首要任务是对各截面单位进行空间相关性的检验，以确定采用 SPDM 的恰当性。空间相关性分为全局空间相关和局部空间相关，前者用全局 Moran's I 指数来刻画，后者以局部 Moran's I 指数来反映。

6.1.1 全局 Moran's I 指数和局部 Moran's I 指数

作为分析的起点，首先进行空间相关性检验。常用的统计指标有全局 Moran's I 指数（Global Moran's I）和局部 Moran's I 指数（Location Moran's I）。根据定义，全局 Moran's I 指数用于验证整个研究区域某一要素的空间模式，统计量给出了观察值的离差向量 x_t 与邻近地区观察值的空间滞后值 Wx_t 向量（即空间加权平均值的向量）之间的线性相关关系；局部 Moran's I 指数则用于分析整个大区域中，局部小区域单元上的某种现象或属性值与相邻局部小区域单元上同一现象或属性值的相关程度（陈晓玲等，2006）。其中，对于 t 期的全局 Moran's I 指数定义式如下：

$$Moran's\ I = \frac{(\sum_{i=1}^{n}\sum_{j=1}^{n}w_{ij}x_{i,t}x_{j,t})}{(\sum_{i=1}^{n}\sum_{j=1}^{n}x_{i,t}x_{j,t})} \quad (6-1)$$

式（6-1）中，$x_{i,t}$ 是第 i 个地区第 t 年经济变量观测值与当年所有地区观测值的离差，w_{ij} 是经过行标准化的空间权重矩阵 W 中的元素①。

局部 Moran's I 指数定义式如下：

$$Moran's\ I_i = \left(\frac{x_i - \bar{x}}{\sigma_x}\right) \sum_{j=1}^{n} w_{ij} \left(\frac{x_i - \bar{x}}{\sigma_x}\right) \quad (6-2)$$

局部 Moran's I_i 的取值范围在 -1 到 1 之间。对人均 GDP 而言，当 $I = 0$ 时，表明地区 i 的人均 GDP 与相邻地区的人均 GDP 无关，地区 i 的经济发展不受相邻地区影响，不存在空间依赖性；当 $I > 0$ 时，表明地区 i 的经济增长和相邻地区的经济增长存在正相关关系，有相似的属性；$I < 0$ 时，表明地区 i 的经济增长和相邻地区的经济增长存在负相关关系。

6.1.2 西部地区人均 GDP 空间相关性：实证结果

6.1.2.1 全局空间相关实证结果

本章采用 STATA 软件包，计算出西部地区各年实际人均 GDP 的全局 Moran's I 指数，对空间相关性进行检验；人均 GDP 数据来自第 5 章。表 6-1 给出了代表性年份西部地区全局 Moran's I 指数及相关统计量：

表 6-1 西部地区代表性年份人均 GDP 的全局 Moran's I 指数②

变量	Moran's I	E (I)	sd (I)	z	p-value*
gdp1978	0.364	-0.091	0.17	2.672	0.004
gdp1980	0.325	-0.091	0.171	2.426	0.008
gdp1985	0.388	-0.091	0.173	2.773	0.003

---

① 所谓空间权重矩阵的行标准化，系指对矩阵中的每一个元素，除以其所在的行之和所得到的矩阵。经过行标准化后的矩阵，其每一行的元素之和为 1。

② 计算全局和局部 Moran's I 时，空间权重矩阵（W）采用的是简单地理相邻权重；关于 W 的设置问题，详见"6.2.2 空间权重矩阵设定"一节。

表6-1(续)

变量	Moran's I	E (I)	sd (I)	z	p-value*
gdp1990	0.510	-0.091	0.17	3.532	0.000
gdp1995	0.406	-0.091	0.172	2.893	0.002
gdp2000	0.390	-0.091	0.173	2.772	0.003
gdp2005	0.352	-0.091	0.163	2.711	0.003
gdp2009	0.281	-0.091	0.145	2.565	0.005

注：小写的 gdp 表示人均 GDP。

表6-1给出了西部地区代表性年份实际人均 GDP 的全局 Moran's I 指数，以对西部地区以人均 GDP 衡量的全局空间相关性进行统计检验。从实证结果可知，西部地区人均 GDP 表现出高度的空间相关性，代表性年份的 Moran's I 统计指数均高度统计显著。

进一步，作出西部地区 1978—2009 年实际人均 GDP 的 Moran's I 统计指数的散点图，可以清晰地看到指数的变动轨迹（见图6-1）：

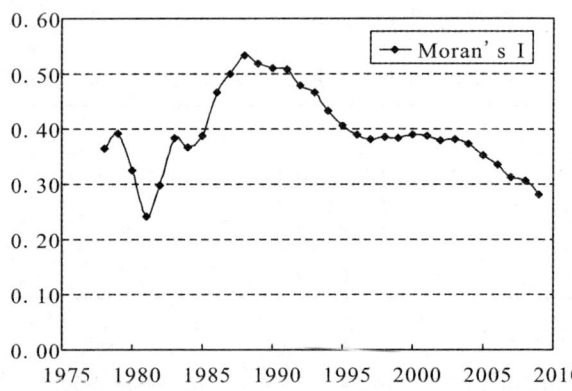

图6-1 西部地区人均 GDP 的全局 Moran's I 指数：1978—2009 年

图 6-1 采用人均 GDP 的全局 Moran's I 指数对空间相关性进行了考察。从图中可知，在 1978—1981 年，空间相关性表现出先上升后迅速下降的变动特征；此后，从 1981 年开始，直到 20 世纪 80 年代末，空间相关性表现出持续上升态势；而 90 年代以来，这种相关性则表现出持续下降的发展趋势。另外，我们发现，Moran's I 都是正数，表明了整体上经济增长具有显著的正向依赖关系，意味着在地理空间上，富裕地区往往与富裕地区邻近，而贫穷地区则与贫穷地区相邻（陈晓玲，等，2006），这一趋势相对稳定，近年来有所下降。

6.1.2.2 局部空间相关实证结果

全局 Moran's I 描述了区域经济整体的空间相关模式，但不能反映具体各地区的空间依赖情况，特别是不能考察与整体相关模式不同的地区。为此，需要计算局部 Moran's I 指数，以对各地具体的空间相关模式进行考察。以下分析给出了西部地区代表性年份的局部 Moran's I 指数（见表 6-2、表 6-3、表 6-4；图 6-2、图 6-3、图 6-4），据此可对各代表性年份的空间相关性进行具体分析。

表 6-2　西部地区人均 GDP 的局部 Moran's I 指数：1978 年

name	Ii	E(Ii)	sd(Ii)	z	p-value *
内蒙古	0.307	-0.091	0.492	0.809	0.209
广西	0.843	-0.091	0.634	1.473	0.070
重庆	0.406	-0.091	0.492	1.009	0.157
四川	-0.086	-0.091	0.245	0.723	0.235
贵州	1.305	-0.091	0.403	3.465	0.000
云南	0.644	-0.091	0.403	1.823	0.034
西藏	-0.225	-0.091	0.403	-0.333	0.370
陕西	-0.023	-0.091	0.338	0.200	0.421
甘肃	0.218	-0.091	0.287	1.073	0.142

表6-2(续)

name	Ii	E(Ii)	sd(Ii)	z	p-value*
青海	0.070	-0.091	0.403	0.398	0.345
宁夏	0.584	-0.091	0.492	1.372	0.085
新疆	0.152	-0.091	0.492	0.493	0.311

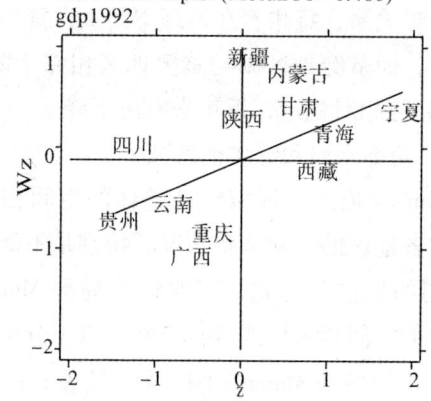

(a) 地区局部相关性

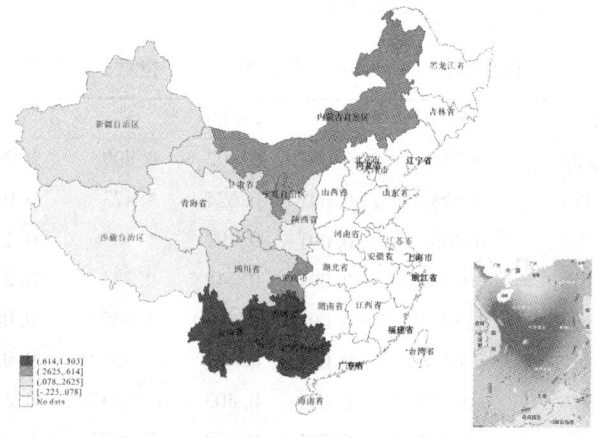

(b) 局部相关的地理分布

图6-2 西部地区人均GDP局部空间相关性：1978年

表6-3 西部地区人均GDP的局部Moran's I指数：1992年

name	Ii	E(Ii)	sd(Ii)	z	p-value*
内蒙古	0.758	-0.091	0.494	1.717	0.043
广西	1.153	-0.091	0.637	1.952	0.025
重庆	0.060	-0.091	0.494	0.305	0.380
四川	0.335	-0.091	0.244	1.745	0.041
贵州	1.277	-0.091	0.404	3.383	0.000
云南	0.753	-0.091	0.404	2.086	0.018
西藏	-0.019	-0.091	0.404	0.177	0.430
陕西	0.053	-0.091	0.339	0.425	0.335
甘肃	0.217	-0.091	0.287	1.072	0.142
青海	0.003	-0.091	0.404	0.233	0.408
宁夏	0.924	-0.091	0.494	2.052	0.020
新疆	0.251	-0.091	0.494	0.691	0.245

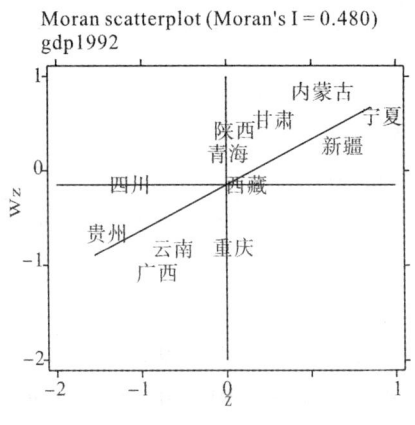

(a) 地区局部相关性

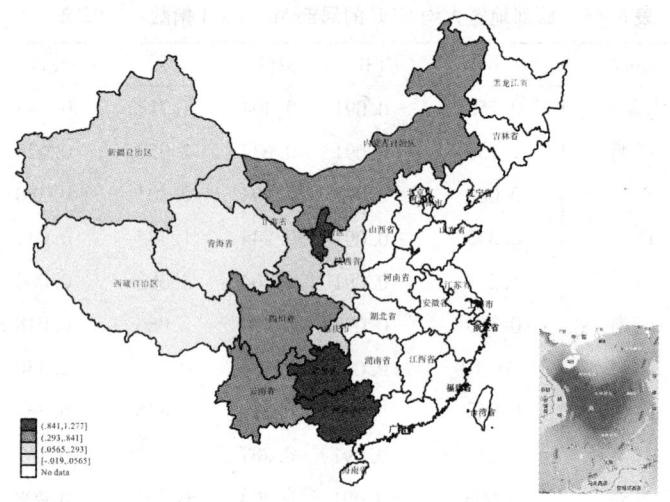

(b) 局部相关的地理分布

图6-3 西部地区人均GDP局部空间相关性：1992年

表6-4 西部地区人均GDP的局部Moran's I指数：2009年

name	Ii	E(Ii)	sd(Ii)	z	p-value*
内蒙古	0.845	-0.091	0.448	2.087	0.018
广西	0.747	-0.091	0.565	1.483	0.069
重庆	-0.297	-0.091	0.448	-0.46	0.323
四川	0.179	-0.091	0.256	1.052	0.146
贵州	0.702	-0.091	0.377	2.104	0.018
云南	0.611	-0.091	0.377	1.862	0.031
西藏	-0.241	-0.091	0.377	-0.398	0.345
陕西	0.225	-0.091	0.326	0.97	0.166
甘肃	0.015	-0.091	0.287	0.368	0.356
青海	0.061	-0.091	0.377	0.404	0.343
宁夏	0.526	-0.091	0.448	1.376	0.084
新疆	-0.006	-0.091	0.448	0.190	0.425

6 西部地区经济差距的发展动因——绝对 β 收敛检验

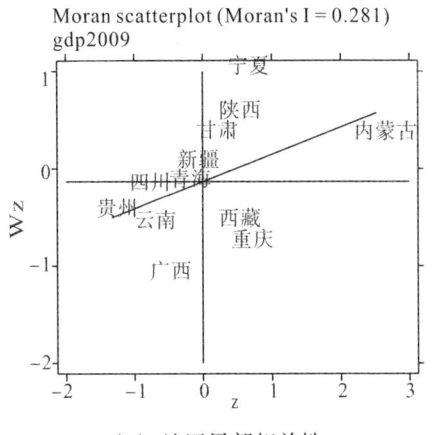

（a）地区局部相关性

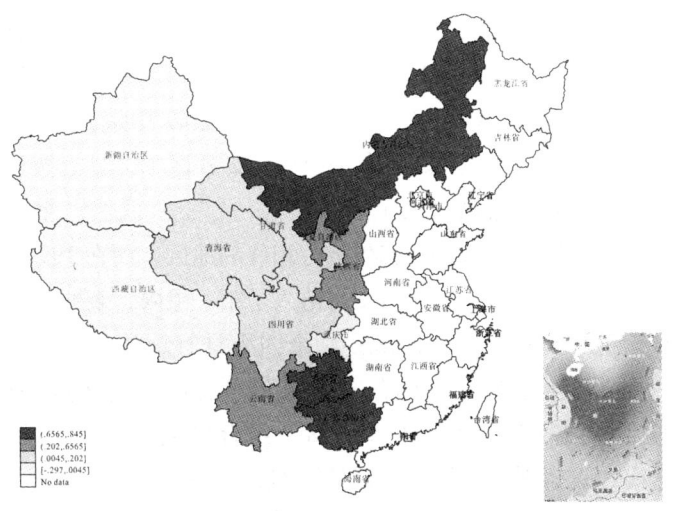

（b）局部相关的地理分布

图 6-4　西部地区人均 GDP 局部空间相关性：2009 年

表 6-2、表 6-3、表 6-4 分别给出了西部地区 1978 年、1992 年和 2009 年的人均 GDP 的局部 Moran's I 指数，以考察其空间相关性的具体模式。根据表中的数据可知，1978 年西部地区具有负向关系的有四川、陕西和西藏三省（区），但其

相关性并不显著；其余各省（市、区）均正向相关，但在5%水平上，只有贵州、云南具有统计显著性。1992年除了西藏的系数为负但不显著外，其余省（市、区）的系数均为正，且具有统计显著性的增长到6个地区。在2009年，情况有所变化，系数为负的增长到3个地区，但均不显著；而具有统计显著性的地区下降到3个地区，均为正相关。

局部相关性的散点图对上述相关性进行了了直观反映。局部相关性的散点图将平面分成四个象限，其中第一象限表示"高高"（HH）组合，意思是高收入地区周围也是高收入地区；第二象限为"低高"（LH）组合，意思是低收入地区周围是高收入地区；第三象限为"低低"（LL）组合，意思是低收入地区也是低收入地区；第四象限为"高低"（HL）组合，意思是高收入地区周围是低收入地区。落入一三象限表明经济增长具有正向空间依赖性，而落入二、四象限表明存在负向依赖关系。实证结果表明，1978年西部12省区中，具有统计显著性的云南和贵州均落入了第三象限，处于"低低"组合区域，是属于比较典型的贫穷与贫穷相邻的地区。而在1992年，具有统计显著性的宁夏和内蒙古落入了第一象限，表明这两个地区属于"高高"组合区域；其余四个具有统计显著性的地区，则处于第三象限，具有"低低"组合的空间区域特征。2009年，内蒙古依然处于"高高"组合区域，且统计显著；而云南和贵州则仍旧处于"低低"组合区里，且统计显著。

总之，表6-2、表6-3、表6-4与图6-2、图6-3、图6-4详细刻画了中国西部地区12个省（市、区）在代表性年份的具体相关模式。从这些代表性年份的空间相关的局部Moran's I值与其他地区间的相互关系可知，中国西部地区各省（市、区）间的经济发展水平具有显著的空间相关性。不同代表性年份间的比较发现，整体而言，区域间的经济联系表现出正向的相关性，即整体上表现出高收入与高收入相邻，低收入与低收入相邻的区域分布特征。

6.2 绝对 β 收敛检验
——检验方程与空间权重设定

6.2.1 绝对 β 收敛的检验方程设定

6.2.1.1 绝对 β 收敛检验方程：截面数据模型

经济增长收敛反映了经济增长速度与初始发展水平之间的负向关系。根据 Barro et al.（1991），在截面数据条件下，可将经济增长速度定义为下列随机过程：

$$Ln \frac{y_{T,i}}{y_{0,i}} = \mu_i + \varepsilon_i \qquad (6-3)$$

其中，$y_{T,i}$ 表示人均产出或人均收入的期末观测值；$y_{0,i}$ 表示期初观测值，$Ln \frac{y_{T,i}}{y_{0,i}}$ 表示了整个时期的总增长率。μ_i 表示增长率的系统成分，ε_i 表示增长率的随机成分。对于 μ_i，我们有如下的增长速度方程：

$$\mu_i = \alpha + (1 - e^{-\lambda k}) \ln y_{0,i} \qquad (6-4)$$

式（6-4）中，λ 表示经济增长的收敛速度（Speed of Convergence）。将式（6-4）带入式（6-3），可以得到截面数据下用于经济增长收敛性的检验方程，即"巴罗回归方程"，具体表示如下：

$$Ln \frac{y_{T,i}}{y_{0,i}} = \alpha + \beta Ln\ y_{0,i} + \varepsilon_i \qquad (i = 1,2,\cdots,N) \quad (6-5)$$

其中，$\beta \equiv [1 - e^{-\lambda k}]$ 为收敛系数。如果 $\beta < 0$ 且统计显著，则表明经济增长速度与初始经济发展水平成反方向关系，

因此经济增长收敛（绝对 β 收敛）。反之，则经济增长不存在收敛性。

6.2.1.2　绝对 β 收敛检验方程：面板数据模型

对于截面数据，由于可能存在样本点数量不足的问题（比如西部地区只有12全省区），影响研究结论的统计可靠性；而面板数据则一方面可以扩充样本容量，使研究结论更加可靠，另一方面，面板数据可有效控制不可观测的个体效应和（或）时期效应，特别是对不随时间改变的空间个体效应的分析，这对于研究空间异质条件下的区域经济增长的收敛性尤其重要。为此，需要将截面数据条件下的增长收敛方程拓展到面板数据。将经济增长收敛方程用于面板数据，得到面板数据下的实证检验方程：

$$Ln(\frac{y_{t+k,i}}{y_{t,i}}) = \alpha_i + \beta Lny_{t,i} + \varepsilon_{t,i} (i=1,2,\cdots,N; t=1,2,\cdots,T)$$

(6-6)

式（6-6）中，k 表示时间周期，$Ln(\frac{y_{t+k,i}}{y_{t,i}})$ 表示第 i 个个体在第 t 期时的时期跨度为 k 的经济增长率；$Lny_{t,i}$ 表示第 i 个个体在期初 t 时经济发展水平，用经济变量（y）的对数形式表示。其中，经济变量（y）具体可以是人均产出水平或人均收入水平等。

截距项 α_i 表示了空间异质性因素[①]。如果把 α_i 当成相对于不同个体和（或）不同时期的固定常数，则模型表示了固定效应模型；相反，如果将 α_i 看作一个随机变量，则模型表示了随机效应模型。

---

① 根据经济增长收敛研究的实际需要，本研究仅考虑时不变的个体效应（Individual - Specific Time - Invariant Effects）。

6.2.1.3 绝对 β 收敛检验方程：空间面板数据模型

采用第 4 章中提供的技术，将绝对 β 收敛的 SPDM 检验的一般形式具体到对人均产出或人均收入的检验；或者直接在式（6-6）中加入空间滞后因子，得到空间面板数据框架下的经济增长的绝对 β 收敛检验的实证形式。本章采用 SAR 与 SEM 模型进行实证检验。实证检验方程设定如下：

（1）绝对 β 收敛检验的 SAR 模型

$$Ln(\frac{y_{t+k,i}}{y_{t,i}}) = \alpha_i + \beta Ln\ y_{t,i} + \sum_{j=1}^{n} w_{ij} Ln(\frac{y_{t+k,j}}{y_{t,j}}) + \varepsilon_{t,i} \tag{6-7}$$

（2）绝对 β 收敛检验的 SEM 模型

$$Ln(\frac{y_{t+k,i}}{y_{t,i}}) = \alpha_i + \beta Ln\ y_{t,i} + \varepsilon_{t,i}$$
$$\varepsilon_{t,i} = \sum_{j=1}^{n} w_{ij} \varepsilon_{t,j} + \eta_{t,i} \tag{6-8}$$

其中，$\sum_{j=1}^{n} w_{ij} Ln(\frac{y_{t+k,j}}{y_{t,j}})$ 表示作为被解释变量的人均产出或人均收入的空间滞后因子，$\sum_{j=1}^{n} w_{ij} \varepsilon_{t,j}$ 表示扰动项的空间滞后因子。w_{ij} 表示第 i 与第 j 个截面单位之间的权重，是空间权重矩阵 W 的第 (i, j) 个元素。

利用模型（6-7）和（6-8），可以在空间面板数据的理论框架下对区域经济增长的收敛性进行实证检验。

6.2.2 空间权重矩阵设定

进行空间计量分析，一个重要的输入参数是空间权重矩阵 W。W 反映了各个体之间的空间相互关联性及其强度。对于有 N 个个体的经济系统，W 被设置为：

$$W = \begin{bmatrix} w_{11} & w_{12} & w_{13} & \cdots & w_{1N} \\ w_{21} & w_{22} & w_{23} & \cdots & w_{2N} \\ w_{31} & w_{32} & w_{33} & \cdots & w_{3N} \\ \cdots & \cdots & \cdots & \cdots & \cdots \\ w_{N1} & w_{N2} & w_{N3} & \cdots & w_{NN} \end{bmatrix}$$

空间权重矩阵 W 的设置方法有多种，其中较为常见的有三种赋值方法，即：①简单地理空间权重，也称为相邻空间权重，即将地理空间上相邻的地区 i 和地区 j 之间的权重 W_{ij} 赋值为 1，其余的赋值为 0；②逆距离空间权重，即通过计算地区 i 和地区 j 的质心距离，取此距离的倒数作为其权重，这里，空间距离可采用两个地区（比如两省的省府所在城市）的经纬度得到，或者采用航空、铁路里程数计量得到；③经济空间权重，指以反映空间相关的某一经济变量，作为地区 i 和地区 j 的权重。

上述三种空间权重矩阵的设置方法各有利弊，在实践中各有应用。其中简单地理空间权重的设置方法假定了只有在地理上具有共同边界的地区之间才具有直接的空间相关性；但这种直接的空间相关性将会通过地区间的彼此传递，最终形成所有地区间具有或强或弱的相关性。这种设置方法较为简单，在实证分析中得到了较为广泛的应用（吴玉鸣，2006）。逆距离空间权重的设置方法假定空间相关性随着空间距离的增加而逐步衰减（刘生龙，等，2009）。而经济空间权重则考虑到具体不同的实际问题，设置相应的经济变量以反映地区间空间相关性的强度，以此对地区间的相关性进行动态考察（林光平，等，2005；陈晓玲，等，2006）。

本研究拟分别考虑简单地理空间权重和经济空间权重，对西部地区的经济增长收敛性进行考察。

6.2.2.1 简单地理空间权重矩阵

对于简单地理空间权重矩阵,将其设置为:

$$w_{ij} = \begin{cases} 1 & \text{如果}\ i\ \text{与}\ j\ \text{在地理上相邻} \\ 0 & \text{否则} \end{cases} \qquad (6-9)$$

根据西部12省(市、区)的地理关系,得到其简单地理空间权重矩阵(W_0)如表6-5所示:

表6-5 西部12省(市、区)的简单地理空间权重矩阵(W_0)

	内蒙古	广西	重庆	四川	贵州	云南	西藏	陕西	甘肃	青海	宁夏	新疆
内蒙古	0	0	0	0	0	0	0	1	1	0	1	0
广西	0	0	0	0	1	1	0	0	0	0	0	0
重庆	0	0	0	1	1	0	0	1	0	0	0	0
四川	0	0	1	0	1	1	1	1	1	1	0	0
贵州	0	1	1	1	0	1	0	0	0	0	0	0
云南	0	1	0	1	1	0	1	0	0	0	0	0
西藏	0	0	0	1	0	1	0	0	0	1	0	1
陕西	1	0	1	1	0	0	0	0	1	0	1	0
甘肃	1	0	0	1	0	0	0	1	0	1	1	1
青海	0	0	0	1	0	0	1	0	1	0	0	1
宁夏	1	0	0	0	0	0	0	1	1	0	0	0
新疆	0	0	0	0	0	0	1	0	1	1	0	0

资料来源:笔者根据中国地图整理得到。

上述简单地理空间权重矩阵可以直观地表示如图6-5:

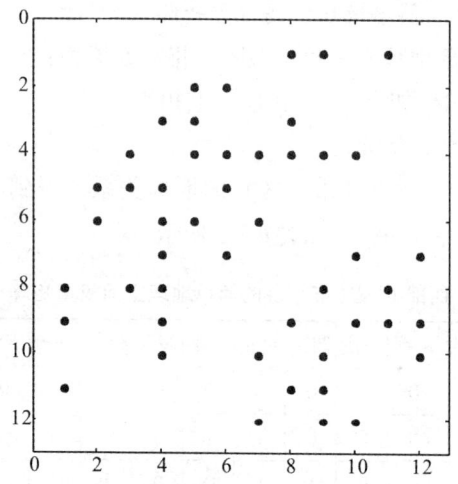

注：地区坐标数字表示 1—内蒙古，2—广西，3—重庆，4—四川，5—贵州，6—云南，7—西藏，8—陕西，9—甘肃，10—青海，11—宁夏，12—新疆。

图 6-5　西部地区空间邻近关系图

6.2.2.2　经济空间权重矩阵

简单地理空间权重矩阵由于其简单便于处理而在实际研究中得到了广泛应用；但这种 0～1 赋值方式可能过于简单，从而可能对经济的空间相关性的捕捉不够充分。为此，考虑采用经济空间权重矩阵进行进一步考察。

影响邻近地区间的经济联系的因素多种多样，这些因素可被归并为两个方面：一是经济体自身的经济力量，可用经济规模来表示；二是地区间经济发展差距。由此，本研究设计了以下三种类型的经济空间权重：

（1）规模型经济空间权重。对于经济规模，可用地区经济总量加以刻画，具体的，可以用地区生产总值（地区 GDP）来表示。笔者认为，经济体自身的经济力量越大即经济总量规模越大，则越有可能对邻近地区的经济造成影响；据此，取考察期间各地区实际 GDP 占所有地区实际 GDP 和的比重之均值来衡量地区经济水平的力量的相比强弱,以此比重构建对角矩阵 E,反映各地的经济力量;并将其与简单地理空间权重(W_0)相乘,以考察由于经济规模导致的对邻近地区的影响。具体的,经济规模权重矩阵形式为:

$$WE_1 = W_0 \times E_1 \qquad (6-10)$$

其中, $E_1 = diag\left(\dfrac{\bar{Y}_1}{\sum_{i=1}^{N}\bar{Y}_i}, \dfrac{\bar{Y}_2}{\sum_{i=1}^{N}\bar{Y}_i}, \cdots, \dfrac{\bar{Y}_N}{\sum_{i=1}^{N}\bar{Y}_i}\right)$, $\bar{Y}_i = \dfrac{1}{t_1 - t_0 + 1}\sum_{t=t_0}^{t_1} Y_{it}$, $N = 12$,

式中,Y_{it} 表示地区 i 在第 t 期的实际总产出(地区 GDP),而 $\bar{Y}_i$ 则反映了地区 i 在研究期间($t_0 \sim t_1$)的总产出的平均水平。

(2)差距型经济空间权重。一般而言,地区间经济发展水平的差距越大,则落后经济受到发达经济影响的力量会越大,发达经济对落后经济的渗透性也越强,因此越有可能产生强的经济联系。地区经济发展差距可由人均 GDP 的差距加以反映。据此,构造如下形式的经济差距权重矩阵[①]:

$$WE_2 = W_0 \cdot E_2 \qquad (6-11)$$

$E_2(i,j) = \dfrac{1}{t_1 - t_0 + 1}\sum_{t=t_0}^{t_1}\varepsilon_t(i,j)$, $\varepsilon_t(i,j) = \dfrac{|y_{it} - y_{jt}|}{(y_{it} + y_{jt})/2}$,

$i,j = 1,2,\cdots,N, N = 12$

其中,y 表示人均意义上的产出水平(人均 GDP)。

(3)综合型经济空间权重。最后,可将"规模型经济权重矩阵"与"差距型经济权重矩阵"各以 1/2 进行加权平均,

---

① 这种矩阵"点乘"的表达式等价于:$WE_2 = \begin{cases} E_2 & \text{地区 } i \text{ 与 } j \text{ 地理相邻} \\ 0 & \text{地区 } i \text{ 与 } j \text{ 地理不相邻} \end{cases}$

得到综合型经济权重矩阵：

$$WE_3 = \frac{1}{2}WE_1 + \frac{1}{2}WE_2 \qquad (6-12)$$

根据经济空间权重矩阵 WE_1、WE_2 和 WE_3 的设计思路可知，由于是通过取经济变量的观测值在考察期间的平均值来计算经济权重的，故在一个考察期内，经济权重矩阵是相同的；而在不同的考察期间，这一权重是变动的。

根据本书研究期间的设定，分别计算得到1978—2009年、1978—1992年和1992—2009年三个时段的经济空间权重；经行标准化后分别表示如下（见表6-6、表6-7、表6-8)[①]：

表6-6 西部12省(市、区)的规模型经济空间权重矩阵（WE_1）：1978—2009年

	内蒙古	广西	重庆	四川	贵州	云南	西藏	陕西	甘肃	青海	宁夏	新疆
内蒙古	0	0	0	0	0	0	0	0.53	0.367	0	0.102	0
广西	0	0	0	0	0.351	0.649	0	0	0	0	0	0
重庆	0	0	0	0.463	0.146	0	0	0.391	0	0	0	0
四川	0	0	0.214	0	0.099	0.184	0.021	0.266	0.184	0.032	0	0
贵州	0	0.236	0.23	0.337	0	0.197	0	0	0	0	0	0
云南	0	0.335	0	0.48	0.151	0	0.033	0	0	0	0	0
西藏	0	0	0	0.47	0	0.275	0	0	0	0.047	0	0.208
陕西	0.254	0	0.209	0.307	0	0	0	0	0.18	0	0.05	0
甘肃	0.245	0	0	0.296	0	0	0	0.25	0	0.03	0.048	0.131
青海	0	0	0	0.477	0	0	0.032	0	0.28	0	0	0.211
宁夏	0.366	0	0	0	0	0	0	0.375	0.259	0	0	0
新疆	0	0	0	0	0	0	0.09	0	0.777	0.133	0	0

---

① 关于空间加权矩阵的行标准化，参见本章第一节的注释。

6 西部地区经济差距的发展动因——绝对 β 收敛检验

表6-7 西部12省(市、区)的差距型经济空间权重矩阵（WE_2）：1978—2009年

	内蒙古	广西	重庆	四川	贵州	云南	西藏	陕西	甘肃	青海	宁夏	新疆
内蒙古	0	0	0	0	0	0	0	0.374	0.316	0	0.31	0
广西	0	0	0	0	0.84	0.16	0	0	0	0	0	0
重庆	0	0	0	0.402	0.543	0	0	0.056	0	0	0	0
四川	0	0	0.161	0	0.066	0.056	0.208	0.169	0.182	0.157	0	0
贵州	0	0.24	0.411	0.125	0	0.225	0	0	0	0	0	0
云南	0	0.067	0	0.157	0.332	0	0.443	0	0	0	0	0
西藏	0	0	0	0.439	0	0.337	0	0	0	0.122	0	0.101
陕西	0.2	0	0.058	0.443	0	0	0	0	0.054	0	0.245	0
甘肃	0.154	0	0	0.432	0	0	0	0.049	0	0.103	0.19	0.071
青海	0	0	0	0.501	0	0	0.185	0	0.139	0	0	0.176
宁夏	0.267	0	0	0	0	0	0	0.395	0.338	0	0	0
新疆	0	0	0	0	0	0	0.36	0	0.225	0.415	0	0

表6-8 西部12省(市、区)的综合型经济空间权重矩阵（WE_3）：1978—2009年

	内蒙古	广西	重庆	四川	贵州	云南	西藏	陕西	甘肃	青海	宁夏	新疆
内蒙古	0	0	0	0	0	0	0	0.413	0.329	0	0.258	0
广西	0	0	0	0	0.741	0.259	0	0	0	0	0	0
重庆	0	0	0	0.413	0.468	0	0	0.118	0	0	0	0
四川	0	0	0.168	0	0.07	0.072	0.186	0.181	0.182	0.142	0	0
贵州	0	0.239	0.376	0.166	0	0.22	0	0	0	0	0	0
云南	0	0.121	0	0.221	0.296	0	0.362	0	0	0	0	0
西藏	0	0	0	0.444	0	0.327	0	0	0	0.11	0	0.118
陕西	0.214	0	0.099	0.406	0	0	0	0	0.088	0	0.193	0
甘肃	0.177	0	0	0.397	0	0	0	0.101	0	0.085	0.154	0.086
青海	0	0	0	0.495	0	0	0.151	0	0.17	0	0	0.184
宁夏	0.296	0	0	0	0	0	0	0.389	0.315	0	0	0
新疆	0	0	0	0	0	0	0.307	0	0.333	0.36	0	0

另外两个时段（1978—1992 年、1992—2009 年）的经济空间权重矩阵类似得到。但应用上述三种类型的经济空间权重矩阵，在各阶段各种模型中对经济增长收敛性进行绝对 β 收敛检验，实证结果表明，基于经济空间权重与基于简单地理空间权重的实证结果并无显著差异：模型的回归系数基本一致，拟合优度等统计量高度接近。

为了对这一发现进行进一步的验证，本研究除了对由上述方法构建的经济空间权重矩阵进行实证考察外，还对另外两种比较具有代表性的经济权重方法进行考察，即林光平等设计的经济权重矩阵（林光平，等，2005，2006）与陈晓玲等设计的经济权重矩阵（陈晓玲，等，2006）。其中，林光平等在地理权重的基础上，设计的经济空间权重为：$W* = W \cdot E$，W 为简单地理相邻权重，E 为由人均实际 GDP 来描述的地区间经济差距的矩阵，其定义为：

$$E_{ij} = \begin{cases} \dfrac{1}{|\bar{Y}_i - \bar{Y}_j|} & (i \neq j) \\ 0 & (i = j) \end{cases} \quad (6-13)$$

其中，$\bar{Y}_i = \dfrac{1}{t_1 - t_0 + 1}\sum_{t=t_0}^{t_1} Y_{it}$，$Y_{it}$ 为收入变量，代表第 i 个地区在第 t 年的实际人均收入水平。

相应的，陈晓玲等（2006）提出的经济空间权重矩阵构建方式为：

$$W* = W \times diag\left(\dfrac{\bar{y}_1}{\sum_{i=1}^{N}\bar{y}_i}, \dfrac{\bar{y}_2}{\sum_{i=}^{N}\bar{y}_i}, \cdots, \dfrac{\bar{y}_N}{\sum_{i=}^{N}\bar{y}_i}\right), \quad (6-14)$$

其中，$\bar{y}_i = \dfrac{1}{t_1 - t_0 + 1}\sum_{t=t_0}^{t_1} y_{it}$，$y_{it}$ 为地区 i 在时期 t 时的人均实际 GDP。

对上述五种具有明确经济含义的经济空间权重矩阵，在各个时期的各种类型的模型中进行检验,对人均产出的收敛性进行比较研究,包括固定(FE)及随机(RE)个体效应的 SAR 模型,以及固定(FE)及随机(RE)的 SEM 模型。表 6-9 与表 6-10 给出了 1978—2009 年的绝对 β 收敛性的实证结果。通过对表 6-9 中不同空间权重条件下人均产出收敛性的实证结果进行比较发现,在 1978—2009 年,固定效应的 SAR 模型与随机效应的 SAR 模型均显示,就所给定的样本和所采用的方法而言,各种方法设置的经济空间权重矩阵与简单地理空间权重矩阵的实证结果基本一致,回归系数值没有显著差异,各统计量也基本相同;特别是,这几种从经济行为来说具有合理理论意义和实践基础的经济空间权重设置方法,并没有对模型的拟合优度带来明显改善。表 6-10 中采用 SEM 的实证结果同样如此。在研究中,笔者还对 1978—1992 年和 1992—2009 年两个时期进行了类似研究,所得结论与此相似。

采用简单的地理相邻权重与采用复杂的经济空间权重,对经济增长收敛性检验的实证结果,没有显著差异的事实,说明简单地理空间权重已经比较充分地实现了对空间相关性的测度与捕捉。这是一个有益的重要发现,从实证角度验证了在经验分析中广泛采用简单地理空间权重的合理性。

基于以上发现,本书以下部分,拟仅仅采用简单的地理空间权重对增长收敛性进行实证考察,包括从人均产出和人均收入两个维度的考察。

表6-9 不同空间权重条件下人均产出收敛性的实证结果比较(1978—2009年):SAR

项目	SAR-FE					SAR_RE				
	地理权重	规模权重	差距权重	综合权重	林光平权重	陈晓铃权重	地理权重	规模权重	差距权重	综合权重	林光平权重	陈晓铃权重
INTERCEPT	-0.0295 (0.076)	-0.0274 (0.098)	-0.0305 (0.069)	-0.0290 (0.083)	-0.0344 (0.0413)	-0.0302 (0.072)	-0.0231 (0.153)	-0.0216 (0.181)	-0.0240 (0.142)	-0.0228 (0.162)	-0.0280 (0.090)	-0.0237 (0.146)
lgdp_t0	0.0124 (0.000)	0.0113 (0.000)	0.0129 (0.000)	0.0122 (0.000)	0.0138 (0.000)	0.0128 (0.000)	0.0113 (0.000)	0.0105 (0.000)	0.0118 (0.000)	0.0113 (0.000)	0.0129 (0.000)	0.0118 (0.000)
Wy	0.3800 (0.000)	0.4219 (0.000)	0.3489 (0.000)	0.3779 (0.000)	0.3269 (0.000)	0.3539 (0.000)	0.3869 (0.000)	0.4189 (0.000)	0.3529 (0.000)	0.3809 (0.000)	0.3229 (0.000)	0.3559 (0.000)
theta							0.6050 (0.000)	0.6057 (0.000)	0.5983 (0.000)	0.5979 (0.000)	0.5851 (0.000)	0.6079 (0.000)
统计检验
R-sqr	0.3042	0.3141	0.2918	0.3007	0.2881	0.2920	0.2819	0.2905	0.2685	0.2777	0.2633	0.2684
sigma^2	0.0013	0.0013	0.0013	0.0013	0.0013	0.0013	0.0013	0.0013	0.0013	0.0013	0.0013	0.0013
loglihood	709.46	711.25	707.15	708.74	705.43	707.02	697.37	699.16	694.92	696.50	692.92	694.96
obs	372	372	372	372	372	372	372	372	372	372	372	372
空间相关性检验
LMSar	58.803 (0.000)	54.014 (0.000)	49.291 (0.000)	51.454 (0.000)	36.130 (0.000)	53.271 (0.000)	58.803 (0.000)	54.014 (0.000)	49.291 (0.000)	51.454 (0.000)	36.130 (0.000)	53.271 (0.000)
Robust LMSar	4.106 (0.043)	3.832 (0.050)	5.659 (0.017)	7.336 (0.007)	3.919 (0.037)	3.644 (0.056)	4.106 (0.043)	3.832 (0.050)	5.659 (0.017)	7.336 (0.007)	3.919 (0.037)	3.644 (0.056)

表6-10 不同空间权重条件下人均产出收敛性的实证结果比较(1978—2009年):SEM

项目	SEM-FE						SEM-RE					
	地理权重	规模权重	差距权重	综合权重	林光平权重	陈晓铃权重	地理权重	规模权重	差距权重	综合权重	林光平权重	陈晓铃权重
INTERCEPT	-0.0392 (0.019)	-0.0391 (0.018)	-0.0386 (0.022)	-0.0382 (0.023)	-0.0476 (0.004)	-0.0403 (0.016)	-0.0238 (0.334)	-0.0196 (0.450)	-0.0265 (0.269)	-0.0260 (0.297)	-0.0313 (0.163)	-0.0181 (0.420)
lgdp_t0	0.0187 (0.000)	0.0187 (0.000)	0.0186 (0.000)	0.0185 (0.000)	0.0199 (0.000)	0.0188 (0.000)	0.0163 (0.000)	0.0149 (0.000)	0.0166 (0.000)	0.0164 (0.000)	0.0176 (0.000)	0.0157 (0.000)
Wu	0.3820 (0.000)	0.4099 (0.000)	0.3359 (0.000)	0.3669 (0.000)	0.3169 (0.000)	0.3489 (0.000)	0.3841 (0.000)	0.4202 (0.000)	0.3494 (0.000)	0.3731 (0.000)	0.3196 (0.0000)	0.3558 (0.000)
theta							0.0492 (0.129)	0.0287 (0.169)	0.0453 (0.119)	0.0576 (0.08)	0.0595 (0.085)	0.0311 (0.143)
统计检验												
R-sqr	0.1797	0.1797	0.1796	0.1796	0.1804	0.1799	0.2767	0.2836	0.2631	0.2714	0.2604	0.2641
sigma^2	0.0013	0.0013	0.0013	0.0013	0.0013	0.0013	0.0013	0.0013	0.0013	0.0013	0.0013	0.0013
loglihood	708.37	710.08	705.94	707.48	704.88	706.05	696.58	699.44	694.55	695.24	692.50	695.75
空间相关性检验												
LMSem	56.558 (0.000)	52.056 (0.000)	46.850 (0.000)	45.910 (0.000)	35.562 (0.000)	51.272 (0.000)	56.558 (0.000)	52.056 (0.000)	46.850 (0.000)	45.910 (0.000)	35.562 (0.000)	51.272 (0.000)
Robust LMSem	1.860 (0.173)	1.874 (0.171)	3.219 (0.073)	1.792 (0.181)	1.223 (0.266)	1.6452 (0.200)	1.860 (0.173)	1.874 (0.171)	3.219 (0.073)	1.792 (0.181)	1.223 (0.266)	1.6452 (0.200)

6.3 基于 SPDM 方法的绝对 β 收敛检验：人均产出

6.3.1 人均产出的绝对 β 收敛检验：实证结果

以人均地区国内生产总值（GDP）表示的人均产出作为一个综合性的经济指标，综合反映了地区经济发展的整体情况，是研究经济增长收敛性的最重要经济指标。本节首先对人均产出的收敛性进行考察。根据对西部地区人均产出的空间相关性检验结果，可知西部地区人均 GDP 具有显著的空间关联效应。忽略这种空间相关性将导致研究结论的偏误，对模型估计与统计推断带来不利影响。为此，本部分采用空间面板数据模型（SPDM）方法，将空间个体间的交互效应纳入模型中加以考虑。

正式的，我们考察两种空间面板数据模型：SAR 和 SEM。前者考察了被解释变量的空间滞后因子对收敛性的影响；后者则反映了模型扰动项的空间相关滞后因子的影响。另外，根据经济增长收敛的内涵，对于空间个体异质性，收敛性关注的是不随时间变化的个体特性（Spatial - Specific and Time - Invariant），因此实证研究选择了个体效应模型，并分别考虑了个体的固定效应（FE）和个体的随机效应（RE）两种模型；实证模型同时给出了不含个体效应的结果（Pooled Model），以对结果进行比较考察。

采用第 5 章的实际人均产出（实际人均 GDP）数据序列，数据的样本范围为 1978—2009 年。为了考察不同的历史阶段西部地区经济增长收敛性的不同特点，本研究分别考察了三个时段的收敛情况，分别是 1978—2009 年、1978—1992 年与

1992—2009年。数据范围选择与阶段划分的依据在于，1978年是中国改革开放初始之年，而中国社会主义市场经济制度的建立与发展开始于1992年。因此，这样的阶段划分有助于分别考察改革开放以来以及社会主义市场经济制度建立以来，西部地区经济收敛性的不同表现。

采用 ML 方法对 SPDM 参数进行估计，计算工具为 MAT-LAB 软件包。空间面板数据模型的估计及检验的 MATLAB 程序由 Elhorst（2010）提供。实证检验结果如下（见表6-11、表6-12）：

表6-11 人均产出的绝对 β 收敛性检验结果：面板 SAR

变量	时期/模型类型								
	1978—2009年			1978—1992年			1992—2009年		
	(1)	(2)	(3)	(4)	(5)	(6)	(7)	(8)	(9)
	Pooled Model	FE Model	RE Model	Pooled Model	FE Model	RE Model	Pooled Model	FE Model	RE Model
intercept	-0.0148 (0.335)	-0.0296 (0.076)	-0.0231 (0.153)	0.1041 (0.024)	0.1236 (0.081)	0.1044 (0.026)	-0.0292 (0.146)	-0.0352 (0.077)	-0.0352 (0.082)
lgdp_t0	0.0101 (0.000)	0.0124 (0.000)	0.0113 (0.000)	-0.0100 (0.185)	-0.0137 (0.255)	-0.0101 (0.190)	0.0132 (0.000)	0.0120 (0.000)	0.0122 (0.000)
Wy	0.3870 (0.000)	0.3800 (0.000)	0.3869 (0.000)	0.3570 (0.000)	0.3930 (0.000)	0.3619 (0.000)	0.3249 (0.000)	0.4779 (0.000)	0.4629 (0.000)
theta			0.6050 (0.000)			0.9570 (0.000)			0.2897 (0.000)
统计检验									
R-squared	0.2424	0.3042	0.2819	0.1405	0.2150	0.1471	0.2440	0.5762	0.5474
sigma^2	0.0013	0.0013	0.0013	0.0022	0.0022	0.0022	0.0006	0.0003	0.0003
log-likelihood	693.42	709.46	697.37	272.51	279.20	272.54	469.32	524.1961	503.29
Obs	372	372	372	168	168	168	204	204	204
空间相关性检验									
LMsar	58.31 (0.000)	58.80 (0.000)	58.80 (0.000)	22.70 (0.000)	28.43 (0.000)	28.43 (0.000)	19.56 (0.000)	49.2268 (0.000)	49.2268 (0.000)
Robust LMsar	6.2769 (0.012)	4.1061 (0.043)	4.1061 (0.043)	1.7038 (0.192)	3.8945 (0.048)	3.8945 (0.048)	0.0185 (0.892)	1.7232 (0.189)	1.7232 (0.189)

表 6-12　人均产出的绝对 β 收敛性检验结果：面板 SEM

变量	时期 / 模型类型								
	1978—2009 年			1978—1992 年			1992—2009 年		
	(10)	(11)	(12)	(13)	(14)	(15)	(16)	(17)	(18)
	Pooled Model	FE Model	RE Model	Pooled Model	FE Model	RE Model	Pooled Model	FE Model	RE Model
intercept	-0.0049 (0.829)	-0.0392 (0.019)	-0.0238 (0.334)	0.1683 (0.003)	0.2486 (0.0004)	0.1491 (0.021)	-0.0284 (0.284)	-0.0525 (0.008)	-0.0419 (0.217)
lgdp_t0	0.0135 (0.000)	0.0187 (0.000)	0.0163 (0.000)	-0.0165 (0.083)	-0.0301 (0.1153)	-0.0132 (0.217)	0.0175 (0.000)	0.0209 (0.000)	0.0194 (0.000)
Wu	0.3970 (0.000)	0.3820 (0.000)	0.3841 (0.000)	0.3709 (0.000)	0.4200 (0.0000)	0.3819 (0.000)	0.3579 (0.000)	0.4689 (0.000)	0.4704 (0.000)
theta			0.0492 (0.129)			0.0212 (0.554)			0.5912 (0.025)
统计检验									
R-squared	0.1014	0.1797	0.2767	0.0094	0.0603	0.1623	0.1557	0.4462	0.5439
sigma^2	0.0014	0.0013	0.0013	0.0022	0.0021	0.0021	0.0006	0.0003	0.0003
log-likelihood	691.54	708.37	696.58	273.11	279.79	272.57	470.00	523.07	502.94
Obs	372	372	372	168	168	168	204	204	204
空间相关性检验									
LMsem	53.634 (0.000)	56.558 (0.000)	56.558 (0.000)	23.766 (0.000)	29.301 (0.000)	29.301 (0.000)	20.801 (0.000)	47.623 (0.000)	47.623 (0.000)
Robust LMsem	1.5973 (0.206)	1.8607 (0.173)	1.8607 (0.173)	2.7685 (0.096)	4.7562 (0.029)	4.7562 (0.029)	1.2548 (0.263)	0.1202 (0.729)	0.1202 (0.729)

6.3.2　人均产出的绝对 β 收敛检验：结果分析

采用空间面板的 SAR 及 SEM 模型，对西部地区的经济增长收敛性进行实证考察。有关的空间效应的统计检验表明，采用空间效应模型对西部地区经济收敛性的检验结果具有统计可靠性。实证结果表明：样本期间，不论是 1978—2009 年完整样本，还是分阶段的 1978—1992 年与 1992—2009 年两个时段，西部地区经济增长均不存在绝对 β 收敛性。具体的，我们有以下发现：

(1) 在 1978—2009 年，人均产出的增长率与初始经济水平（人均GDP的对数值，记作lgdp_t0）之间的回归系数为正，而且具有高度的统计显著性。这一点，不论是SAR模型，还是SEM模型；也不论是混合回归，还是固定效应与随机效应模型，均给出了一致的结果［表6-11中的第（1）、（2）、（3）列与表6-12中的第（10）、（11）、（12）列］。经济增长率对于初始经济水平的回归系数为正值，且具有统计显著性，这意味着这一期间初始收入水平对经济增长有正向的促进作用：初始经济水平越高，则经济增长率越大，增长速度越快。因此，经济增长的结果是发散而不是收敛。

（2）对1992—2009年的考察［表6-11中的第（7）、（8）、（9）列与表6-12中的第（16）、（17）、（18）列］，我们得出类似结论：该研究期间经济增长具有显著的发散性。表明实行市场经济制度以来，经济增长继续发散。

（3）考察1978—1992年的经济增长情况，我们发现，经济增长率对初始水平的回归系数在这一时期为负值。这一结果具有稳定性，分别在SAR与SEM的混合回归、固定效应（FE）与随机效应（RE）模型中，均表现为负值，仅仅在数值大小上略有差别［表6-11中的第（4）、（5）、（6）列与表6-12中的第（13）、（14）、（15）列］。尽管回归系数值为负值，但我们不能由此得出经济增长收敛的结论，因为这些负的回归系数并不具有统计显著性。因此，实证结果同样拒绝了经济增长存在收敛性。当然，虽然否定了收敛性，这一阶段经济增长与1978—2009年及1992—2009年两个时段相比还是具有不同的特点；1978—2009年及1992—2009年两个时段经济整体上存在显著的发散性。

（4）在空间面板数据框架下，对于各个时段的各种效应的SAR模型，空间自回归因子（Wy）对经济增长率的回归系数为正，且具有高度的统计显著性，表明经济增长在地区间具有显著的正向空间影响：一个地区的经济增长率的变动，将会导致邻近区域经济增长率的同向变动。这体现了区域经济增长的空间示范效应。这一空间示范效应，显然源于邻近区域间资源共享、要素流动及政策借鉴等所引起的经济增长效应。而SEM模型中，扰动项的空间滞后因子（Wu）同样具有统计显著的正的回归系数，表明经济的外生冲击在地理邻近的空间截面上进行正向传递，这可以被看作经济冲击的传递效应。由于传递效应，施加在某一个具体经济体上的冲击，将被传递到其他相关的经济体上，从而对其他经济体产生影响。

总之，实证结果拒绝了西部地区经济增长存在收敛性。将这一结果与第五章中关于西部地区经济发展差距相对照，在那里我们发现1978—2009年间的经济发展差距呈现出"U形"曲线特征，曲线以1991年为转折点；这与此处关于经济增长收敛性的结论相一致，即在整个研究期间，特别是1992年以来，经济增长发散，这对应于经济发展差距的扩大；而在1978—1992年这一阶段，二者同样具有一致性，具体表现在从经济发展差距上看趋于缩小，而从收敛性检验看，回归系数为负值，只是不具有统计显著性——事实上，从图5-4可看到，在1978年到1991年这一时期，尽管经济发展差距趋于缩小，但较之后来的差距扩大，这一阶段差距的缩小十分有限。这些对比发现，从一个侧面佐证了对经济发展差距与增长收敛检验的研究结论的可靠性。

6.4 基于 SPDM 方法的绝对 β 收敛检验：人均收入

第 6.3 节采用人均产出指标，对西部地区的经济增长的收敛性进行了实证考察，得出经济增长不存在收敛性的结论。人均产出指标作为综合经济指标，是收敛研究中最重要的经济变量。在此基础上，本节采用人均收入指标，进一步深入考察西部地区内部省（市、区）经济增长的收敛性。具体的，分别采用城镇居民和农村居民的实际人均收入水平，对城镇居民和农村居民的收入水平的收敛性进行检验，以从收入角度对经济差距的发展动因进行考察。

6.4.1 城乡居民收入水平：数据来源与整理

本部分将城镇居民"人均可支配收入"和农村居民"人均纯收入"作为研究变量，数据范围为 1978—2009 年；其中，1978 年 2008 年的数据来自《新中国 60 年统计资料汇编》，2009 年的数据来源于《中国统计年鉴》（2010）。各地名义的城镇居民人均可支配收入和农村居民人均纯收入数据，分别采用各地的城市居民消费价格指数和农村居民消费价格指数调整为以 1978 年为基期的实际值；对于个别地区，例如西藏，在某些年份里缺失的数据，采用了用全国整体的指数替代，或采用平均增长率等方法进行了补充调整。经整理，得到西部地区 1978—2009 年的城镇居民实际人均可支配收入和农村居民实际人均纯收入数据序列（见表 6-13、表 6-14）：

171

表6-13　西部地区城镇居民实际人均可支配收入　（单位：元）

地区 年份	内蒙古	广西	重庆	四川	贵州	云南	西藏	陕西	甘肃	青海	宁夏	新疆
1978	301.0	289.2	317.1	338.0	261.3	327.7	565.0	310.0	407.5	320.9	346.1	319.0
1979	342.2	362.0	349.3	349.1	272.3	359.5	613.3	353.6	413.5	352.2	352.4	364.3
1980	375.1	393.1	375.7	338.1	311.1	385.9	623.5	380.8	379.3	378.5	422.6	400.6
1981	378.2	360.9	428.9	346.9	381.0	406.4	636.8	385.6	411.9	423.9	422.3	441.1
1982	402.5	345.0	443.4	366.6	395.6	440.9	670.4	406.4	430.9	471.2	451.6	466.8
1983	416.6	348.3	457.2	401.4	409.4	473.9	719.1	429.5	444.7	531.4	451.9	487.2
1984	459.6	422.3	511.3	462.8	459.7	527.5	762.7	469.9	501.8	584.9	519.1	565.6
1985	512.2	446.9	613.3	505.6	509.6	583.1	733.0	514.2	508.3	648.7	558.8	585.1
1986	563.9	482.7	712.9	589.4	578.8	644.7	714.3	604.1	575.9	647.5	634.4	623.6
1987	550.7	502.3	731.6	597.7	583.8	681.3	786.4	615.1	595.4	722.0	621.0	625.4
1988	525.9	525.2	687.2	579.3	580.4	657.6	729.4	588.5	555.2	647.9	601.3	620.1
1989	527.0	493.7	665.5	587.5	569.5	629.5	673.6	596.2	543.5	610.4	589.7	596.4
1990	568.0	557.7	765.9	639.3	618.4	719.1	698.9	642.1	563.5	610.8	642.9	637.6
1991	600.6	605.1	800.8	695.6	677.7	778.9	790.1	654.8	609.8	625.3	662.3	655.3
1992	631.2	737.3	835.7	745.2	738.5	854.1	756.9	670.2	709.0	680.2	704.9	793.1
1993	700.7	822.9	891.7	771.8	777.2	920.3	740.6	724.8	721.7	706.4	729.5	866.6
1994	749.3	902.4	898.6	826.2	885.1	1020.8	836.9	721.9	768.8	763.8	804.0	887.9
1995	727.5	920.5	906.1	842.9	907.6	1004.5	828.8	754.4	766.9	778.7	776.6	984.9
1996	816.1	916.4	948.2	845.0	882.3	1133.7	951.8	787.3	739.7	792.1	777.9	996.3
1997	896.8	924.0	968.9	869.1	899.4	1210.2	927.1	785.9	770.7	787.0	795.2	1003.0
1998	996.6	1007.8	1031.8	937.4	920.7	1284.9	984.0	848.4	868.9	829.4	852.4	1036.3
1999	1088.9	1076.6	1112.6	1021.0	1006.3	1329.8	1091.7	962.6	997.7	924.7	935.5	1128.4
2000	1155.7	1117.7	1219.3	1101.8	1052.6	1394.6	1168.9	1056.7	1104.9	1020.5	1030.5	1196.2
2001	1240.0	1260.6	1275.8	1167.8	1094.5	1528.0	1300.9	1129.8	1174.5	1121.8	1148.2	1266.2
2002	1344.6	1398.8	1410.6	1220.1	1206.3	1639.0	1404.4	1328.2	1351.7	1163.7	1262.8	1350.2
2003	1535.3	1475.4	1568.0	1275.4	1321.2	1708.0	1446.6	1416.5	1449.8	1241.0	1339.1	1436.2
2004	1735.0	1488.6	1723.1	1335.0	1422.3	1868.3	1443.0	1514.0	1585.8	1321.8	1432.8	1506.5
2005	1913.2	1576.0	1899.7	1427.4	1573.8	1918.9	1458.3	1656.6	1717.9	1459.5	1581.3	1594.6
2006	2141.1	1722.1	2095.3	1554.6	1733.4	2046.5	1521.3	1817.8	1872.5	1601.4	1751.6	1752.9
2007	2453.2	2009.8	2371.6	1742.5	1917.2	2206.2	1840.6	2006.7	1997.8	1720.6	1985.0	1948.3
2008	2713.9	2165.6	2573.0	1894.4	1973.0	2412.5	1952.6	2257.4	2026.6	1790.4	2190.9	2012.7
2009	2990.2	2415.8	2622.4	2061.6	2189.0	2612.7	2087.9	2480.8	2185.2	1891.1	2367.9	2154.6

6 西部地区经济差距的发展动因——绝对 β 收敛检验

表6-14　　西部地区农村居民实际人均纯收入　　（单位：元）

地区 年份	内蒙古	广西	重庆	四川	贵州	云南	西藏	陕西	甘肃	青海	宁夏	新疆
1978	131.0	138.4	129.1	127.1	109.3	130.6	175.0	134.0	100.9	164.8	115.9	119.0
1979	160.3	153.3	148.0	147.5	127.6	123.7	228.7	146.7	110.5	182.9	136.6	140.5
1980	176.9	161.8	149.1	162.5	146.1	140.7	250.1	132.5	147.9	201.1	159.4	193.4
1981	217.9	190.1	206.6	186.1	183.3	167.5	263.6	159.4	151.9	187.3	178.6	224.2
1982	256.0	214.3	207.7	210.9	192.0	214.2	282.9	191.8	164.9	216.5	198.1	261.3
1983	284.4	232.0	237.1	210.4	190.5	243.7	272.2	205.8	201.0	241.3	233.5	285.5
1984	315.1	231.3	257.7	233.5	220.0	279.8	371.8	223.0	205.4	262.5	250.8	327.2
1985	311.3	234.6	245.5	243.6	239.2	277.8	414.4	235.7	223.0	301.4	252.6	334.3
1986	284.5	230.5	260.0	249.6	229.8	271.0	359.2	226.6	231.6	306.9	279.4	333.3
1987	299.3	243.9	254.6	258.4	244.6	274.1	356.8	231.1	232.7	309.9	271.1	343.9
1988	334.2	246.9	246.1	264.9	242.8	270.7	335.3	240.0	228.7	335.2	290.7	338.0
1989	285.6	228.0	234.3	240.4	221.1	254.1	272.2	216.4	211.7	267.2	275.0	314.0
1990	323.2	289.1	265.2	258.4	217.5	277.8	272.6	264.6	231.9	299.9	278.6	371.7
1991	317.3	288.7	266.2	267.8	221.4	286.7	265.4	254.5	229.9	282.9	270.7	354.1
1992	337.2	304.7	257.9	275.2	225.2	284.5	258.9	246.2	236.9	288.2	258.6	346.5
1993	345.6	309.4	239.9	259.6	221.9	251.9	250.8	262.4	230.2	290.7	245.0	328.5
1994	365.0	306.0	251.8	287.2	243.7	250.0	222.2	258.4	244.9	311.3	275.0	314.6
1995	378.7	337.1	263.1	297.1	269.8	254.1	203.5	257.8	247.6	318.8	269.1	312.5
1996	433.3	369.6	279.2	341.8	294.2	288.8	212.7	284.6	282.5	333.9	343.7	320.2
1997	461.6	403.7	309.3	376.4	289.4	311.0	224.2	301.7	301.5	360.6	362.4	358.4
1998	518.1	438.6	341.4	402.7	298.6	310.3	235.7	332.5	351.0	385.5	412.7	379.3
1999	528.3	463.9	350.4	419.1	305.9	319.3	254.8	350.1	362.6	403.4	429.0	360.7
2000	531.2	424.4	373.6	430.2	307.8	333.8	270.1	356.9	366.2	407.0	415.1	405.9
2001	511.7	444.4	382.6	437.8	312.9	344.1	282.4	358.5	366.5	434.6	429.5	413.3
2002	513.3	463.2	408.8	463.8	332.4	359.2	306.2	375.0	383.0	448.6	454.4	446.2
2003	539.2	476.0	429.0	486.3	342.2	375.2	337.0	380.5	397.3	464.9	474.7	503.4
2004	596.3	499.2	469.1	534.9	357.6	389.1	359.2	410.7	421.7	486.1	515.5	513.6
2005	662.1	531.9	521.0	571.9	381.5	422.0	397.5	443.4	437.7	509.2	551.2	561.0
2006	725.8	585.5	520.5	598.8	395.9	456.9	454.8	486.4	465.2	548.6	592.6	606.6
2007	816.0	637.8	606.8	667.3	440.9	506.7	499.8	541.6	477.6	580.2	644.9	658.0
2008	904.2	672.8	675.8	734.5	477.4	561.1	538.6	601.9	513.9	589.7	679.3	661.3
2009	960.4	744.1	745.7	787.5	518.1	608.0	591.5	648.2	550.3	633.4	735.8	718.8

对农村居民和城镇居民收入数据序列图示如下（见图6-6）：

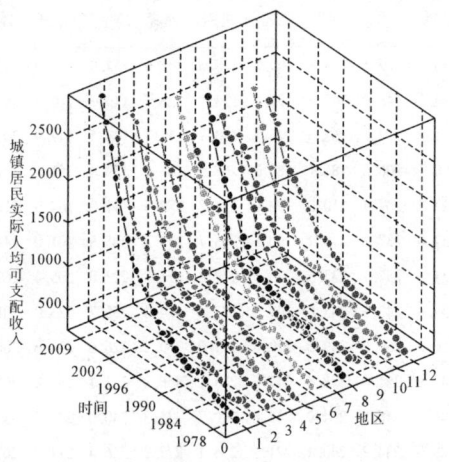

（a）城镇居民实际人均可支配收入

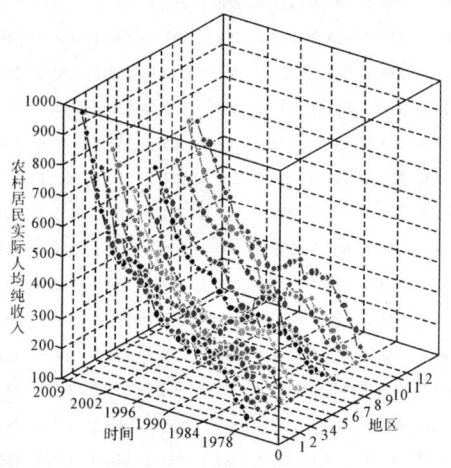

（b）农村居民实际人均纯收入

注：地区坐标数字表示1—内蒙古，2—广西，3—重庆，4—四川，5—贵州，6—云南，7—西藏，8—陕西，9—甘肃，10—青海，11—宁夏，12—新疆。

图6-6 西部12省（市、区）城乡居民收入水平

6 西部地区经济差距的发展动因——绝对 β 收敛检验

对城镇居民和农村居民的实际人均收入数据进行统计描述,得到如下结果(见表6-15、表6-16):

表6-15 城镇居民实际人均可支配收入:1978—2009年

	内蒙古	广西	重庆	四川	贵州	云南	西藏	陕西	甘肃	青海	宁夏	新疆
均值	1011	939.8	1069.1	888.7	909.7	1115.9	1014.3	933.5	929.7	880.3	929.5	978.2
中位数	714.1	862.7	895.2	799	829.8	962.4	809.5	723.4	730.7	742.9	753.1	877.3
最大值	2990.2	2415.8	2622.4	2061.6	2189	2612.7	2087.9	2480.8	2185.2	1891.1	2367.9	2154.6
最小值	301	289.2	317.1	338	261.3	327.7	565	310	379.3	320.9	346.1	319
标准差	733.9	581.8	650.4	474.6	522.2	650.7	421.9	581.5	548.7	433.8	543.3	514.9
偏度	1.31	0.92	1.08	0.84	0.9	0.7	1.1	1.21	1.01	0.93	1.24	0.76
峰度	3.7	2.95	3.2	2.88	2.94	2.42	3.12	3.48	2.68	2.85	3.58	2.56
J-B统计量	9.86	4.53	6.25	3.8	4.33	3.09	6.49	8.09	5.54	4.67	8.59	3.33
伴随概率	0.007	0.104	0.044	0.15	0.115	0.214	0.039	0.017	0.063	0.097	0.014	0.189
观测值个数	32	32	32	32	32	32	32	32	32	32	32	32

资料来源:笔者根据相关统计资料整理得到。

表6-16 农村居民实际人均纯收入:1978—2009年

	内蒙古	广西	重庆	四川	贵州	云南	西藏	陕西	甘肃	青海	宁夏	新疆
均值	432	359.2	329.2	357.3	275	307.6	313.1	305	290.9	354.8	352.5	379.7
中位数	355.3	307.7	264.4	281.2	244.2	282.2	272.4	260.4	240.9	315.1	279	345.2
最大值	960.4	744.1	745.7	787.5	518.1	608	591.5	648.2	550.3	633.4	735.8	718.8
最小值	131	138.4	129.1	127.1	109.3	123.7	175	132.5	100.9	164.8	115.9	119
标准差	208.2	159.2	150.4	172.9	95.8	112.2	99.9	129.7	119.2	125.6	161	143.1
偏度	0.93	0.69	1.19	0.92	0.68	0.84	1.17	1.02	0.49	0.57	0.77	0.66
峰度	3.27	2.63	3.8	2.98	3.19	3.38	3.77	3.5	2.29	2.47	2.75	3.17
J-B统计量	4.71	2.7	8.45	4.53	2.54	4.55	8.09	5.87	1.92	2.13	3.22	2.4
伴随概率	0.095	0.259	0.015	0.104	0.281	0.103	0.017	0.053	0.382	0.345	0.2	0.302
以测值个数	32	32	32	32	32	32	32	32	32	32	32	32

资料来源:笔者根据相关统计资料整理得到。

6.4.2 城乡居民收入水平的绝对 β 收敛检验：实证结果

分别对城镇居民和农村居民的实际收入水平进行绝对 β 收敛性检验。与人均产出的处理方式相同，实证检验采用空间面板数据模型的 SAR 和 SEM 模型，并分别包含混合回归、个体固定效应和个体随机效应三种模型，分为1978—2009年、1978—1992年和1992—2009年三个研究阶段展开实证考察。MATLAB 软件包对模型参数进行估计，模型估计及检验的 MATLAB 程序由 Elhorst（2010）提供。实证检验结果整理如表6-17、表6-18。

6.4.3 城乡居民收入水平的绝对 β 收敛检验：结果分析

人均收入作为反映经济发展水平的另一重要指标，是衡量居民生活水平的基本变量。考察收入增长与经济初始发展水平的关系是经济增长收敛性检验的重要内容之一。本节采用空间面板的 SAR 及 SEM 模型，分别对城镇居民和农村居民实际人均收入增长进行绝对 β 收敛性检验。通过对实证结果的考察分析，得到以下发现：

（1）在1978—1992年，城镇居民收入增长存在绝对 β 收敛性，在 SAR 与 SEM 模型中，收入增长率对初期收入水平（人均收入的对数值，记作 Linc_0）的回归系数均为负，且统计显著［表6-17中的第（22）、（23）、（24）、（31）、（32）、（33）列］。表明这一时期收入增长与初始收入是负相关的，各地城镇居民收入差距有缩小的发展态势。而在1992—2009年，城镇居民收入增长率与初始收入水平表现出正向依赖性，并且统计显著［表6-17中的第（25）、（26）、（27）、（34）、（35）、（36）列］，这意味着这一时期各地城镇居民收入增长发散，差距趋于扩大。

表6-17　　　　　　　人均收入水平的绝对 β 收敛检验实证结果：城镇居民

变量	SAR 1978—2009年 (19) Pooled	(20) FE	(21) RE	1978—1992年 (22) Pooled	(23) FE	(24) RE	1992—2009年 (25) Pooled	(26) FE	(27) RE	SEM 1978—2009年 (28) Pooled	(29) FE	(30) RE	1978—1992年 (31) Pooled	(32) FE	(33) RE	1992—2009年 (34) Pooled	(35) FE	(36) RE
intercept	0.0236 (0.433)	0.0199 (0.509)	0.0234 (0.000)	0.4050 (0.000)	0.3762 (0.000)	0.4021 (0.000)	-0.096 (0.064)	-0.100 (0.05)	-0.09 (0.064)	0.1175 (0.041)	0.1129 (0.000)	0.1262 (0.029)	0.7404 (0.000)	0.9597 (0.000)	0.7084 (0.00)	-0.109 (0.159)	-0.124 (0.018)	-0.103 (0.187)
Linc_0	0.0011 (0.805)	0.0016 (0.279)	0.0011 (0.790)	-0.060 (0.000)	-0.056 (0.003)	-0.060 (0.000)	0.0194 (0.009)	0.0200 (0.010)	0.0194 (0.009)	-0.008 (0.346)	-0.007 (0.403)	-0.009 (0.296)	-0.109 (0.000)	-0.145 (0.000)	-0.104 (0.000)	0.0250 (0.022)	0.0272 (0.018)	0.0243 (0.027)
Wy	0.5109 (0.000)	0.5159 (0.000)	0.5049 (0.000)	0.4889 (0.000)	0.5189 (0.000)	0.4989 (0.000)	0.3929 (0.000)	0.3819 (0.000)	0.3929 (0.000)									
Wu										0.5229 (0.000)	0.5299 (0.000)	0.5318 (0.000)	0.5459 (0.000)	0.5909 (0.000)	0.5476 (0.000)	0.3859 (0.000)	0.3629 (0.000)	0.3867 (0.000)
统计检验
R-squared	0.2701	0.2937	0.2708	0.3365	0.3765	0.3391	0.2226	0.2567	0.2228	0.0195	0.0054	0.2811	0.0848	0.0719	0.3798	0.0783	0.1295	0.2120
sigma^2	0.0021	0.0021	0.0021	0.0028	0.0028	0.0028	0.0013	0.0013	0.0013	0.0021	0.0021	0.0020	0.0026	0.0026	0.0026	0.0013	0.0013	0.0013
log-likhood	607.1	612.7	607.7	249.8	253.9	249.8	385.3	389.9	385.3	607.4	613.0	608.4	253.4	258.4	253.6	384.1	388.7	384.0
Obs	372	372	372	168	168	168	204	204	204	372	372	372	168	168	168	204	204	204
空间相关性检验
LMsar	106.2 (0.000)	109.0 (0.000)	109.0 (0.000)	49.17 (0.000)	53.73 (0.000)	53.73 (0.000)	29.23 (0.000)	27.53 (0.000)	27.53 (0.000)									
Robust LMsar	15.20 (0.005)	20.79 (0.000)	20.79 (0.000)	2.080 (0.149)	5.147 (0.023)	5.147 (0.023)	5.861 (0.015)	20.57 (0.000)	20.57 (0.000)									
LMsem										104.2 (0.000)	106.9 (0.000)	106.9 (0.000)	56.52 (0.000)	59.99 (0.000)	59.99 (0.000)	26.40 (0.000)	24.61 (0.000)	24.61 (0.000)
Robust LMsem										13.17 (0.000)	18.72 (0.000)	18.72 (0.000)	9.431 (0.002)	11.40 (0.001)	11.40 (0.001)	3.029 (0.082)	17.64 (0.000)	17.64 (0.000)

表6-18　　　　人均收入水平的绝对 β 收敛检验实证结果:农村居民

变量	SAR									SEM								
	1978—2009年			1978—1992年			1992—2009年			1978—2009年			1978—2009年			1978—1992年			1992—2009年		
	(37)	(38)	(39)	(40)	(41)	(42)	(43)	(44)	(45)	(46)	(47)	(48)	(49)	(50)	(51)	(52)	(53)	(54)
	Pooled	FE	RE	Pooled	FE	RE	Pooled	FE	RE	Pooled	FE	RE	Pooled	FE	RE	Pooled	FE	RE
intercept	0.1256 (0.005)	0.1504 (0.000)	0.125 (0.005)	0.6887 (0.000)	0.8929 (0.000)	0.7033 (0.000)	-0.083 (0.128)	-0.080 (0.206)	-0.084 (0.126)	0.2639 (0.000)	0.4669 (0.000)	0.3264 (0.000)	0.9313 (0.000)	1.4208 (0.000)	1.1495 (000)	-0.026 (0.728)	0.0257 (0.688)	-0.012 (0.873)
Linc_0	-0.018 (0.020)	-0.022 (0.006)	-0.018 (0.019)	-0.121 (0.000)	-0.158 (0.000)	-0.124 (000)	0.0180 (0.082)	0.0176 (0.107)	0.0182 (0.081)	-0.036 (0.005)	-0.072 (0.000)	-0.046 (0.000)	-0.161 (0.000)	-0.252 (0.000)	-0.201 (000)	0.0133 (0.298)	0.0046 (0.837)	0.0111 (0.405)
Wy	0.5769 (0.000)	0.5719 (0.000)	0.5759 (000)	0.4190 (000)	0.3689 (000)	0.4149 (000)	0.5509 (000)	0.5430 (000)	0.5479 (000)									
Wu										0.5829 (000)	0.6139 (000)	0.5921 (000)	0.4319 (000)	0.4559 (000)	0.4434 (000)	0.5539 (000)	0.5689 (000)	0.5604 (000)
统计检验																		
R-squared	0.3751	0.3867	0.3749	0.4440	0.4869	0.4472	0.3508	0.3611	0.3501	0.0273	0.0074	0.3912	0.3073	0.3930	0.4758	0.0339	0.0318	0.3447
sigma^2	0.0034	0.0035	0.0034	0.0051	0.0051	0.0051	0.0016	0.0017	0.0016	0.0034	0.0033	0.0034	0.0052	0.0047	0.0048	0.0016	0.0017	0.0016
log-likhood	507.3	511.1	507.3	200.4	208.0	200.4	357.5	359.2	357.5	508.4	516.8	509.3	198.7	212.0	200.4	356.	358.0	356.1
Obs	372	372	372	168	168	168	204	204	204	372	372	372	168	168	168	204	204	204
空间相关性检验																		
LMsar	158.2 (0.000)	162.4 (0.000)	162.4 (0.000)	31.31 (0.000)	25.55 (0.000)	25.55 (0.000)	65.28 (0.000)	65.09 (0.000)	65.09 (0.000)									
Robust LMsar	0.337 (0.561)	9.134 (0.003)	9.134 (0.003)	3.723 (0.054)	1.995 (0.158)	1.995 (0.158)	6.729 (0.009)	19.45 (0.000)	19.45 (0.000)									
LMsem										161.4 (0.000)	169.5 (0.000)	169.5 (0.000)	27.71 (0.000)	35.09 (0.000)	35.09 (0.000)	59.50 (0.000)	59.86 (0.000)	59.86 (0.000)
Robust LMsem										3.526 (0.060)	16.21 (0.000)	16.21 (0.000)	0.124 (0.724)	11.53 (0.001)	11.53 (0.001)	0.947 (0.330)	14.21 (0.000)	14.21 (0.000)

(2) 在 1978—2009 年的完整样本期间,城镇居民收入增长同样拒绝了绝对 β 收敛性。我们发现,这一时期人均收入增长率对初始收入水平的回归系数,在 SAR 的混合回归、个体固定效应和个体随机效应等三个模型中,均表现为正,但不具有统计显著性 [表 6-17 中的第 (19)、(20)、(21) 列];而在 SEM 模型,其回归系数虽然均为负值,但同样没有统计显著性 [表 6-17 中的第 (28)、(29)、(30) 列]。因此,无论是 SAR 模型还是 SEM 模型,均表明这一期间城镇居民收入增长不存在绝对 β 收敛性。

(3) 同理,在 1978—1992 年农村居民收入增长表现出了绝对 β 收敛性,其收入增长速度率与初始收入水平成负向关系,且统计显著 [表 6-18 中的第 (40)、(41)、(42)、(49)、(50)、(51) 列]。而在 1992—2009 年,农村居民收入增长则不存在绝对 β 收敛性,SAR 与 SEM 模型中,收入增长率对初期收入水平有回归系数均为正 [表 6-18 中的第 (43)、(44)、(45)、(52)、(53)、(54) 列];但整体上看,这一正的回归系数不具有统计显著性,因此表明这一时期农村居民收入增长不存在显著的发散性。

(4) 考察 1978—2009 年的完整样本,我们发现在整个样本期间,农村居民收入增长存在绝对 β 收敛性,但收敛系数值较小。这一结果具有稳健性,在 SAR 和 SEM 模型中,初始收入水平的回归系数均为负,且统计显著 [表 6-18 中的第 (37)、(38)、(39)、(46)、(47)、(48) 列]。这意味着从研究的整个样本来看,收入差距整体上趋于缩小。显然,这一结果,与分阶段的结果具有一致性。前面的分析表明,在 1978—1992 年,农村居民收入具有显著的绝对 β 收敛性;而在 1992—2009 年,收入增长拒绝了绝对 β 收敛性,但同时也表明这一阶段不存在显著的发散性。因此,综合的结果,从整个样本期间来看，收入增长存在绝对 β 收敛性。

（5）城乡居民收入增长的收敛性表现出不完全相同的特征：从分阶段来看，在 1992—2009 年，城镇居民收入存在显著的发散性；而农村居民收入尽管不存在绝对 β 收敛性，但并没有表现出显著的发散性；而在 1978—2009 的整个样本期间，农村居民收入表现出显著的绝对 β 收敛性；而城镇居民收入则不存在显著的收敛性。因此，整体上看，城镇居民收入较之农村居民收入具有更强的发散性，意味着城镇居民收入差距扩大的可能性以及程度，较之农村居民的为高。这一发现，契合了第 5 章中关于区域经济差距的产业影响的考察。在那里我们发现，改革开放后、特别是西部大开发政策实施以来，区域经济差距受第二、三产业影响，第一产业对区域经济差距的贡献整体较小。从产业布局来看，第二、三产业的主体在城镇，是城镇居民收入的主要来源；而农村居民的产业发展虽然日趋多元化，但整体上以第一产业为主。这样，第二、三产业是经济差距的主因的事实，就从产业的角度，对城镇居民收入差距比农村居民收入差距更有可能扩大给出了合理解释。

6.5 本章小结

本章在对区域经济空间相关性检验的基础上，基于空间面板数据模型（SPDM）的理论与方法，从人均产出与人均收入两个维度，采用绝对 β 收敛检验方程，对经济增长收敛性进行实证检验，具体考察西部地区经济差距的发展动因。研究获得了以下一些有价值的重要发现：

（1）本研究首先采用全局 Moran's I 指数和局部 Moran's I 指数，对西部地区的经济空间相关性进行检验。我们发现，整体上看，西部地区经济存在显著的空间相关性，近年来这种相关性的强度有所下降。而且,全局 Moran's I 指数显著为正,意味着整体上看,邻近地区之间的经济增长具有显著的正向依赖关系,从而可能出现"穷挨穷、富邻富"的区域格局。这一结论在局部 Moran's I 指数中得到了进一步验证。

(2)根据理论关系和经济现实,本研究设计了三种具有特定经济含义的经济空间权重矩阵:规模型经济空间权重、差距型经济空间权重、综合型经济空间权重,以反映区域间的经济联系。通过对不同的经济空间权重(实证中还包含了另外两种经济权重)在不同模型类型、不同效应类型、不同时间阶段中进行实证检验,并与简单地理空间权重矩阵的实证结果进行比较,研究发现:采用简单地理空间权重的结果,与采用复杂的经济空间权重结果之间,并不存在显著差异。虽然并未穷尽所有可能,但就通常的几种具有典型经济含义的经济权重,这一结果是稳健的。这一发现的重要意义在于,它表明区域经济关系的确主要表现在地理邻近的地区之间,且简单地理空间权重已经比较充分地实现了对空间相关性的测度与捕捉,因此,在经验分析中采用简单的地理空间权重具有合理性。

(3)从人均产出的角度对区域经济增长的收敛性进行考察,我们发现,在各个阶段下,西部地区经济增长均不存在绝对 β 收敛性。具体的,在 1978—1992 年,经济增长率虽然与初始经济水平存在负向关系,但这一关系不具有统计显著性,因而表明这一期间不存在绝对 β 收敛性;在 1992—2009 年与 1978—2009 年,经济增长率与初始经济水平成显著的正向关系,因此,经济增长的结果是发散而不是收敛。改革开放以来各阶段下经济增长不存在绝对 β 收敛性的事实,一方面契合了第 5 章中关于区域经济差距的"U"形曲线特征,佐证了其研究结论的可靠性;另一方面也论证了经济自然发展的结果将会导致区域经济差距的持续扩大,从而为实施旨在缩小经济差距、促进区域协调发展的宏观政策的必要性提供了理论支持。

(4) 人均收入作为反映经济发展水平的另一重要指标，是衡量居民生活水平的重要变量。通过对城乡居民的收入水平进行绝对 β 收敛检验，以从收入水平角度，对西部地区经济差距的发展动态进行考察。研究表明，从分阶段来看，在 1978—1992 年，城镇居民收入和农村居民收入均存在显著的绝对 β 收敛性；在 1992—2009 年，城镇居民收入与农村居民收入均不存在绝对 β 收敛性。而在整个样本（1978—2009 年）期间，农村居民收入增长表现出显著的绝对 β 收敛性，而城镇居民收入不存在绝对 β 收敛性。因此，整体上看，城镇居民收入较之农村居民收入具有更强的发散性，意味着城镇居民收入差距扩大的可能性以及程度，较之农村居民的为高。这一结论，与第 5 章中关于区域经济差距的产业影响考察具有内在一致性。

(5) 在空间面板数据模型（SPDM）的理论框架下，不论是从产出的角度，还是从收入的角度，在各个时段的各种效应的 SAR 模型中，空间滞后因子（Wy）对经济增长率均有显著为正的影响系数，表明经济增长在空间单元上相互间具有显著的正向依赖关系，表现出区域经济增长的空间示范效应。而在 SEM 模型中，扰动项的空间滞后因子（Wu）同样具有统计显著的正向影响，施加在某一个具体经济体上的冲击，将被传递到其他相关的经济体上，从而对其他经济体产生影响，体现出经济冲击的空间传递效应。空间示范效应与空间传递效应的显著存在，蕴含了邻近地区资源共享、要素流动及政策协调的必要性与合理性，对于区域经济协调发展具有重要的政策含义。

7
西部地区经济增长收敛的生成机制
——条件 β 收敛检验

第 6 章中对于经济增长的绝对 β 收敛性检验,从人均产出和人均收入增长速度与其初始条件的变动关系出发,考察经济差距的发展动因;研究结论整体上拒绝了人均产出的绝对 β 收敛性,预示着区域差距可能持续扩大。那么,如何才能促使经济增长收敛从而缩小区域差距?即经济增长的收敛机制是什么?这就是条件 β 收敛性检验的核心内容。因此,在绝对 β 收敛基础上,本章采用条件 β 收敛检验,对经济增长的收敛机制进行考察。

根据第 3 章关于收敛机制的理论设计,本章基于空间面板数据模型(SPDM)的理论与方法,采用条件 β 收敛检验方程,对 1978 年以来中国西部地区人均产出的增长收敛性及其生成机制进行实证检验,考察各收敛机制在经济增长收敛过程中的实际表现和作用,探寻收敛的实现路径。

7.1 SPDM框架下条件β收敛与收敛机制检验：模型设定

收敛机制的检验方程设定，是将决定经济增长收敛的外生因子，即收敛条件引入到SPDM中，构造条件β收敛性检验方程。在第4章关于条件β收敛检验方程的一般形式中式（4-32、4-33），如果将一般意义上的外生条件$X = (x_1, x_2, \cdots, x_k)$具体化，即可得到SPDM框架下的收敛机制检验方程。根据第3章的理论分析，收敛条件主要可归并为三种类型，分别是资源禀赋、技术水平和社会制度，对应三大收敛机制，即禀赋收敛机制、技术收敛机制和制度收敛机制，据此可以设定各收敛机制的实证检验方程。

本章采用SAR模型与SEM进行条件β收敛检验。检验模型设定如下：

7.1.1 禀赋收敛机制检验方程设定

禀赋收敛机制反映了在其他条件不变的情况下，由于资源禀赋数量和质量的不同，在促进经济增长从而促使区域收敛过程中的作用。从要素的角度看，影响经济增长的投入要素要主有三类，即资本、劳动和人力资本。将其引入检验方程，可以得到如下形式的反映要素收敛路径的检验方程：

（1）普通面板数据模型框架下禀赋收敛机制检验方程

$$Ln(\frac{y_{t+k,i}}{y_{t,i}}) = \alpha_i + \beta Lny_{t,i} + \theta_1^1 X_1^1 + \theta_0^1 X_0^1 + \varepsilon_{t,i} \qquad (7-1)$$

（2）SAR模型的禀赋收敛机制检验方程

$$Ln(\frac{y_{t+k,i}}{y_{t,i}}) = \alpha_i + \beta Ln\, y_{t,i} + \theta_1^1 X_1^1 + \theta_0^1 X_0^1 + \sum_{j=1}^{n} w_{ij} Ln(\frac{y_{t+k,j}}{y_{t,j}}) + \varepsilon_{t,i}$$
(7-2)

(3) SEM 模型的禀赋收敛机制检验方程

$$Ln(\frac{y_{t+k,i}}{y_{t,i}}) = \alpha_i + \beta Ln y_{t,i} + \theta_1^1 X_1^1 + \theta_0^1 X_0^1 + \varepsilon_{t,i}$$

$$\varepsilon_{t,i} = \sum_{j=1}^{n} w_{ij}\varepsilon_{t,j} + \eta_{t,i}$$
(7-3)

其中，$i = 1,2,\cdots,N$；$t = 1,2,\cdots,T$，$X_1^1 = (K,L,H)$ 表示资本、劳动和人力资本三个影响因子；X_0^1 表示除资本、劳动和人力资本以外的其他影响因子，是相对于 X_1^1 的控制变量。其余变量设定与第 6 章相同，即：k 表示时间周期，$Ln(\frac{y_{t+k,i}}{y_{t,i}})$ 表示第 i 个个体在第 t 期时的时期跨度为 k 的经济增长率；$Lny_{t,i}$ 表示第 i 个个体在期初 t 时经济发展水平，用经济变量（y）的对数来表示。

7.1.2 技术收敛机制检验方程设定

Krugman（1987）和 Jones（1997）等研究表明，技术的空间溢出效应是导致区域经济收敛的关键驱动力。因此，将技术因子单独列出，考察其在西部地区经济收敛过程中所体现的作用，这具有强烈的政策指导意义。引入技术水平后，得到反映技术路径的增长收敛检验方程：

(1) 普通面板数据模型框架下技术收敛机制检验方程

$$Ln(\frac{y_{t+k,i}}{y_{t,i}}) = \alpha_i + \beta Ln y_{t,i} + \theta_1^2 X_1^2 + \theta_0^2 X_0^2 + \varepsilon_{t,i} \quad (7-4)$$

(2) SAR 模型的技术收敛机制检验方程

$$Ln(\frac{y_{t+k,i}}{y_{t,i}}) = \alpha_i + \beta Ln\, y_{t,i} + \theta_1^2 X_1^2 + \theta_0^2 X_0^2 + \sum_{j=1}^{n} w_{ij} Ln(\frac{y_{t+k,j}}{y_{t,j}})$$

$$+ \varepsilon_{t,i} \tag{7-5}$$

(3) SEM 模型的技术收敛机制检验方程

$$Ln(\frac{y_{t+k,i}}{y_{t,i}}) = \alpha_i + \beta Lny_{t,i} + \theta_1^2 X_1^2 + \theta_0^2 X_0^2 + \varepsilon_{t,i}$$

$$\varepsilon_{t,i} = \sum_{j=1}^{n} w_{ij}\varepsilon_{t,j} + \eta_{t,i} \tag{7-6}$$

其中，X_1^2 表示技术水平影响因子；X_0^2 表示除技术水平以外的其他影响因子，是相对于 X_1^2 的控制变量。

7.1.3 制度收敛机制检验方程设定

社会制度对于经济增长的重要促进作用已经成为大多数经济学家的共识（Krueger，1974；Romer，1986，Hyamai，1998；Hall & Jones，1999）。特别是对于转型经济而言，良好的社会制度有助于经济增长。

社会制度的主要功能，体现在为经济创造和培育良好秩序的外部环境。作为一个综合因素，制度变量包含了众多因子。根据经济理论、经济现实和数据的可获得性，本书主要采取了以下六个制度因子：对外开放程度（Open）、金融发展水平（Finance）、产业结构（Industry）、利益分配制度（Govment）和工业非国有化率（Ownership），以及西部大开发政策虚拟变量（Policy）。将各制度变量引入模型后，得到制度收敛机制的检验方程：

(1) 普通面板数据模型框架下的制度收敛机制检验方程

$$Ln(\frac{y_{t+k,i}}{y_{t,i}}) = \alpha_i + \beta Lny_{t,i} + \theta_1^3 X_1^3 + \theta_0^3 X_0^3 + \varepsilon_{t,i} \tag{7-7}$$

(2) SAR 模型的制度收敛机制检验方程

$$Ln(\frac{y_{t+k,i}}{y_{t,i}}) = \alpha_i + \beta Ln\ y_{t,i} + \theta_1^3 X_1^3 + \theta_0^3 X_0^3 + \sum_{j=1}^{n} w_{ij}Ln(\frac{y_{t+k,j}}{y_{t,j}})$$

$$+ \varepsilon_{t,i} \qquad (7-8)$$

(3) SEM 模型的制度收敛机制检验方程

$$Ln(\frac{y_{t+k,i}}{y_{t,i}}) = \alpha_i + \beta Lny_{t,i} + \theta_1^3 X_1^3 + \theta_0^3 X_0^3 + \varepsilon_{t,i}$$

$$\varepsilon_{t,i} = \sum_{j=1}^{n} w_{ij}\varepsilon_{t,j} + \eta_{t,i} \qquad (7-9)$$

其中,X_1^3 表示制度变量;X_0^3 表示除制度变量以外的其他影响因子,是相对于 X_1^3 的控制变量。

7.2 数据来源及处理

本章从人均产出的角度对经济增长收敛性及其实现路径进行考察。人均产出具体以实际人均 GDP 表示,数据来自第 5 章,数据范围为 1978—2009 年。根据收敛的理论机制,本节重点对以下几类可能对经济增长率有显著影响的因子进行数据收集与整理,以此对收敛机制进行实证考察。

7.2.1 投入要素变量

经济增长中投入要素主要包括以下三类:资本、劳动和人力资本①。相应的数据来源及处理方法如下:

7.2.1.1 劳动投入(L)

以各地全年就业人口数表示劳动投入。其中,1978—2008 年的就业人数数据来源于《新中国六十年统计资料汇编》;2009 年的数据来源于西部地区各省(市、区)的统计年鉴(2010)。

---

① 尽管土地、地理环境、气候条件等自然禀赋对经济增长具有重要影响,但由于自然禀赋在短期内具有不可改变性,不是可控的经济变量。因此,本书以自然禀赋既定为前提,不对其进行具体考察。

对于劳动投入数据，主要存在以下三个方面的调整与处理：

（1）我国人口及就业数据统计，在1990年进行了统计口径的调整：在1990年前，将城镇单位就业人员、城镇个体就业人员和农村就业人员三块加总得到全社会的总就业人数；而从1990年起，利用人口调查资料来推算全部就业人数。故1990年前后数据口径并不一致，对于全国数据，没有对1990年以前的数据进行调整，而是沿用了历史公布的数据。这使得全国就业人数由1989年的55 329万人"猛增"到1990年的64 749万人，一年的增幅高达17.03%，这显然不符合经济社会发展的实际情况（1978年以来，所有其他年份就业每年增幅不超过3%）。在现有涉及就业研究的文献中，较少有人注意到这一异常变动；少数学者注意到了这一异常情况，并采取了一定的方法对数据进行调整，如宋国青（1999），采用了以2.2%为增长速度的方法对数据进行了调整；雷钦礼（2002）采用年度总人口乘以0.56来计算当年的就业人数；谭永生（2007）采用曲线拟合再进行回归分析的方法对就业人口数据序列进行了调整；吉彩红（2009）对1978—1989年的就业数据根据1982年人口普查数据进行了调整。

对于西部地区的12省（市、区），经检查发现，只有青海省的数据没有进行调整过，为此有明确注明："为了保持与《中国统计年鉴》口径一致，与历史数据有可比性，1990年及以后的就业人员总数是根据人口普查、人口和劳动力抽样调查的推算数，分产业就业人数按全面报表结构推算。"（《青海统计年鉴》（2010年））为此，需对青海省1978—1989年就业数据进行统计调整；而西部其余省（市、区）的年鉴上公布的就业数据已经调整，无需另行处理。

对青海省1978—1989年就业数据的调整，本研究采用的方法为：根据1990年以后人口总量与就业人数的关系，建立回归方程，利用所建立的方程拟合得到 1978—1989 年就业数据。由于回归方程的目的在于拟合数据，因此方程的优劣主要看其拟合优度；经过反复试探，得到最佳的拟合效果，然后运用所得到的回归模型对青海省 1978—1989 年的就业数据进行拟合，得到劳动力的估计数据。

（2）重庆市 1978—1984 年的数据缺失，采用与上述青海省相似的方法，建立回归方程。注意到《新中国六十年统计资料汇编》关于重庆市人口数据的注释"本表数据 1995 年以前为户籍人口数，1996 年起为常住人口数。"（《新中国六十年统计资料汇编》）为了反映这一统计口径变动的影响，加入虚拟变量 Dt，其取值设定为：Dt 的取值在 1996 以前取 0，其后取 1。

通过对模型的反复调整，得到具有最佳拟合效果的回归模型；用此模型对重庆市 1978—1984 年的就业数据进行拟合，得到劳动力的估计数据。

（3）内蒙古 1979 年的数据缺失，由于仅缺失这一个数据，故采用 1978 与 1980 年的简单平均得到。

经过上述调整和处理，得到西部 12 省（市、区）的 1978—2009 年的劳动就业人员数据表（见表 7-1）：

表 7-1　　　　西部地区年末劳动就业人数　　　（单位：万人）

地区 年份	内蒙古	广西	重庆	四川	贵州	云南	西藏	陕西	甘肃	青海	宁夏	新疆
1978	652.8	1455.8	1241.0	3087.0	1053.7	1313.4	93.1	1077.7	694.0	190.0	135.6	491.3
1979	675.6	1492.9	1264.0	3143.6	1060.6	1342.7	98.2	1104.5	713.0	194.4	139.5	497.3
1980	698.4	1550.0	1278.1	3259.7	1109.6	1404.2	101.1	1158.0	796.0	197.4	146.5	506.4
1981	731.2	1604.9	1315.2	3347.6	1153.0	1479.8	100.5	1202.2	842.0	200.3	149.7	523.9
1982	762.4	1667.7	1350.3	3467.5	1207.1	1543.6	102.1	1250.4	870.0	207.2	155.6	534.6
1983	798.8	1713.2	1371.8	3564.6	1234.2	1583.2	102.0	1285.3	993.8	207.1	162.6	545.8
1984	827.6	1776.4	1383.4	3643.1	1285.3	1620.3	104.6	1336.9	1047.0	212.7	169.8	558.8
1985	856.6	1830.5	1432.0	3743.1	1335.2	1672.3	105.7	1375.0	1081.4	216.2	177.4	565.8

表7-1(续)

年份\地区	内蒙古	广西	重庆	四川	贵州	云南	西藏	陕西	甘肃	青海	宁夏	新疆
1986	875.4	1895.8	1469.1	3885.8	1383.2	1731.4	107.4	1409.2	1098.9	224.7	183.1	574.7
1987	891.0	1961.0	1507.3	3967.4	1435.9	1777.5	107.8	1448.7	1139.7	228.9	190.9	584.9
1988	909.7	2012.0	1512.5	4090.1	1501.3	1826.9	107.2	1494.1	1178.8	232.8	197.4	593.7
1989	910.3	2046.3	1540.0	4179.6	1570.8	1880.7	107.6	1528.9	1214.0	236.5	203.5	599.6
1990	924.6	2108.5	1569.3	4265.2	1651.8	1922.7	107.9	1576.3	1292.4	241.3	211.2	617.7
1991	962.9	2170.8	1620.7	4425.1	1701.5	1989.5	109.7	1639.7	1302.4	245.2	219.2	638.5
1992	976.0	2217.0	1662.6	4521.2	1739.0	2032.5	110.9	1671.5	1305.9	249.2	225.9	646.9
1993	1008.2	2275.0	1659.0	4556.9	1779.0	2071.5	112.4	1707.6	1417.8	253.5	229.4	656.0
1994	1033.4	2336.0	1729.6	4588.0	1828.3	2108.7	114.0	1719.5	1438.8	257.5	232.7	657.5
1995	1029.4	2383.0	1709.3	4619.1	1812.2	2149.0	115.1	1747.5	1483.3	261.7	240.6	676.0
1996	1039.0	2417.0	1719.6	4627.2	1783.2	2186.2	117.7	1775.5	1521.5	266.0	245.4	684.0
1997	1050.3	2454.0	1715.4	4641.2	1796.7	2223.5	120.5	1791.6	1530.5	270.4	256.8	715.4
1998	1050.3	2499.5	1711.0	4651.4	1844.4	2240.6	120.1	1788.4	1539.8	274.8	254.8	680.9
1999	1056.7	2514.9	1699.1	4654.1	1832.5	2244.0	123.9	1808.0	1489.0	279.3	272.3	694.3
2000	1061.6	2566.0	1690.0	4658.1	1866.3	2295.4	124.2	1813.0	1476.5	283.9	275.5	672.5
2001	1067.2	2578.0	1680.2	4664.8	2068.2	2322.5	126.2	1785.0	1488.9	287.9	279.0	685.4
2002	1086.1	2589.0	1654.5	4667.6	2106.1	2341.2	130.2	1874.0	1500.6	291.3	282.4	701.5
2003	1005.2	2601.0	1634.8	4683.5	2145.0	2353.1	132.8	1912.0	1510.9	295.4	291.4	721.3
2004	1026.1	2631.8	1623.9	4691.0	2186.0	2401.4	137.3	1941.0	1520.5	296.6	298.1	744.5
2005	1041.1	2703.5	1611.6	4702.0	2220.0	2461.3	143.6	1976.0	1391.4	297.8	299.6	791.6
2006	1051.2	2760.0	1605.5	4715.0	2235.0	2517.5	148.2	2011.0	1401.4	303.9	308.1	811.8
2007	1081.5	2769.0	1620.9	4731.1	2280.0	2573.8	158.2	2041.0	1414.8	312.4	309.5	830.4
2008	1103.2	2799.0	1646.4	4740.0	2292.1	2638.4	163.5	2069.0	1446.3	317.2	303.9	847.6
2009	1142.5	2848.6	1668.8	4756.6	2322.5	2684.8	169.1	2094.0	1488.6	321.6	328.5	866.2

7.2.1.2 物质资本存量（K）

由于现行的各类统计资料并没有公布中国及各地区的物质资本存量的数据，在有关经济增长研究中，部分学者采取用当年固定资本投入总额作为资本投入的代理变量。这样的处理显然过于简化。因此，本部分首先将对西部各省（市、区）的物质资本存量进行测算。

1. 物质资本存量测算概述

对于物质资本存量的测算，目前广泛采用的方法是 Goldsmith 在 1951 年开创的永续盘存法（Perpetual Inventory Method，PIM）。其测算公式可以简单地表示为：

$$K_t = I_t + (1-\delta)K_{t-1} \qquad (7-10)$$

式中，K_t 为第 t 期的实际物质资本存量，I_t 为第 t 期的实际投资，δ 为资本的经济折旧率。由公式可知，根据永续盘存法原理计算得到的第 t 期的实际资本存量，等于第 t 期的实际投资，加上上一期资本存量经过折旧后转入这一期的净资本存量。因此，采用永续盘存法计算第 t 期的资本存量，需要首先确定以下四个关键变量：①当期投资；②投资品价格指数；③经济折旧率；④基期资本存量。为了保证数据计算的准确性，永续盘存法需要有足够长的时间序列，以消除由于基期资本估算的误差对后续资本存量序列的不利影响，国内通常将 1952 年设定为基期。本书采用这一研究惯例。

2. 除重庆市和四川省以外的西部省区资本存量测算

在采用 PIM 进行中国全国及省际资本存量估算的研究中，较近且具有代表性的有张军（2004，2006）和单豪杰（2008）。他们采用 PIM 对中国全国及 30 个省（市、区）（其中，四川和重庆合二为一）的 1952 年以来的资本存量进行了估算（其中张军估算了 1952—2000 年，单豪杰估算了 1952—2006）。本书借鉴单豪杰（2008）的研究方法，对上述所谓的最关键的变量分别确定如下：①以"固定资本形成总额"作为当年的投资额；②1952—2004 年以"固定资本形成总额价格指数"、2005—2009 以"固定资产投资价格指数"作为价格平减指数；③将资本的经济折旧率确定为 10.96%；④基期（1952 年）的初始资本存量确定方法为：采用 1953 年的资本形成总额比上折旧率与 1953—1957 年固定资产投资形成平均增长率之和。数据来源于《中国国内生产总值核算历史资料》（1952—1995）、《中国国内生产总值核算历史资料》（1952—2004）以及《中国统计年鉴》（2006—2010）。

在验算核实的基础上，对 1978—2006 年的数据直接引用自单豪杰（2008）的部分数据[①]。而对于 2007—2009 年的数据，根据《中国统计年鉴》（2008—2010）得到各地区的固定资本形成总额（当年价），收集得到并将"固定资产投资价格指数"作为价格平减指数；通过与 2006 年以前的价格指数进行变换处理，得到以 1952 年为基期的价格平减指数，由名义值除以价格指数得到 2007—2009 年的实际资本形成额。再采用 PIM，得到除重庆市与四川省之外的西部省区 2007—2009 年的实际资本存量估算值（见表 7-2）。

3. 重庆市与四川省资本存量测算

由于重庆直辖的时间较短，相关的原始资料缺乏，例如在《中国国内生产总值核算历史资料》（1952—1995）中，就并没有重庆单列的相关资本数据。所以，现有研究通常的做法是将重庆与四川合二为一［例如张军（2004）、单豪杰（2008）］，估算川渝总体上的资本存量。这一做法是在原始数据缺乏的情况下的无奈之举。但随着时间的延续，单独估算四川和重庆的资本存量成为一种必需；特别是在本研究中，专门针对西部地区进行考察，这种"合并"处理不再适用。为此，本研究将在借鉴单豪杰（2008）思想方法的基础上，对重庆和四川的资本存量序列单独进行估算。

（1）固定资本形成总额（当年价）的确定

1952—1995 年的固定资本形成总额，根据《中国国内生

[①] 南洋理工大学和南京大学合作项目中间成果，单豪杰博士执笔。南京大学沈坤荣教授和南洋理工大学陈抗教授审阅。发表于《数量经济技术经济研究》2008 年 10 期。

产总值核算历史资料》(1952—1995),得到包括重庆在内的四川(这一时期重庆隶属于四川省)总体上的支出法 GDP 核算中的"固定资本形成总额"(当年价)。我们假设这一时期资本形成总额与由支出法计算的 GDP 比例关系是一致的,则由《新中国六十年统计资料汇编》上得到重庆和四川省各自 1952—1995 年的支出法 GDP[①]分别计算重庆与四川各自占总和的比重系数,以此系数乘以川渝总体的资本存量,得到重庆与四川各自的资本形成总额(当年价),即采用如下公式计算:

$$\text{重庆(四川)资本形成总额} = \frac{\text{重庆(四川)支出法}\,GDP}{\text{川渝支出法}\,GDP} \times$$

川渝资本形成总额 $(t = 1952, 1953, \cdots, 1995)$ (7 - 11)

四川省 1996—2009 年的固定资本形成总额(当年价)可以从《四川统计年鉴》(2010)得到;重庆市的固定资本形成总额(当年价)可以从《重庆统计年鉴》(2010)得到。经整理得到重庆市与四川省 1952—2009 年的固定资本形成总额(当年价)。

(2)价格指数的确定

关于价格平减指数,由上述相关资料,得到 1952—1995 年川渝总体的固定资本形成总额指数(1952 年 = 1),和四川省 1996—2009 年的固定资本形成总额指数(1978 年 = 100),以及重庆市 1996—2009 年的固定资产投资价格指数。

$$\text{定义:第}\,t\,\text{期资本形成的名义发展速度} = \frac{\text{第}\,t\,\text{期资本形成}}{\text{基期资本形成}}$$

(7 - 12)

[①] 由于该资料编撰于 2009 年,故已经将四川与重庆的数据口径重新进行了调整。

$$第\ t\ 期资本形成的实际发展速度 = \frac{第\ t\ 期资本形成 / Pt}{基期资本形成}$$

(7-13)

实际发展速度即为资本形成的发展指数。由此可得：

$$第\ t\ 期资本形成的价格的指数 = \frac{t\ 期名义发展速度}{t\ 期实际发展速度}$$

$$= \frac{t\ 期资本形成 / 基期资本形成}{t\ 期资本形成指数}$$

(7-14)

由上述关系式，可以计算得到 1952—1995 年川渝总体上的价格指数（1952 年 = 1），以此分别作为四川省与重庆市 1952—1995 年的资本价格指数。并由上述关系式得到四川省 1996—2009 年的价格指数（转化为 1952 年 = 1）。重庆市由于缺乏固定资本形成总额指数，故 1996—2009 年的价格指数采用固定资产投资价格指数直接替代，并经计算转换为以 1952 年为基期的数据值。

由名义固定资本形成总额与价格平减指数，可以得到重庆市与四川省 1952—2009 年的实际固定资本形成总额。

（3）资本折旧率、基期资本存量的估算

采用单豪杰（2008）的估算方法，将资本折旧率设定为 10.96%；对于基期的资本存量水平，先计算川渝总体的初始资本存理，再由 GDP 份额，分别得到重庆市与四川省的 1952 年的初始资本存量。

（4）重庆与四川的资本存量估算结果

在得到初始资本存量和各年的实际资本形成后，根据折旧率，采用 PIM，可以计算得到 1952—2009 年重庆市及四川省的实际资本存量估算值（1952 年可比价）（见表 7-2）：

表 7-2　　　　西部地区物质资本存量估算　　　（单位：亿元）

地区 年份	内蒙古	广西	重庆	四川	贵州	云南	西藏	陕西	甘肃	青海	宁夏	新疆
1952	2.92	11.67	5.95	8.21	0.85	5.26	1.88	2.67	16.33	0.56	1.34	6.13
1953	4.07	14.52	7.12	9.72	1.42	5.94	2.50	4.48	21.97	0.93	1.59	7.27
1954	6.05	18.26	8.94	12.37	2.57	6.49	2.46	6.26	27.53	1.57	1.92	8.71
1955	7.03	22.55	10.59	15.21	3.05	6.93	2.27	8.81	33.61	2.60	2.21	11.15
1956	9.59	26.09	12.83	19.32	4.74	7.62	2.21	15.26	49.04	6.01	2.81	13.80
1957	11.88	27.54	15.56	25.50	6.23	8.20	1.98	19.16	60.30	7.47	3.26	16.58
1958	22.76	32.96	19.21	32.47	13.64	11.10	2.04	25.50	80.60	8.37	4.47	20.22
1959	33.20	41.32	28.97	46.77	21.10	13.53	1.91	35.23	101.67	13.56	6.03	25.89
1960	46.23	47.78	37.32	53.99	25.14	15.32	2.50	45.52	120.81	17.45	7.52	33.69
1961	44.89	47.13	33.31	48.23	23.49	15.38	2.52	42.75	112.93	16.73	7.60	34.50
1962	42.78	45.68	30.09	43.81	21.33	14.46	2.47	38.76	103.76	15.49	7.35	33.41
1963	42.27	45.60	28.80	43.01	20.75	14.05	2.41	36.30	97.83	14.45	7.32	33.89
1964	43.49	46.12	29.12	44.82	22.81	14.44	2.47	37.05	98.06	13.82	8.04	35.77
1965	46.39	48.13	33.96	54.71	30.62	15.54	2.76	40.98	107.85	13.80	9.19	38.81
1966	48.58	52.93	41.82	71.52	39.00	16.78	3.19	48.49	115.36	14.89	10.95	40.86
1967	46.71	52.94	44.17	79.29	41.33	16.92	3.42	50.26	119.80	14.98	12.53	41.18
1968	45.74	54.29	41.69	77.15	42.42	18.22	3.22	48.83	122.71	15.01	12.97	40.24
1969	44.89	60.05	44.49	88.04	45.04	19.00	3.21	55.42	127.76	16.07	14.08	40.22
1970	47.20	66.30	51.52	107.37	53.96	19.85	3.44	75.05	136.55	17.64	16.43	42.10
1971	50.04	74.72	57.05	119.29	69.81	20.36	3.96	100.18	145.87	18.78	19.42	44.03
1972	51.84	81.66	61.53	130.78	79.31	20.66	4.46	120.92	151.57	23.11	21.94	45.06
1973	54.49	88.57	66.08	143.16	82.49	20.90	4.97	137.36	157.73	23.50	24.43	47.50
1974	58.30	93.54	69.54	154.37	82.41	20.96	5.15	148.55	164.65	22.89	26.63	51.13
1975	62.45	100.33	78.11	174.99	84.71	21.35	5.53	159.20	173.09	22.95	30.31	53.62
1976	67.25	105.48	79.61	182.39	84.92	21.50	5.86	164.56	179.81	23.27	32.71	56.49
1977	72.58	111.86	82.58	194.63	87.19	21.92	6.31	172.23	185.15	24.97	35.65	61.93
1978	81.10	119.19	89.35	216.66	96.01	22.36	7.03	183.68	203.38	28.63	38.25	70.48
1979	89.78	124.20	95.91	237.27	103.68	23.58	7.84	197.58	217.60	33.50	41.15	80.57
1980	95.64	132.56	101.03	253.56	109.10	24.57	8.32	210.98	218.92	35.32	42.35	90.01
1981	100.61	137.66	104.72	265.22	113.83	24.94	8.29	223.90	214.98	36.06	41.82	99.61
1982	110.41	135.79	109.82	281.50	119.95	25.23	8.50	236.55	213.39	39.24	42.91	113.59
1983	127.80	138.10	116.76	303.61	129.27	25.27	8.84	246.54	216.01	40.63	44.69	129.94
1984	151.13	146.20	126.24	331.09	142.80	25.93	10.88	274.24	226.63	42.09	47.24	148.77

表7-2(续)

地区 年份	内蒙古	广西	重庆	四川	贵州	云南	西藏	陕西	甘肃	青海	宁夏	新疆
1985	178.96	156.89	138.18	366.25	162.85	26.68	14.18	323.40	250.04	46.18	53.13	170.16
1986	198.42	172.36	149.70	397.84	176.24	27.55	15.71	393.88	279.09	49.40	59.28	190.56
1987	218.79	187.81	164.17	440.35	189.63	28.63	16.93	447.52	309.98	54.04	65.37	206.46
1988	247.95	194.04	174.86	470.92	203.68	30.21	17.94	501.97	334.23	58.78	69.36	228.46
1989	266.49	198.81	175.94	473.46	210.30	31.44	19.09	541.44	357.86	61.01	71.27	248.17
1990	284.95	200.20	177.01	482.03	219.53	33.46	20.47	572.72	379.86	65.24	73.58	278.08
1991	322.75	205.07	182.32	502.74	230.20	38.11	22.78	604.55	404.60	68.83	77.45	315.74
1992	375.46	219.01	193.74	535.62	242.19	44.84	25.28	643.58	433.52	72.91	82.40	372.36
1993	442.30	266.37	215.53	592.54	255.43	52.98	28.13	694.13	468.29	77.58	89.84	437.01
1994	504.52	324.61	242.24	660.83	274.86	61.31	30.83	750.28	515.37	82.16	96.82	512.39
1995	565.89	382.58	276.95	735.68	291.11	69.70	36.81	815.61	568.81	88.11	103.57	585.56
1996	644.80	443.83	305.07	819.37	314.26	79.39	40.10	886.77	631.89	98.41	110.06	660.40
1997	740.15	498.88	343.59	907.02	345.66	91.81	43.81	964.10	711.88	112.49	117.90	732.88
1998	834.68	564.60	401.13	1023.37	388.04	107.81	47.37	1113.93	791.62	120.58	129.02	817.12
1999	931.85	640.45	459.85	1147.15	440.22	123.04	55.46	1265.22	893.06	140.05	143.87	904.14
2000	1037.61	715.01	521.81	1288.92	498.62	135.44	64.55	1437.93	1020.84	163.33	162.25	1007.40
2001	1162.54	792.26	598.02	1444.69	578.02	147.98	76.81	1621.29	1185.16	194.81	185.45	1116.34
2002	1374.50	883.13	694.44	1623.55	668.96	162.41	92.52	1826.84	1373.45	231.24	213.11	1260.94
2003	1796.37	991.59	827.46	1836.96	770.77	181.91	112.36	2118.70	1583.11	271.45	254.15	1440.15
2004	2383.26	1139.69	983.89	2083.27	875.60	205.42	135.28	2422.36	1825.62	313.23	299.84	1631.77
2005	3238.57	1346.61	1172.93	2383.02	993.06	236.80	160.62	2815.33	2096.40	359.90	351.36	1860.25
2006	4233.62	1623.83	1379.34	2759.76	1128.53	275.91	189.75	3345.37	2398.23	409.89	409.34	2146.32
2007	5459.19	1980.01	1612.40	3213.22	1283.66	321.42	221.54	3934.58	2750.32	465.13	477.31	2426.51
2008	6868.37	2385.65	1847.95	3728.87	1460.68	356.76	252.87	4768.30	3266.72	524.20	567.98	2675.60
2009	8819.66	3112.74	2146.15	4376.31	1683.67	413.93	294.26	5715.04	3739.89	614.83	702.73	2965.83

7.2.1.3 人力资本（H）

人力资本是凝聚在人体内的知识、技能和其他素质的总和，它是无形的，却又有客观的物质实体内容。人力资本表现为劳动者进行生产时的知识、技能、能力等，这些知识和技能主要通过教育程度的提高来实现，所以对于个人和社会来讲，劳动者的受教育程度与人力资本密切相关。目前国内大多数学者测度人力资本存量大致采用以下三类方法：①投入法（成本法）；②产出法，也称未来收益法；③受教育年限法。

实际研究中，受教育年限法得到广泛采用。本部分采用简单受教育年限法，对西部地区人力资本存量进行测度。其中，平均人力资本水平的计算公式如下：

$$h_t = \sum_{i=1}^{5} r_{it} \cdot e_i \tag{7-15}$$

其中，r_{it} 表示 t 时期受到第 i 层次教育的就业人数比重，e_i 表示第 i 层次教育的平均年限。这里将其取值设定为：

$$e_i = \begin{cases} 1 & \text{文盲和半文盲(不识字或识字很少)} \\ 6 & \text{小学} \\ 9 & \text{初中} \\ 12 & \text{高中(包括中专,职业高中)} \\ 16 & \text{大专及以上} \end{cases} \tag{7-16}$$

中国的各种教育层次的就业人员的比重数据，由1996年起开始正式发布。1996—2005年的数据由《中国劳动统计年鉴》（1997—2006）得到；2006—2009年的数据根据《中国人口和就业统计年鉴》（2008—2010）得到。

根据就业人员的教育层次的比重，采用公式（7-15），可以得到1996—2009年的西部地区就业人员的平均受教育年限，以此作为平均人力资本水平。

根据1990年第四次人口普查数据，可以得到1990年的就业人员的教育层次比重（数据见于《中国统计年鉴》（1992））。据此，可以得到1990年的各地区的平均人力资本。

再依据1982年第三次人口普查数据，可以得到各地每千人（12周岁以上）中的受相应教育程度的人数。可以将其作为就业人员的教育程度的替代变量。据此得到1982年的各地平均人力资本。

1991—1995年的数据，根据1990年与1996年的数据，采用简单的几何增长率的方法，推导得到；同理，1983—1989年的数据，根据1982年与1990年的数据，采用简单几何增长率推导得出；而1978—1981年的数据，则1982年与1990简单几何增长率，用1982年的数据反向推导得出。

在上述数据中，1997年以前重庆隶属于四川，因此，凡涉及重庆的相应的比重数据，均用四川省的数据替代。

经整理，得到西部地区平均人力资本水平（见表7-3）；并通过与总就业人数作乘积，得到西部地区总人力资本存量（见表7-4）：

表7-3　　　　　西部地区平均人力资本水平　　　（单位：年）

地区 年份	内蒙古	广西	重庆	四川	贵州	云南	西藏	陕西	甘肃	青海	宁夏	新疆
1978	5.602	5.847	5.156	5.156	4.368	4.147	2.793	5.569	4.562	4.773	4.894	5.533
1979	5.686	5.891	5.236	5.236	4.428	4.219	2.796	5.645	4.627	4.823	4.970	5.624
1980	5.771	5.936	5.317	5.317	4.489	4.293	2.800	5.722	4.694	4.874	5.046	5.716
1981	5.857	5.981	5.399	5.399	4.550	4.367	2.803	5.800	4.761	4.925	5.124	5.809
1982	5.944	6.027	5.483	5.483	4.613	4.443	2.806	5.879	4.830	4.977	5.202	5.904
1983	6.033	6.072	5.568	5.568	4.676	4.520	2.810	5.959	4.899	5.029	5.282	6.001
1984	6.123	6.118	5.654	5.654	4.740	4.599	2.813	6.040	4.970	5.082	5.364	6.099
1985	6.215	6.165	5.742	5.742	4.805	4.679	2.816	6.122	5.041	5.136	5.446	6.199
1986	6.307	6.212	5.831	5.831	4.871	4.760	2.819	6.205	5.114	5.190	5.530	6.301
1987	6.401	6.259	5.921	5.921	4.938	4.843	2.823	6.290	5.187	5.245	5.615	6.404
1988	6.497	6.306	6.013	6.013	5.006	4.927	2.826	6.375	5.262	5.300	5.701	6.508
1989	6.594	6.354	6.106	6.106	5.075	5.012	2.829	6.462	5.337	5.356	5.789	6.615
1990	6.692	6.403	6.201	6.201	5.144	5.099	2.833	6.550	5.414	5.412	5.878	6.723
1991	6.863	6.537	6.314	6.314	5.284	5.247	2.898	6.694	5.547	5.415	6.068	6.925
1992	7.038	6.675	6.429	6.429	5.427	5.398	2.964	6.840	5.683	5.418	6.264	7.133
1993	7.218	6.816	6.546	6.546	5.575	5.554	3.032	6.991	5.823	5.421	6.466	7.347
1994	7.402	6.960	6.666	6.666	5.726	5.714	3.102	7.144	5.966	5.425	6.675	7.567
1995	7.590	7.106	6.787	6.787	5.881	5.878	3.173	7.301	6.113	5.428	6.891	7.794

7 西部地区经济增长收敛的生成机制——条件β收敛检验

表7-3(续)

地区 年份	内蒙古	广西	重庆	四川	贵州	云南	西藏	陕西	甘肃	青海	宁夏	新疆
1996	7.784	7.256	6.911	6.911	6.041	6.048	3.246	7.461	6.263	5.431	7.114	8.028
1997	7.757	7.184	7.018	7.035	6.187	6.217	3.443	7.748	6.611	5.172	6.907	8.131
1998	8.043	7.379	7.073	7.204	5.967	6.159	3.165	7.644	6.418	5.222	6.992	8.159
1999	7.951	7.377	7.375	7.005	6.378	6.180	2.757	7.805	6.757	6.445	7.089	8.705
2000	8.254	8.003	7.381	7.243	6.240	6.577	3.801	8.127	6.775	6.443	7.502	8.354
2001	8.266	8.184	7.543	7.652	6.825	6.523	3.983	8.181	7.163	6.388	7.825	8.566
2002	8.439	8.063	7.754	7.749	7.041	6.485	4.337	7.898	7.104	6.700	7.928	9.095
2003	8.320	8.295	7.951	7.873	7.321	6.349	3.572	8.600	7.387	7.246	7.820	9.029
2004	8.749	8.620	7.576	7.865	7.377	7.233	4.399	8.898	7.712	7.295	8.304	9.041
2005	8.835	8.248	7.735	7.187	6.660	6.699	3.985	8.532	7.158	7.174	7.913	8.876
2006	8.565	8.435	7.755	7.340	6.742	6.914	4.119	8.511	6.788	7.366	7.969	8.761
2007	8.652	8.447	7.959	7.618	7.036	6.924	4.673	8.617	7.004	7.485	8.113	8.879
2008	8.695	8.446	8.012	7.630	7.309	7.100	4.650	8.728	7.274	7.561	8.490	8.954
2009	8.798	8.521	8.122	7.894	7.304	7.178	4.536	8.728	7.343	7.698	8.517	9.046

表7-4　　　　　西部地区人力资本总存量　　　（单位：人*年）

地区 年份	内蒙古	广西	重庆	四川	贵州	云南	西藏	陕西	甘肃	青海	宁夏	新疆
1978	3657.1	8512.0	6398.2	15915.9	4602.2	5447.2	260.0	6001.8	3166.0	906.7	663.9	2718.2
1979	3841.4	8795.2	6617.9	16458.8	4696.1	5665.4	274.7	6234.8	3299.4	937.6	693.4	2796.5
1980	4030.3	9200.9	6795.4	17331.3	4980.6	6027.8	283.2	6625.7	3736.4	962.2	739.3	2894.2
1981	4282.6	9599.2	7101.2	18074.6	5246.1	6462.7	281.6	6972.3	4009.1	986.6	767.0	3043.5
1982	4531.9	10050.5	7403.6	19012.2	5567.7	6858.4	287.8	7350.5	4202.0	1031.4	809.5	3156.4
1983	4819.2	10403.1	7638.1	19847.5	5771.0	7156.6	286.6	7658.5	4868.9	1041.5	859.0	3275.1
1984	5068.7	10868.8	7822.0	20599.2	6092.7	7451.5	294.3	8074.3	5203.3	1080.9	910.6	3408.0
1985	5323.3	11284.9	8222.6	21492.6	6415.9	7824.2	297.7	8417.4	5451.4	1110.6	966.1	3507.5
1986	5521.4	11776.2	8566.4	22657.9	6737.8	8241.4	302.7	8744.2	5619.3	1166.3	1012.3	3620.8
1987	5703.7	12273.7	8925.4	23492.4	7090.5	8607.9	304.2	9111.6	5911.7	1200.5	1071.6	3745.4
1988	5910.3	12688.5	9094.8	24594.2	7515.6	9000.8	303.1	9525.1	6202.3	1233.8	1125.5	3864.5
1989	6002.5	13002.8	9404.0	25522.0	7971.6	9426.8	304.3	9879.6	6479.3	1266.6	1178.1	3966.0

199

表7-4(续)

地区 年份	内蒙古	广西	重庆	四川	贵州	云南	西藏	陕西	甘肃	青海	宁夏	新疆
1990	6187.8	13 499.8	9731.5	26 448.6	8497.3	9804.7	305.6	10 324.5	6996.9	1305.6	1241.2	4153.0
1991	6608.5	14 191.6	10 233.0	27 940.4	8990.6	10 437.9	318.0	10 975.4	7224.3	1327.9	1330.1	4421.5
1992	6869.2	14 799.0	10 689.0	29 067.7	9438.5	10 971.1	328.8	11 433.8	7421.8	1350.4	1414.7	4614.5
1993	7276.8	15 506.2	10 860.1	29 831.3	9917.5	11 504.1	340.7	11 937.1	8255.0	1373.4	1483.3	4819.3
1994	7648.9	16 257.6	11 528.7	30 582.4	10 468.8	12 048.4	354.7	12 284.1	8584.1	1396.8	1553.2	4975.7
1995	7813.6	16 934.2	11 601.2	31 351.0	10 658.3	12 632.8	365.2	12 759.6	9067.2	1420.5	1658.0	5268.9
1996	8087.6	17 537.8	11 883.0	31 978.6	10 772.3	13 222.1	382.1	13 247.8	9528.9	1444.7	1745.5	5491.2
1997	8147.2	17 629.5	12 038.7	32 650.8	11 116.2	13 823.5	414.8	13 881.3	10 116.9	1398.4	1773.7	5816.9
1998	8447.6	18 440.1	12 101.7	33 508.7	11 005.7	13 799.9	380.5	13 670.5	9882.4	1435.1	1781.8	5555.6
1999	8401.8	18 552.4	12 530.6	32 603.4	11 687.7	13 867.9	341.6	14 111.4	10 061.2	1800.2	1930.3	6044.2
2000	8762.6	20 534.6	12 473.5	33 740.2	11 646.5	15 097.6	472.0	14 733.8	10 002.5	1829.3	2066.7	5618.4
2001	8819.9	21 097.9	12 674.9	35 694.3	14 113.8	15 150.8	503.2	14 603.5	10 665.8	1835.4	2183.1	5871.2
2002	9165.6	20 875.1	12 829.1	36 169.2	14 315.3	15 183.3	564.7	14 800.9	10 660.2	1951.8	2238.9	6380.1
2003	8363.3	21 575.3	12 998.1	36 873.2	15 703.5	14 941.1	474.4	16 443.2	11 160.6	2140.3	2278.7	6512.3
2004	8977.8	22 685.4	12 302.6	36 894.7	16 126.1	17 370.3	604.1	17 271.8	11 725.5	2163.5	2475.5	6730.7
2005	9198.1	22 293.8	12 466.0	33 793.9	14 784.8	16 489.2	572.3	16 860.2	9960.0	2136.4	2370.6	7026.5
2006	9003.2	23 281.9	12 451.1	34 606.7	15 069.0	17 407.8	610.5	17 114.8	9512.7	2238.8	2455.3	7112.0
2007	9357.7	23 390.6	12 899.8	36 039.2	16 042.6	17 820.7	739.0	17 587.1	9908.6	2338.6	2511.1	7373.1
2008	9593.5	23 640.1	13 190.9	36 164.5	16 754.1	18 733.4	760.3	18 058.0	10 521.1	2398.1	2580.0	7589.6
2009	10 051.7	24 273.5	13 554.2	37 547.4	16 962.2	19 271.4	766.8	18 276.9	10 931.6	2475.4	2797.7	7834.8

7.2.2 技术水平变量

7.2.1.1 DEA方法的技术水平测算

以全要素生产率(TFP)表示生产的技术水平,它反映了除投入要素之外的经济增长的所有综合影响因素。对于TFP的测度,主要有非参数方法的数据包络分析(DEA),与参数方法的随机前沿分析(SFA)。由于DEA直接从数据挖掘的角度,放弃了对生产函数形式已知的假设,可以避免因为对生产函数的主观假设所可能带来的偏误,故本部分拟采用DEA方法,对西部地区的生产技术水平进行测度。

采用 DEA 方法测算 TFP，主要是基于距离函数。如果将生产技术用产出集来 $P(x)$ 定义，q 表示所有产出的向量集，x 表示可能生产的投入向量，则有：

$$P(x) = \{q : x \text{ 能生产 } q\} \qquad (7-17)$$

以产出最大化为目标的产出距离函数被定义在产出集 $P(x)$ 上，有：

$$d_o(x,q) = \min\{\delta : (q/\delta) \in P(x)\} \qquad (7-18)$$

当产出向量 q 在生产可行集 $P(x)$ 上时，距离函数 $d_o(x,q)$ 的取值将在 0～1 之间；当 q 在生产可能集的外边界上时，距离函数值为 1；当 q 位于生产可行集以外时，距离函数值大于 1。

基于上述定义的距离函数，Malmquist-TFP 指数通过计算每一数据点相对于一般技术水平的距离比率，测度两个数据点之间 TFP 的变化。在产出最大化的设定之下，基于 s 期技术，从 s 期（基期）到 t 期的产出导向的 Malmquist-TFP 指数定义如下：

$$M_o^s(q_s, q_t, x_s, x_t) = \frac{d_o^s(q_t, x_t)}{d_o^s(q_s, x_s)} \qquad (7-19)$$

同理，如果基于 t 期技术，从 s 期（基期）到 t 期的产出导向的 Malmquist-TFP 指数定义为：

$$M_o^t(q_s, q_t, x_s, x_t) = \frac{d_o^t(q_t, x_t)}{d_o^t(q_s, x_s)} \qquad (7-20)$$

为了避免由于技术时期选择的不同而引起的不一致，取二者的几何平均值：

$$M_o(q_s, q_t, x_s, x_t) = (M_o^s(q_s, q_t, x_s, x_t) \times M_o^t(q_s, q_t, x_s, x_t))^{\frac{1}{2}}$$

$$= \left[\frac{d_o^s(q_t, x_t)}{d_o^s(q_s, x_s)} \times \frac{d_o^t(q_t, x_t)}{d_o^t(q_s, x_s)}\right]^{\frac{1}{2}} \qquad (7-21)$$

这即是通常意义上的产出导向的 Malmquist-TFP 指数。

这里 $d_o^s(q_t, x_t)$ 表示基于 s 期技术，从 s 期（基期）到 t 期的产出导向的距离函数。M_o 的值大于 1 表明从 s 期到 t 期实际 TFP 在增长，否则在下降。

通过对公式（7-21）进行数学变换，从括号内提出一个产出导向的 s 期和 t 期之间的 Farrell 技术效率比率，剩下部分被用来测度技术改变，Malmquist – TFP 生产率指数等价表示为：

$$M_o(q_s, q_t, x_s, x_t) = \left[\frac{d_o^t(q_t, x_t)}{d_o^s(q_s, x_s)} \right]$$
$$\times \left[\frac{d_o^s(q_t, x_t)}{d_o^t(q_t, x_t)} \times \frac{d_o^s(q_s, x_s)}{d_o^t(q_s, x_s)} \right]^{\frac{1}{2}}$$

(7-22)

根据 Farrell（1957）的定义，式（7-22）右边第一个方括号所表示的是从 s 期到 t 期的效率变化；第二个方括号所表示的几何平均值表示技术变动。即：

$$\text{效率变化}: eff\_ch = \frac{d_o^t(q_t, x_t)}{d_o^s(q_s, x_s)} \quad (7-23)$$

$$\text{技术进步}: tech\_ch = \left[\frac{d_o^s(q_t, x_t)}{d_o^t(q_t, x_t)} \times \frac{d_o^s(q_s, x_s)}{d_o^t(q_s, x_s)} \right]^{\frac{1}{2}}$$

(7-24)

TFP 变动 = 效率变化 × 技术进步

设定某一年为基期，将其技术水平设定为 1；则由 TFP 的变动值，可以计算各地相对于基期的 TFP 的水平值。

7.2.2.2 技术水平计算结果：TFP 水平值

根据以上理论方法，由 1978—2009 年的产出（实际 GDP）和投入（物资资本存量、劳动力和人力资本），采用生产率计算软件包 DEAP2.1（Coelli，1996），计算得到各地各年的技术效率变动、技术进步以及全要素生产率变动率。并将

1978 年设为基期（其相对效率设定为 1），则据此可以推算出以 1978 年为基期的各地各年全要素生产率水平（见表 7-5）：

表 7-5　西部地区全要素生产率（TFP）水平

年份\地区	内蒙古	广西	重庆	四川	贵州	云南	西藏	陕西	甘肃	青海	宁夏	新疆
1978	1.000	1.000	1.000	1.000	1.000	1.000	1.000	1.000	1.000	1.000	1.000	1.000
1979	1.010	0.996	1.051	1.033	1.049	0.983	1.001	1.034	0.973	0.877	1.018	1.041
1980	0.969	1.038	1.085	1.065	1.039	1.016	1.175	1.044	0.937	1.006	1.031	1.070
1981	1.016	1.077	1.106	1.061	1.057	1.061	1.423	1.037	0.799	0.968	1.014	1.104
1982	1.107	1.203	1.149	1.112	1.160	1.192	1.395	1.073	0.830	1.034	1.046	1.171
1983	1.075	1.213	1.205	1.159	1.226	1.270	1.307	1.106	0.823	1.133	1.138	1.281
1984	1.093	1.232	1.319	1.219	1.350	1.410	1.491	1.212	0.876	1.240	1.220	1.404
1985	1.121	1.295	1.330	1.265	1.313	1.536	1.551	1.256	0.928	1.306	1.354	1.543
1986	1.095	1.290	1.358	1.247	1.297	1.537	1.343	1.176	0.959	1.327	1.399	1.629
1987	1.109	1.329	1.339	1.271	1.349	1.657	1.307	1.171	0.960	1.310	1.427	1.706
1988	1.115	1.343	1.411	1.294	1.374	1.829	1.339	1.296	1.021	1.324	1.524	1.765
1989	1.090	1.358	1.443	1.302	1.371	1.855	1.418	1.258	1.047	1.296	1.579	1.790
1990	1.112	1.414	1.505	1.380	1.354	1.914	1.503	1.235	1.035	1.274	1.576	1.863
1991	1.080	1.528	1.572	1.432	1.405	1.847	1.418	1.251	1.048	1.282	1.558	1.958
1992	1.079	1.722	1.738	1.537	1.445	1.831	1.435	1.284	1.092	1.320	1.591	2.068
1993	1.066	1.858	1.912	1.650	1.516	1.816	1.561	1.352	1.115	1.385	1.634	2.165
1994	1.069	1.940	1.998	1.738	1.545	1.840	1.703	1.383	1.146	1.436	1.650	2.351
1995	1.084	1.981	2.120	1.818	1.604	1.873	1.850	1.429	1.164	1.475	1.690	2.422
1996	1.123	1.981	2.234	1.903	1.679	1.895	1.972	1.482	1.197	1.485	1.770	2.475
1997	1.128	2.031	2.339	1.991	1.723	1.876	2.025	1.527	1.184	1.497	1.817	2.532
1998	1.132	2.061	2.356	2.038	1.778	1.848	2.325	1.553	1.218	1.542	1.861	2.851
1999	1.137	2.090	2.330	2.089	1.762	1.830	2.617	1.552	1.214	1.402	1.837	2.797
2000	1.150	2.029	2.379	2.106	1.797	1.795	2.240	1.546	1.214	1.370	1.828	3.164
2001	1.170	2.068	2.403	2.112	1.648	1.852	2.272	1.566	1.178	1.355	1.811	3.287
2002	1.161	2.196	2.448	2.195	1.638	1.873	2.226	1.596	1.168	1.325	1.813	3.274
2003	1.273	2.262	2.490	2.291	1.643	1.920	2.585	1.560	1.157	1.292	1.818	3.418

表7-5(续)

地区 年份	内蒙古	广西	重庆	四川	贵州	云南	西藏	陕西	甘肃	青海	宁夏	新疆
2004	1.355	2.318	2.627	2.445	1.707	1.868	2.326	1.585	1.152	1.314	1.767	3.572
2005	1.603	2.476	2.658	2.721	1.912	1.914	2.531	1.646	1.229	1.349	1.801	3.672
2006	1.949	2.533	2.743	2.852	2.017	1.912	2.587	1.662	1.260	1.380	1.819	3.749
2007	2.196	2.670	2.878	2.980	2.114	1.945	2.476	1.710	1.267	1.420	1.845	3.992
2008	2.457	2.758	3.033	3.087	2.173	1.984	2.537	1.734	1.227	1.480	1.841	4.252
2009	2.674	2.733	3.176	3.217	2.262	2.018	2.657	1.734	1.226	1.456	1.747	4.316

7.2.3 制度变量

根据经济理论和西部地区的实际情况,以及数据的可获得性,本部分重点考虑以下六个制度变量;其中前五个为经济变量,第六个表示西部大开发政策,为政策虚拟变量。

7.2.3.1 对外开放度

1978年改革开放政策实施以来,区域开放度的不断提升是各地经济发展的重要动力之一。为了反映这一重要情况,引入对外开放度,用对外进出口总额与地区生产总值(当年价)之比来表示。计算公式为:

$$对外开放度 = \frac{对外进出口总额}{地区生产总值} \times 100\% \qquad (7-25)$$

1978—2008年的数据由《新中国六十年统计资料汇编》;2009年的数据由各地统计年鉴(2010年)得到。其中,需要处理的有:

(1) 重庆1978—1986年的数据缺失。考虑到这一时期重庆隶属于四川省,因此其对外开放度与四川省的整体水平具有一致性,故用四川省数据代替。

(2) 陕西省1978—1984年,进出口总额数据缺失,但有出口数据。根据其最近的1985—1989年的进出口之比例关系,算出期间的平均进出口比;然后用出口数据与此比例关系,计算得到 1978—1985 年间的进口数据;进一步得到进出口总额的数据估算值。

(3) 内蒙古 1979 年的进出口总额缺失。考虑到仅此一年的数据缺失,故采用 1978 年与 1980 年的简单平均,补充得到。

(4) 由《新中国六十年统计资料汇编》得到的四川省 2003 年与 2004 年的数据存在明显的编辑错误。经由《四川省统计年鉴》(2010)修正了这一数据。

由于所得数据单位为"万美元",需要用汇率进行换算。其中,1978—1984 年的汇率数据由《新中国六十年统计资料汇编》中的"表 1-51 全国进出口贸易总额"分别以人民币和美元计价的进出口总额的关系折算得到;1985—2009 年的数据由《中国统计年鉴》(2010)的"表 6-2 人民币汇率(年平均价)"得到。

由汇率数据,将以美元标价的进出口总额换算为人民币计价的数据,得到进出口总额数据;按公式计算得到对外开放度(见表 7-6):

表 7-6　　　　　西部地区对外开放度　　　　(单位:%)

年份\地区	内蒙古	广西	重庆	四川	贵州	云南	西藏	陕西	甘肃	青海	宁夏	新疆
1978	0.460	6.107	0.379	0.379	0.607	2.596	4.304	0.348	0.918	1.178	3.919	1.033
1979	0.719	5.643	0.360	0.360	0.592	2.331	3.306	0.193	0.912	0.755	5.165	0.827
1980	0.961	5.808	0.522	0.522	0.694	1.957	2.844	0.211	0.794	0.745	4.377	0.887
1981	1.288	5.865	0.757	0.757	1.176	2.390	3.062	0.590	1.208	1.193	4.570	1.759
1982	1.625	5.398	0.901	0.901	1.274	2.292	2.010	1.141	1.222	1.374	4.746	3.019
1983	1.676	5.867	0.747	0.747	1.182	2.418	3.129	1.195	1.227	2.002	3.546	2.948
1984	1.909	6.177	1.383	1.383	1.449	2.422	2.403	1.999	1.441	2.660	3.748	5.926
1985	3.307	8.488	2.496	2.496	2.066	3.730	3.049	2.551	2.381	3.034	5.264	7.639
1986	4.552	9.164	3.455	3.455	2.129	5.027	2.437	3.887	3.348	3.880	7.462	7.602
1987	5.330	12.196	5.804	4.666	2.809	5.561	5.197	5.270	3.618	4.412	8.181	7.904

表7-6(续)

地区 年份	内蒙古	广西	重庆	四川	贵州	云南	西藏	陕西	甘肃	青海	宁夏	新疆
1988	5.219	9.601	6.369	4.370	2.729	5.487	4.079	5.835	3.225	3.646	7.937	7.875
1989	5.571	7.407	8.153	4.317	2.982	5.680	6.734	5.583	3.242	4.046	4.990	8.391
1990	7.255	9.565	10.864	4.515	4.009	5.808	5.218	6.830	3.984	4.806	6.264	7.506
1991	8.875	10.506	9.655	6.018	4.428	5.664	6.050	9.247	5.423	5.522	7.628	7.279
1992	12.234	13.974	9.744	6.630	5.501	5.977	10.658	11.606	7.217	6.552	8.552	10.286
1993	12.887	13.733	8.905	6.868	5.031	6.180	15.806	12.710	7.497	6.536	7.913	10.728
1994	13.160	17.692	14.132	7.999	8.808	11.775	58.635	16.442	9.683	8.925	11.273	13.540
1995	10.943	17.906	11.657	7.049	8.945	12.956	10.496	13.960	4.566	8.075	13.257	14.635
1996	10.157	13.864	11.101	6.221	7.385	10.530	13.398	12.200	5.424	10.156	9.604	12.954
1997	9.416	13.999	10.229	4.578	6.961	9.580	12.700	10.542	5.345	6.735	11.185	11.533
1998	9.087	12.925	5.942	4.988	6.003	8.604	10.228	11.646	4.251	4.274	10.561	11.459
1999	9.650	7.362	6.716	5.605	4.836	7.232	12.984	10.439	3.516	3.730	9.949	12.564
2000	10.951	8.111	9.220	5.364	5.305	7.462	9.156	9.821	4.478	5.015	12.429	13.745
2001	12.307	6.526	8.597	5.974	4.746	7.699	5.640	8.499	5.729	5.651	13.068	9.830
2002	12.814	7.971	7.462	7.828	4.602	7.968	6.657	8.173	5.895	4.780	9.719	13.816
2003	10.790	9.364	9.450	8.751	5.715	8.639	7.206	8.904	7.847	7.194	12.140	20.939
2004	11.019	10.338	11.856	8.915	7.471	10.065	8.397	9.493	8.643	10.220	13.998	21.115
2005	10.828	10.657	10.141	8.768	5.736	11.212	6.762	9.531	11.146	6.233	12.927	24.982
2006	9.589	11.210	11.161	10.110	5.513	12.456	9.004	9.008	13.388	8.012	15.786	23.830
2007	9.168	12.113	12.107	10.356	5.992	13.989	8.763	9.097	15.455	5.837	13.107	29.604
2008	7.302	13.099	11.413	12.146	6.572	11.712	13.463	7.908	13.364	4.694	10.856	36.885
2009	4.744	12.507	8.064	11.695	4.028	8.879	6.222	7.028	7.787	3.701	6.065	22.085

7.2.3.2 金融发展水平

金融是现代经济的核心，金融发展水平对经济具有重要作用。为了对西部地区的经济增长收敛路径进行准确分析，引入金融发展水平变量。金融发展是金融规模、金融结构与金融效率的综合体现（张宗益、许丽英，2006），因此完整的衡量金融发展水平需要建立系统的指标体系。根据研究目的与数据的可获得性，本部分拟采用金融规模来反映各地区的金融发展水平。

对于金融规模,通常是用 Goldsmith 提出的金融相关率所表示的金融深化来反映,具体表示为全部金融资产占地区 GDP 的比重。由于省际的全部金融资产数据难于获得,常见的两种简化处理办法之一是以地区存贷总额与 GDP 之比来表示(郭纹廷等,2005;马征兵,2007);另一种处理办法则是只用贷款余额与地区 GDP 之比来表示(王瑞芳等,2008)。考虑到金融机构的贷款,从来源上看恰恰主要是企业、居民的存款,因此取存贷之和作为金融规模,存在重复计量问题。为此,本章借鉴王瑞芳等人(2008)的处理方法,即仅用各地金融机构的贷款余额作为地区金融资产。因为从金融机构看,这部分贷款正是其金融资产的重要构成;而从借入对象来说,能顺利足额的借到所需要的款项,也正是金融发展的表现。Levine(1993、1997)认为,由于采用对私人部门的信贷水平来衡量金融发展水平,能够更加准确地衡量金融中介在私人部门拆借资本中的地位,因此采用各地贷款余额与地区 GDP 之比作为金融发展水平的度量指标是一种比较流行的方式。其计算公式为:

$$\text{金融发展水平} = \frac{\text{贷款余额总和}}{\text{地区} GDP} * 100\% \qquad (7-26)$$

1978—2008 年贷款余额数据由《新中国六十年统计资料汇编》得到;2009 年的数据由各省(市、区)统计年鉴(2010)得到。

据此计算得到表征各地金融发展水平的数据(见表 7-7):

表7-7　　　　　　　西部地区金融发展水平　　　　　　（单位:%）

年份\地区	内蒙古	广西	重庆	四川	贵州	云南	西藏	陕西	甘肃	青海	宁夏	新疆
1978	69.489	60.884	44.721	58.292	46.375	44.709	24.197	63.823	47.938	44.144	55.233	46.725
1979	68.038	57.097	42.603	55.990	42.149	40.876	33.734	61.532	48.311	47.663	51.043	46.432
1980	72.069	56.562	49.768	61.083	41.371	40.257	26.785	62.556	45.968	43.114	54.038	46.463
1981	71.720	52.927	55.468	66.075	44.322	41.384	19.913	64.123	53.769	45.226	51.661	48.539
1982	66.530	51.196	54.969	62.907	42.814	40.052	22.116	64.180	53.435	48.221	50.463	50.374
1983	67.110	53.638	56.750	61.924	41.360	41.427	30.653	61.061	49.243	46.815	48.767	49.457
1984	63.113	60.360	64.391	75.491	42.690	46.109	43.227	68.787	62.527	43.111	68.155	57.958
1985	55.265	65.417	66.834	76.408	51.170	58.729	41.336	77.739	64.577	64.071	75.133	64.754
1986	71.117	74.207	77.317	100.168	64.319	70.679	39.521	89.395	76.920	77.081	87.489	72.209
1987	71.618	77.107	85.967	102.905	65.110	68.970	31.573	90.110	82.697	92.692	97.168	74.840
1988	66.548	67.226	76.367	94.805	59.102	67.002	53.360	80.749	82.940	88.574	95.669	72.348
1989	72.688	72.438	76.995	98.280	60.519	64.374	56.866	85.091	84.561	97.664	96.039	79.629
1990	85.474	72.661	89.520	102.404	70.697	60.957	62.150	95.279	93.559	103.260	110.941	89.399
1991	90.878	75.157	98.624	113.614	79.271	63.268	56.278	98.939	104.581	116.565	130.304	89.188
1992	93.707	77.204	97.255	122.440	85.321	66.950	62.605	103.865	107.355	120.133	135.216	94.520
1993	98.496	76.254	89.632	119.950	85.470	67.150	88.206	97.738	112.868	121.874	129.508	94.459
1994	97.023	69.727	78.967	110.829	80.284	69.597	87.719	110.852	115.939	127.286	120.099	95.471
1995	95.660	70.492	74.332	114.774	80.699	75.659	93.126	109.230	122.110	130.693	113.598	103.501
1996	98.035	70.876	76.964	116.990	84.420	78.706	91.406	110.793	115.931	145.448	115.556	112.795
1997	101.618	78.332	84.995	90.951	94.551	89.308	98.152	117.545	126.077	124.545	121.625	116.881
1998	104.452	79.343	94.311	90.721	97.931	93.592	86.163	127.505	128.989	126.750	126.693	119.103
1999	98.902	87.206	108.022	107.537	95.981	96.011	70.377	132.223	126.654	121.424	127.889	119.224
2000	87.111	77.559	117.349	103.189	103.388	98.839	68.442	121.570	111.232	132.195	129.898	102.902
2001	85.818	77.393	106.020	104.776	106.968	101.643	69.434	126.207	112.708	131.505	130.807	106.244
2002	84.999	76.913	112.799	109.180	112.907	104.568	74.752	130.951	119.302	130.117	139.081	111.689
2003	80.562	82.261	122.087	110.829	120.170	115.632	78.035	137.171	123.423	131.802	153.046	111.278
2004	73.650	80.374	120.554	101.509	120.398	110.266	76.199	120.595	112.962	132.986	141.897	100.252
2005	66.288	76.727	107.261	91.305	114.885	115.190	71.886	101.258	99.456	117.535	136.120	87.249
2006	64.827	75.751	112.312	90.139	115.269	120.445	70.061	94.089	92.743	111.516	135.469	79.228
2007	58.658	73.630	109.742	87.110	108.478	118.840	65.451	88.951	88.892	109.506	128.882	76.210
2008	53.293	72.165	109.099	88.590	100.216	115.850	55.458	82.805	86.266	100.688	116.499	67.568
2009	64.603	93.675	134.243	110.805	119.010	142.301	56.192	101.308	107.736	129.387	141.683	88.447

7.2.3.3 产业结构

根据经济发展的一般规律，产业结构升级通常表现为第三产业产值比重的不断上升。为了反映西部地区产业结构变化，采用第三产业增加值与地区 GDP 之比来衡量。计算公式为：

$$第三产业比重 = \frac{第三产业增加值}{地区\ GDP} * 100\% \qquad (7-27)$$

1978—2008 年数据（当年价）由《新中国六十年统计资料汇编》得到；2009 年的数据（当年价）由各省（市、区）统计年鉴（2010）得到。

根据上述公式，利用统计数据资料，经计算整理得到西部地区第三产业比重的数据序列（见表 7-8）：

表 7-8　　　　西部地区第三产业比重　　　　（单位:%）

地区 年份	内蒙古	广西	重庆	四川	贵州	云南	西藏	陕西	甘肃	青海	宁夏	新疆
1978	21.899	25.089	17.395	19.966	18.168	17.393	21.654	17.565	19.280	26.770	25.615	17.277
1979	22.981	22.509	17.214	20.169	17.330	18.157	24.384	18.335	20.204	24.885	24.930	17.269
1980	26.477	23.086	17.199	20.313	18.918	17.088	21.338	19.703	23.802	27.881	27.757	19.290
1981	24.044	24.564	17.371	21.022	19.208	18.166	23.269	20.022	25.335	32.190	28.588	19.929
1982	24.340	24.220	18.380	20.721	18.365	18.789	22.527	21.947	24.272	31.880	30.406	21.122
1983	26.445	25.201	19.460	21.588	18.860	19.539	21.380	22.887	22.874	33.719	30.303	21.146
1984	29.236	27.118	21.071	22.418	17.576	19.967	32.895	23.555	24.581	33.762	30.266	23.866
1985	32.558	26.960	22.572	23.778	19.036	20.296	32.714	25.167	25.529	33.263	30.558	25.704
1986	36.012	24.730	23.342	25.404	23.035	22.016	40.284	27.281	26.609	32.700	32.426	28.991
1987	37.518	24.768	25.905	26.510	23.523	26.490	42.405	28.135	28.742	34.647	33.863	28.296
1988	35.041	30.114	26.628	27.198	22.645	28.304	40.444	29.639	30.098	31.477	34.122	28.243
1989	35.753	32.206	28.775	29.315	23.838	29.192	41.080	30.301	30.456	32.052	33.812	30.121
1990	32.668	34.258	27.920	28.834	25.836	27.839	36.209	32.597	33.118	36.288	34.948	28.370
1991	32.931	35.172	29.624	29.600	26.580	32.541	35.572	32.869	34.242	36.352	36.361	34.551
1992	33.735	34.966	32.919	30.890	28.434	34.405	36.768	34.394	36.165	35.775	37.022	34.841
1993	34.285	34.472	32.823	30.706	30.944	33.992	36.424	34.277	33.540	35.864	36.405	32.979
1994	33.380	32.938	32.180	31.042	27.857	32.411	36.899	36.092	33.305	34.841	36.922	34.050
1995	33.615	33.959	33.435	32.737	27.752	31.476	34.557	36.448	34.115	37.903	37.160	35.610

表7-8(续)

地区 年份	内蒙古	广西	重庆	四川	贵州	云南	西藏	陕西	甘肃	青海	宁夏	新疆
1996	33.770	33.904	35.841	32.930	29.531	32.164	40.720	37.093	30.785	40.047	38.980	37.508
1997	35.422	34.142	37.710	33.808	30.385	32.534	40.303	39.669	33.466	41.597	40.541	36.039
1998	36.598	34.391	40.318	35.631	31.914	33.289	43.705	40.021	35.090	41.888	41.387	37.956
1999	38.130	36.591	42.282	37.638	34.063	35.848	45.159	41.230	37.060	43.161	42.584	40.766
2000	39.356	37.975	43.318	39.446	35.684	37.099	46.154	42.306	41.518	43.510	43.238	39.441
2001	40.800	40.881	44.310	40.522	37.532	38.621	50.050	43.179	40.817	43.413	45.012	42.208
2002	41.808	42.590	44.782	41.136	38.633	39.540	55.270	42.763	41.787	43.690	45.376	43.686
2003	41.902	41.765	44.555	41.058	39.141	39.662	52.277	41.113	42.141	43.519	43.888	39.967
2004	41.762	39.666	42.779	39.290	39.445	39.154	55.959	39.369	40.771	41.558	42.399	38.409
2005	39.494	39.179	41.535	38.412	40.656	39.709	55.161	39.316	40.712	39.272	42.358	35.687
2006	39.123	38.665	42.209	38.199	42.300	39.064	54.946	38.080	39.527	38.402	40.609	34.748
2007	38.414	37.036	39.032	36.749	39.744	55.080	37.834	38.355	36.986	39.841	35.391	
2008	37.806	36.028	37.290	36.200	46.394	38.980	55.381	36.909	38.973	34.942	39.454	33.978
2009	37.952	37.622	37.893	36.737	48.197	40.838	54.570	38.480	40.243	36.859	41.656	37.122

7.2.3.4 利益分配制度

中国经济改革的重要任务之一是改变利益分配格局，调动生产者的积极性（金玉国，2001）。为此，引入地方一般财政收入占地方GDP的比重以反映利益分配制度。计算公式为：

$$财政收入比重 = \frac{地方一般财政收入}{地区GDP} \times 100\% \qquad (7-28)$$

1978—2008年地方一般财政收入的数据（当年价）由《新中国六十年统计资料汇编》得到；2009年的数据（当年价）由《中国统计年鉴》（2010）得到。其中，四川省1978—1984年的地方一般财政收入数据缺失，处理方法：采用1985—1989年的比重的五年平均值，作为1984年的数值；然后用1984—1988年的五年平均值，作为1983年的数据；依此类推，逐年反向移动平均得到1978—1984年的比重数值（见表7-9），作为利益分配制度的代理变量。

7 西部地区经济增长收敛的生成机制——条件 β 收敛检验

表 7-9　西部地区地方财政收入占 GDP 比重　　（单位:%）

年份\地区	内蒙古	广西	重庆	四川	贵州	云南	西藏	陕西	甘肃	青海	宁夏	新疆
1978	11.888	18.879	18.225	9.648	13.417	17.031	-2.406	24.372	31.713	18.662	24.308	18.275
1979	7.109	14.245	16.559	9.663	11.832	14.851	-3.014	17.775	27.345	15.076	21.240	12.032
1980	6.038	12.637	14.860	9.622	11.098	13.813	-6.920	16.658	20.209	9.275	12.782	7.569
1981	5.340	11.220	13.249	9.655	9.308	13.481	-5.481	13.178	18.318	6.175	8.266	2.777
1982	5.557	10.089	13.210	9.682	9.702	14.221	-5.485	12.115	16.222	6.516	8.342	6.714
1983	6.602	10.089	12.597	9.620	10.943	14.300	-4.665	11.784	11.913	6.860	8.562	7.167
1984	6.599	8.964	12.081	9.733	10.906	14.135	-8.041	10.253	12.827	6.207	9.322	8.045
1985	8.045	11.151	12.574	9.416	12.241	16.616	-3.378	11.222	13.276	7.271	9.613	7.546
1986	8.823	12.280	13.089	9.825	12.188	16.464	-0.413	11.565	14.043	8.351	10.596	7.905
1987	9.153	12.643	12.460	9.818	12.910	16.369	-0.226	11.504	14.157	9.244	10.371	7.798
1988	8.911	10.818	11.364	9.310	12.256	16.782	-0.099	10.773	13.021	9.225	10.121	8.022
1989	9.795	10.800	12.782	10.296	13.627	17.427	0.640	10.872	14.538	11.082	10.691	8.956
1990	10.329	10.428	8.541	9.189	13.596	17.143	0.650	10.188	14.088	10.352	9.608	8.331
1991	10.955	10.783	11.277	8.860	14.464	19.285	0.753	9.637	13.961	11.704	9.487	7.874
1992	9.267	9.465	9.605	8.492	13.908	17.670	3.274	9.584	12.579	9.324	9.298	6.480
1993	10.435	11.005	10.571	9.598	13.527	26.165	4.169	9.274	14.000	10.367	10.384	7.093
1994	5.223	5.196	4.846	4.965	6.129	7.796	3.088	5.076	6.411	5.065	5.262	4.333
1995	5.099	5.305	4.527	4.955	6.099	8.047	3.832	4.948	6.082	5.125	5.126	4.698
1996	5.364	5.331	4.627	5.365	6.839	8.566	3.709	5.560	6.003	5.202	6.249	5.362
1997	5.729	5.457	4.360	5.334	7.185	8.974	3.819	6.169	6.226	5.385	6.265	5.243
1998	6.152	6.261	4.938	5.679	7.612	9.186	3.978	6.400	6.086	5.780	7.232	5.907
1999	6.276	6.775	5.143	5.795	7.921	9.089	4.312	6.681	6.104	5.919	7.121	6.131
2000	6.174	7.070	5.442	5.953	8.275	8.987	4.567	6.373	5.820	6.288	7.057	5.799
2001	5.802	7.839	6.010	6.315	8.802	8.945	4.391	6.755	6.216	6.604	8.170	6.375
2002	5.814	7.399	6.335	6.177	8.708	8.940	4.511	6.670	6.188	6.194	7.018	7.222
2003	5.808	7.219	7.108	6.311	8.733	8.959	4.403	6.853	6.262	6.161	6.743	6.797
2004	6.470	6.925	7.450	6.047	8.898	8.545	4.548	6.769	6.169	5.793	6.976	7.048
2005	7.105	7.104	7.406	6.495	9.100	9.292	4.835	6.999	6.386	6.225	7.790	6.924
2006	6.945	7.218	8.132	6.992	9.697	9.527	5.008	7.634	6.201	6.513	8.453	7.207
2007	7.665	7.192	9.467	8.056	9.887	10.198	5.899	8.255	7.060	7.112	8.707	8.114
2008	7.658	7.384	9.969	8.266	9.815	10.788	6.301	8.086	8.367	7.026	7.892	8.631
2009	8.735	8.003	10.033	8.300	10.644	11.317	6.817	9.000	8.460	8.114	8.245	9.090

7.2.3.5 工业非国有化率

1978年以来，我国经济转型在所有制结构变动的表现主要在于经济成分的非国有化；又由于经济成分的非国有化改革集中体现在工业领域，因此，本研究借鉴有关制度变迁对经济影响的研究成果（金玉国，2001；张宗益，等，2006）的处理办法，采用"工业非国有化率"来表现产权多元化的变迁。具体的，用非国有工业总产出与全部工业总产出之比来表示。计算公式为：

$$\text{工业非国有化率} = \frac{\text{非国有工业总产出}}{\text{全部工业总产出}} \times 100\%$$

$$= \left(1 - \frac{\text{国有及国有控股工业总产出}}{\text{全部工业总产出}}\right) \times 100\%$$

$$(7-29)$$

数据来源及处理：1978—1997年的全部工业总产出、国有及国有控股工业总产出数据采自《新中国六十年统计资料汇编》；1998—2009年，国有及国有控股工业总产出数据采自"中经网统计数据库"（其中，2004年的数据缺失，取前后一年的简单平均）；全部工业总产出则采自各省（市、区）相应年份的统计年鉴。具体的，内蒙古、广西、重庆、贵州、云南、西藏、陕西、宁夏和新疆的数据由各地区2010年的统计年鉴得到；甘肃的数据由其2007—2009年的《甘肃年鉴》和2010年《甘肃发展年鉴》得到；青海的数据由2000—2009年《青海统计年鉴》得到。四川省1998—2009年的全部工业总产出数据缺失，采用的处理方法为：根据四川省1978—1997年间的全部工业总产出（资料来源于《新中国六十年统计资料汇编》）与工业增加值（数据来源于《四川统计年鉴》(2010)）的较为稳定的关系，采用5年平均的方法推算1998—2009年的工业总产出。

根据上述公式和数据，得到西部地区工业非国有化率（见表7-10）。

表 7-10　　　　西部地区工业非国有化率　　　　（单位:%）

地区 年份	内蒙古	广西	重庆	四川	贵州	云南	西藏	陕西	甘肃	青海	宁夏	新疆
1978	20.865	21.152	20.510	15.940	18.808	15.281	23.410	15.771	6.277	18.281	17.201	10.882
1979	21.551	20.841	19.569	16.768	16.995	14.315	23.500	14.751	6.705	18.235	13.589	11.359
1980	22.159	22.078	21.774	16.410	16.110	15.287	7.224	15.812	6.088	17.461	12.674	11.078
1981	19.770	20.654	15.645	19.912	16.998	14.695	10.190	16.031	6.290	19.212	16.760	10.599
1982	19.002	20.188	14.664	21.214	16.001	14.701	8.125	16.603	6.225	17.640	15.174	11.203
1983	17.736	19.876	14.869	21.334	15.998	15.046	9.330	16.233	6.359	20.054	13.946	10.823
1984	18.363	22.468	16.646	24.541	21.005	20.353	28.094	20.600	10.677	20.344	15.908	14.966
1985	19.534	22.218	20.388	28.466	20.613	19.918	34.344	24.154	11.765	20.466	19.103	15.672
1986	20.449	24.304	21.329	31.457	23.999	22.269	35.223	27.184	13.543	21.233	21.497	17.061
1987	20.797	25.484	20.883	33.197	24.002	22.876	28.948	28.318	15.520	19.141	22.212	17.183
1988	22.212	27.474	21.929	34.844	24.999	24.151	25.970	28.999	17.999	18.060	22.788	18.271
1989	22.585	26.863	22.727	34.474	22.338	23.800	27.571	29.947	20.186	18.779	21.712	19.038
1990	22.371	27.824	23.323	37.253	22.736	23.284	31.734	31.273	22.040	19.403	21.377	19.734
1991	23.753	28.804	23.744	38.348	23.550	23.672	35.068	31.479	22.197	16.629	21.063	21.341
1992	24.595	34.375	25.508	43.318	24.157	23.837	36.611	33.947	24.323	17.575	21.360	21.651
1993	27.717	44.474	30.813	53.791	27.801	25.194	33.798	39.030	25.808	19.062	21.789	21.445
1994	34.630	55.195	44.533	58.193	30.227	26.571	35.833	42.058	30.012	21.737	28.831	24.738
1995	36.596	60.183	41.464	63.058	32.886	40.098	27.679	53.186	35.617	21.267	32.115	22.264
1996	51.648	63.726	34.685	63.714	40.205	40.320	32.867	42.537	41.892	27.372	37.567	23.873
1997	56.779	65.928	38.380	66.576	44.031	45.512	33.638	47.032	45.874	32.897	40.829	24.727
1998	48.883	63.765	26.662	65.267	36.541	44.146	26.549	45.602	49.752	30.527	34.194	28.891
1999	48.470	61.809	28.760	66.938	38.874	48.673	32.534	46.577	49.653	31.030	40.137	29.195
2000	50.278	63.096	32.083	66.711	41.466	46.212	31.052	45.917	40.935	25.263	40.607	29.219
2001	52.995	65.921	38.983	67.082	43.727	44.493	38.078	46.667	37.896	29.551	41.113	31.648
2002	53.359	65.202	39.518	67.505	46.117	43.738	34.639	47.625	38.681	37.300	52.164	32.692
2003	58.736	66.106	46.336	69.492	49.121	47.348	30.060	48.611	34.906	41.310	55.086	31.587
2004	59.036	66.402	47.452	69.685	47.136	47.945	37.999	45.925	32.588	35.122	49.845	29.025
2005	59.337	66.698	48.569	69.879	45.152	48.542	45.937	43.240	30.269	28.933	44.605	26.464
2006	64.578	68.036	48.187	69.624	40.633	48.900	56.105	39.692	28.896	28.583	49.105	22.720
2007	67.420	69.240	50.997	70.063	42.330	49.309	64.193	39.118	19.814	32.605	51.576	24.016
2008	64.219	70.819	58.085	70.981	45.328	48.360	64.197	40.170	21.261	36.368	51.419	27.720
2009	70.019	68.081	60.750	71.972	43.724	51.506	66.473	45.345	22.258	42.291	51.770	30.996

7.2.3.6 西部大开发政策变量

西部大开发政策的实施对西部地区的经济增长产生了深刻而广泛的影响,对于提升西部地区整体经济实力起到了重要的推动作用。政策实施的初衷正是旨在逐步缩小西部地区的发展差距,包括西部地区与东部发达地区之间的发展差距,也包括了西部地区内部各省(市、区)之间的发展差距。为此,本部分通过引入政策虚拟变量，对西部大开发政策在缩小西部地区内部省（市、区）之间的发展差距方面的表现进行实证考察。

西部大开发政策正式实施于 2000 年，故政策虚拟变量的取值方式如下：

$$\text{Policy} = \begin{cases} 0 & t < 2000 \ (2000 \text{ 年之前}) \\ 1 & t \geq 2000 \ (2000 \text{ 年及以后}) \end{cases} \quad (7-30)$$

通过政策虚拟变量的引入，对西部大开发政策在促进西部地区内部协调发展方面的表现进行具体分析。

7.3 SPDM 框架下的条件 β 收敛检验：实证结果

将外生控制变量引入增长方程，对经济增长进行条件 β 收敛检验，可以考察经济增长收敛的存在性，以及增长收敛的成因即收敛机制。根据理论设计，经济增长收敛机制分为"禀赋收敛机制"、"技术收敛机制"和"制度收敛机制"。本章对这三大理论机制进行实证检验，考察各收敛机制在西部地区经济增长收敛的过程中的真实表现和作用。

为此，在 SPDM 方法框架下，本章实证部分采取的研究策略为，首先单独引入每一个控制变量，以考察单个控制变量对经济增长收敛的具体作用；然后，对各控制变量进行组合引入模型，考察在控制变量的联合作用下经济增长的收敛性，探寻实现经济增长收敛的实际路径。

实证检验模型采用了个体固定效应的 SAR 和 SEM 两个模型。研究分为三个阶段：（1）1978—2009 年；（2）1978—1992 年；（3）1992—2009 年。采用 ML 法对模型进行估计，计量工具为 MATLAB 软件包；空间面板数据模型的估计及检验程序由 Elhorst（2010）提供。实证结果如下（见表 7-11、表 7-12、表 7-13）：

表7-11　条件 β 收敛检验实证结果：1978—2009 年

变量		SAR									SEM				
		(1)	(2)	(3)	(4)	(5)	(6)	(7)	(8)	(9)	(10)	(11)	(12)	(13)	(14)
常数项	intercept	-0.0612 (0.6315)	0.0134 (0.6522)	0.0268 (0.5125)	-0.0019 (0.9880)	-0.1217 (0.4588)	0.1120 (0.0248)	-0.0698 (0.6659)	-0.1139 (0.3739)	0.0034 (0.9075)	0.0465 (0.2589)	-0.0785 (0.5452)	-0.1081 (0.5118)	0.1242 (0.0135)	-0.0334 (0.8367)
初始收入水平	lgdp_t0	-0.0182 (0.2750)	0.0040 (0.454)	0.0096 (0.2361)	-0.0406 (0.0344)	-0.0275 (0.1351)	-0.0043 (0.6389)	-0.0676 (0.0011)	-0.0133 (0.4568)	0.0106 (0.0887)	0.0107 (0.2785)	-0.0374 (0.0701)	-0.0262 (0.1788)	-0.0025 (0.8197)	-0.0719 (0.0014)
空间相依性	Wy	0.3849 (0.0000)	0.3909 (0.0000)		0.3769 (0.0000)	0.3529 (0.000)	0.3689 (0.0000)	0.3419 (0.0000)	0.3789 (0.0000)	0.3789 (0.0000)	0.3619 (0.0000)				
	Wu			0.3689 (0.0000)								0.3749 (0.0000)	0.3489 (0.0000)	0.3639 (0.0000)	0.3449 (0.0000)
控制变量（收敛条件）															
投入要素	LogK	0.0245 (0.0375)			0.0311 (0.0095)	0.0301 (0.0282)		0.0448 (0.0013)	0.0264 (0.0356)			0.0332 (0.0097)	0.0323 (0.0243)		0.0520 (0.0005)
	LogL	0.0217 (0.4083)			0.0244 (0.3502)	0.0455 (0.1228)		0.0632 (0.0308)	0.0316 (0.2717)			0.0389 (0.1755)	0.0453 (0.1406)		0.0608 (0.0459)
	LogH	-0.0283 (0.5360)			-0.0181 (0.6913)	-0.0418 (0.4064)		-0.0374 (0.4482)	-0.0427 (0.3850)			-0.0306 (0.5319)	-0.0421 (0.4149)		-0.0381 (0.4529)
技术变量	LogTFP		0.0256 (0.0386)		0.0357 (0.0210)		0.0477 (0.0035)	0.0670 (0.0000)		0.0241 (0.0395)		0.0346 (0.0222)		0.0398 (0.0117)	0.0633 (0.0001)
制度变量	Finance			-0.0138 (0.2575)		-0.0190 (0.1529)	-0.0070 (0.5648)	-0.0133 (0.3109)			-0.0116 (0.3574)		-0.0172 (0.2230)	-0.0047 (0.7109)	-0.0103 (0.4585)
	Govment			-0.1216 (.0660)		-0.1805 (0.0147)	-0.1521 (0.0217)	-0.2478 (0.0009)			-0.1209 (0.0938)		-0.1856 (0.0197)	-0.1501 (0.0383)	-0.2722 (0.0008)
	Industry			-0.0958 (0.0878)		-0.0730 (0.2079)	-0.1348 (0.0181)	-0.1198 (0.0386)			-0.0983 (0.0913)		-0.0874 (0.1393)	-0.1156 (0.0466)	-0.1125 (0.0540)

表7-11(续)

变量		SAR								SEM				
		(1)	(2)	(3)	(4)	(5)	(6)	(7)	(8)	(9)	(10)	(11)	(12)	(13)	(14)
制度变量	Open			0.0126 (0.8389)		-0.0194 (0.7587)	-0.0348 (0.5826)	-0.1040 (0.1136)			-0.0092 (0.8870)		-0.0415 (0.5296)	-0.0617 (0.3638)	-0.1408 (0.0445)
	Ownership			0.0395 (0.1443)		0.0303 (0.2653)	0.0344 (0.1985)	0.0178 (0.5055)			0.0437 (0.1090)		0.0307 (0.2637)	0.0367 (0.1763)	0.0127 (0.6416)
	Policy			0.0162 (0.0604)		0.0070 (0.3986)	0.0160 (0.0323)	0.0119 (0.1478)			0.0197 (0.0509)		0.0136 (0.2260)	0.0253 (0.0176)	0.0168 (0.1249)
统计检验															
R-squared		0.3134	0.3117	0.3296	0.3221	0.3390	0.3451	0.3649	0.1930	0.1844	0.2180	0.2042	0.2387	0.2318	0.2709
sigma^2		0.0013	0.0013	0.0012	0.0012	0.0012	0.0012	0.0012	0.0013	0.0013	0.0012	0.0013	0.0012	0.0012	0.0012
log-likelihood		711.71	710.98	716.85	714.44	720.15	721.20	728.00	710.89	709.79	715.44	713.57	718.86	718.70	726.04
Obs		372	372	372	372	372	372	372	372	372	372	372	372	372	372
空间相关性检验															
LMsar		55.100 (0.000)	59.547 (0.000)	50.371 (0.000)	55.310 (0.000)	46.640 (0.000)	50.895 (0.000)	45.046 (0.000)							
Robust LMsar		5.458 (0.019)	3.701 (0.054)	7.149 (0.008)	7.933 (0.005)	6.897 (0.009)	18.284 (0.000)	13.447 (0.000)							
LMsem									52.175 (0.000)	56.976 (0.000)	45.014 (0.000)	51.148 (0.000)	41.535 (0.000)	40.388 (0.000)	35.994 (0.000)
Robust LMsem									2.533 (0.111)	1.131 (0.288)	1.792 (0.181)	3.771 (0.052)	1.792 (0.181)	7.777 (0.005)	4.395 (0.036)

表7-12　条件β收敛检验实证结果:1978—1992年

变量		SAR									SEM				
		(15)	(16)	(17)	(18)	(19)	(20)	(21)	(22)	(23)	(24)	(25)	(26)	(27)	(28)
常数项	intercept	-1.4046 (0.0000)	0.7898 (0.0000)	0.4213 (0.0048)	-1.0018 (0.0000)	-1.2321 (0.0000)	1.1495 (0.0000)	-1.2286 (0.0000)	-1.3526 (0.0000)	0.9594 (0.0000)	0.5006 (0.0007)	-0.9714 (0.0000)	-1.1607 (0.0030)	1.1770 (0.0000)	-1.3957 (0.0000)
初始收入水平	lgdp_t0	-0.3643 (0.0000)	-0.1360 (0.0000)	-0.0567 (0.0687)	-0.6601 (0.0000)	-0.3457 (0.0000)	-0.1901 (0.0000)	-0.6654 (0.0000)	-0.4190 (0.0000)	-0.1600 (0.0000)	-0.0644 (0.0543)	-0.6872 (0.0000)	-0.3978 (0.0000)	-0.1904 (0.0000)	-0.6937 (0.0000)
空间相依性	Wy	0.3549 (0.0000)	0.3619 (0.0000)	0.3659 (0.0000)	0.2579 (0.0000)	0.3199 (0.0000)	0.3259 (0.0000)	0.1649 (0.0095)							
	Wu								0.4039 (0.0000)	0.4359 (0.0000)	0.3899 (0.0000)	0.3119 (0.0004)	0.4199 (0.0000)	0.3429 (0.0000)	0.2569 (0.0055)
控制变量(收敛条件)															
投入要素	LogK	0.0665 (0.0252)			0.1818 (0.0000)	0.0710 (0.0366)		0.2175 (0.0000)	0.0825 (0.0055)			0.1955 (0.0000)	0.0831 (0.0156)		0.2272 (0.0000)
	LogL	0.2095 (0.0089)			0.3981 (0.0000)	0.1661 (0.0518)		0.4223 (0.0000)	0.1845 (0.0164)			0.3932 (0.0000)	0.1519 (0.0694)		0.4540 (0.0000)
	LogH	1.1554 (0.0000)			0.8360 (0.0000)	1.1905 (0.0000)		0.8881 (0.0000)	1.3922 (0.0000)			0.9067 (0.0000)	1.3764 (0.0000)		0.9488 (0.0000)
技术变量	LogTFP		0.2972 (0.0000)		0.4071 (0.0000)		0.3078 (0.0000)	0.4474 (0.0000)		0.2910 (0.0000)		0.4071 (0.0000)		0.2945 (0.0000)	0.4526 (0.0000)
制度变量	Finance			-0.0028 (0.9366)		-0.0716 (0.0374)	-0.0291 (0.3355)	-0.1324 (0.0000)			0.0013 (0.9693)		-0.0667 (0.0537)	-0.0413 (0.1882)	-0.1489 (0.0000)
	Govment			-0.6612 (0.0000)		-0.3350 (0.0322)	-0.5969 (0.0000)	-0.2994 (0.0051)			-0.6879 (0.0000)		-0.4267 (0.0118)	-0.5509 (0.0000)	-0.3165 (0.0055)
	Industry			-0.0379 (0.8114)		-0.1208 (0.4227)	-0.0626 (0.6426)	-0.3238 (0.0018)			-0.0389 (0.8004)		-0.1020 (0.4756)	-0.0270 (0.8405)	-0.2710 (0.0080)

表7-12（续）

	变量		SAR							SEM					
		(15)	(16)	(17)	(18)	(19)	(20)	(21)	(22)	(23)	(24)	(25)	(26)	(27)	(28)
制度变量	Open			0.5466 (0.0344)	0.6592	0.2218 (0.4081)	0.7886 (0.0003)	0.3489 (0.0586)			0.5878 (0.0226)		0.3428 (0.1880)	0.7173 (0.0014)	0.3143 (0.0861)
	Ownership			0.0779 (0.4564)		0.1766 (0.0779)	0.1254 (0.1576)	0.1605 (0.0195)			0.0318 (0.7480)		0.1142 (0.2221)	0.1098 (0.2073)	0.1067 (0.1094)
	Policy														

统计检验

	(15)	(16)	(17)	(18)	(19)	(20)	(21)	(22)	(23)	(24)	(25)	(26)	(27)	(28)
R-squared	0.3941	0.3979	0.3248	0.6592	0.4356	0.5142	0.7350	0.2873	0.2676	0.2081	0.6151	0.3501	0.4268	0.7188
sigma^2	0.0017	0.0017	0.0019	0.0009	0.0016	0.0013	0.0007	0.0016	0.0016	0.0019	0.0010	0.0015	0.0014	0.0007
log-likelihood	301.69	302.09	292.39	351.48	308.24	320.74	373.53	302.89	302.98	292.34	348.99	310.63	316.99	373.14
Obs	168	168	168	168	168	168	168	168	168	168	168	168	168	168

空间相关检验

	(15)	(16)	(17)	(18)	(19)	(20)	(21)	(22)	(23)	(24)	(25)	(26)	(27)	(28)
LMsar	25.743 (0.000)	28.096 (0.000)	23.769 (0.000)	19.457 (0.000)	19.772 (0.000)	24.376 (0.000)	8.506 (0.004)							
Robust LMsar	0.367 (0.544)	2.012 (0.156)	1.394 (0.238)	7.547 (0.006)	0.164 (0.685)	17.250 (0.000)	3.008 (0.083)							
LMsem								28.153 (0.096)	26.708 (0.000)	22.559 (0.000)	12.172 (0.000)	22.860 (0.000)	10.628 (0.001)	6.135 (0.013)
Robust LMsem								2.777 (0.096)	0.624 (0.429)	0.184 (0.668)	0.263 (0.608)	3.253 (0.071)	3.502 (0.061)	0.637 (0.424)

注：由于西部大开发政策从2000年正式开始实施，故在1978—1992年的样本研究期间，不涉及该项政策。因此，本表中没有引入政策虚拟变量，但为了与上下表格在格式上的一致性，仍在表格中留下该行。

表7-13 条件β收敛检验实证结果:1992—2009年

变量		SAR													SEM				
		(29)	(30)	(31)	(32)	(33)	(34)	(35)	(36)	(37)	(38)	(39)	(40)	(41)	(42)
常数项	intercept	0.4517 (0.0200)	-0.0148 (0.5557)	0.0500 (0.1963)	0.4524 (0.0192)	0.3823 (0.0494)	0.0666 (0.1291)	0.3730 (0.0546)	0.2720 (0.1669)	-0.0277 (0.2747)	0.0744 (0.0560)	0.2632 (0.1777)	0.2889 (0.1381)	0.0914 (0.0383)	0.2898 (0.1362)
初始收入水平	lgdp_t0	-0.0722 (0.0036)	0.0075 (0.1039)	0.0080 (0.1344)	-0.0789 (0.0019)	-0.0551 (0.0345)	0.0048 (0.4711)	-0.0610 (0.0231)	-0.0603 (0.0238)	0.0160 (0.0096)	0.0115 (0.1570)	-0.0676 (0.0134)	-0.0603 (0.0378)	0.0086 (0.3571)	-0.0676 (0.0251)
空间相依性	Wy	0.4359 (0.0000)	0.4899 (0.0000)	0.4119 (0.0000)	0.4469 (0.0000)	0.3869 (0.0000)	0.4259 (0.0000)	0.3969 (0.0000)							
	Wu								0.4329 (0.0000)	0.4779 (0.0000)	0.4329 (0.0000)	0.4569 (0.0000)	0.4359 (0.0000)	0.4509 (0.0000)	0.4359 (0.0000)
控制变量(收敛条件)															
投入要素	LogK	0.0662 (0.0002)			0.0664 (0.0002)	0.0495 (0.0127)	0.0664 (0.4560)	0.0501 (0.0113)	0.0619 (0.0011)			0.0612 (0.0012)	0.0553 (0.0098)		0.0570 (0.0079)
	LogL	-0.0312 (0.2469)			-0.0290 (0.2792)	-0.0246 (0.3645)	-0.0136 (0.1864)	-0.0204 (0.4560)	-0.0074 (0.7773)			-0.0038 (0.8823)	0.0004 (0.9861)		0.0035 (0.8904)
	LogH	-0.0399 (0.1484)			-0.0299 (0.2991)	-0.0078 (0.7921)	-0.0078 (0.4560)	-0.0012 (0.9667)	-0.0410 (0.1741)			-0.0258 (0.4224)	-0.0200 (0.5203)		-0.0124 (0.7006)
技术变量	LogTFP		0.0172 (0.2154)		0.0166 (0.2540)		0.0111 (0.4560)	0.0142 (0.3700)		0.0164 (0.1834)		0.0176 (0.1866)		0.0073 (0.5956)	0.0129 (0.3817)
制度变量	Finance		-0.0157 (0.1146)			-0.0170 (0.0847)	-0.0136 (0.1864)	-0.0145 (0.1580)			-0.0231 (0.0294)		-0.0274 (0.0096)	-0.0215 (0.0546)	-0.0247 (0.0257)
	Govment		0.1099 (0.1297)			0.0873 (0.2360)	0.0982 (0.1799)	0.0747 (0.3152)			0.0578 (0.5194)		0.0426 (0.6324)	0.0386 (0.6759)	0.0232 (0.7993)
	Industry		-0.1495 (0.0011)			-0.1216 (0.0107)	-0.1542 (0.0009)	-0.130 (0.0071)			-0.1564 (0.0005)		-0.1333 (0.0038)	-0.1573 (0.0005)	-0.1383 (0.0028)

表7-13(续)

变量		SAR							SEM				
		(29)	(30)	(31)	(32)	(33)	(34)	(35)	(36)	(37)	(38)	(39)	(40)	(41)	(42)
制度变量	Open			0.0144 (0.7368)		-0.0015 (0.9719)	0.0069 (0.8727)	-0.0114 (0.7970)			0.0120 (0.7838)		-0.0152 (0.7369)	0.0029 (0.9486)	-0.0272 (0.5629)
	Ownership			0.0202 (0.3197)		0.0094 (0.6630)	0.0179 (0.3827)	0.0041 (0.8522)			0.0250 (0.2031)		0.0034 (0.8711)	0.0234 (0.2427)	-0.0024 (0.9133)
	Policy			0.0105 (0.0324)		0.0062 (0.2385)	0.0115 (0.0236)	0.0071 (0.1847)			0.0154 (0.0460)		0.0109 (0.1708)	0.0167 (0.0391)	0.0118 (0.143)

统计检验

R-squared	0.5992	0.5812	0.6127	0.6031	0.6227	0.6153	0.6252	0.4930	0.4446	0.5154	0.4902	0.5380	0.5106	0.5351
sigma^2	0.0003	0.0003	0.0003	0.0003	0.0003	0.0003	0.0003	0.0003	0.0003	0.0003	0.0003	0.0003	0.0003	0.0003
log-likelihood	531.1938	524.99	535.36	531.87	538.67	535.65	539.10	528.57	523.99	533.63	529.44	537.17	533.77	537.58
Obs	204	204	204	204	204	204	204	204	204	204	204	204	204	204

空间相关性检验

LMsar	39.695 (0.000)	50.308 (0.000)	31.738 (0.000)	40.702 (0.000)	27.974 (0.000)	32.123 (0.000)	28.535 (0.000)							
Robust LMsar	15.913 (0.000)	1.598 (0.206)	7.458 (0.006)	16.893 (0.000)	11.177 (0.001)	9.040 (0.003)	12.745 (0.000)							
LMsem								29.740 (0.000)	48.827 (0.000)	25.075 (0.000)	30.544 (0.000)	19.846 (0.000)	24.934 (0.000)	19.975 (0.000)
Robust LMsem								5.958 (0.015)	0.117 (0.732)	0.795 (0.372)	6.735 (0.009)	3.049 (0.081)	1.851 (0.174)	4.185 (0.041)

7.4 条件 β 收敛实证结果与收敛机制分析

条件 β 收敛性考察了在给定的外生控制变量条件下，经济增长收敛或者发散的行为动态；各控制变量以什么方式以及多大程度促进增长收敛，这即是收敛机制检验。根据实证结果，我们发现，研究期间，西部地区内部区域间的条件 β 收敛性具有阶段性特点，在不同的发展阶段，区域经济增长收敛性表现出显著的差异性；从收敛机制来看，各单个收敛机制发挥作用的方式与强度各有特点，多个机制叠加的联合作用对经济增长收敛性有重要影响。

7.4.1 条件 β 收敛性及收敛机制：1978—1992 年

对 1978—1992 年西部地区经济增长的条件 β 收敛性进行实证考察，并探寻这一期间经济增长收敛的实现机制。划分 1978—1992 年的研究时段，目的在于揭示改革开放政策实施到社会主义市场经济制度建立阶段下，西部地区的经济增长收敛动态与成因。实证结果表明，通过单独引入任一收敛机制，或者联合考察几个收敛机制，经济增长均存在显著的条件 β 收敛性。表 7-12 给出了这一时期的经济增长收敛性及其收敛机制的实证结果。

7.4.1.1 单个收敛机制与经济增长收敛性

在 SPDM 方法框架下，通过逐个引入控制变量，考察经济增长率与初期经济水平的关系，检视单个收敛机制的实际作用。实证结果表明，总体来说，在 1978—1992 年，在单个收敛机制下经济增长存在收敛性。

（1）禀赋收敛机制。结论显示，在 1978—1992 年，单独考察投入要素，经济增长具有显著条件 β 收敛性［表7-12中第（15）、（22）列］。资本、劳动和人力资本对于经济增长率的提高均起到了显著的促进作用。但三种投入要素对于经济增长率的提高，其作用大小具有显著的差异。SAR与SEM模型的结果均表明，人力资本对于产出增长率的贡献最为突出；劳动投入对于产出增长率的提高也具有显著贡献；而这一时期资本对于产出增长率提高的贡献水平相对偏小。分析这一经济现实背后的成因，不难发现，这一阶段，正是我国（包括西部地区）资本水平严重不足的时期，资本本身的整体匮乏，导致其对经济增长的促进作用十分有限。而比较而言，改革开放政策实施之初，劳动生产积极性得到极大提升，生产效率得到迅速增长，使这成为经济增长的重要动力。而恢复高考等制度的实施，则为人力资本的积累奠定了基础。人力资本水平的整体提升，并与生产积极性得到解放的劳动力的有效结合，促成了这一时期经济的较快增长。

（2）技术收敛机制。根据内生经济增长理论，技术进步是经济增长的根本动力，技术的空间扩散是区域经济收敛的直接原因。引入以全要素劳动生产率（TFP）表示的技术变量后，经济增长率与初始产出水平成负向关系，且具有高度的统计显著性［表7-12中的第（16）、（23）列］，表明经济增长存在以技术为条件的 β 收敛性。事实上，在这一时期，技术水平的提高对于经济增长收敛发挥了重要作用。我们看到，一方面，在SAR与SEM模型中，TFP对经济增长率的贡献弹性约为0.4%，且具有高度的统计显著性，技术水平进步对经济增长收敛性起到了显著的促进作用。另一方面，对比禀赋收敛机制下的收敛系数（-0.3643）技术收敛机制下收敛系数（-0.1360）发现，技术收敛机制的作用强度小于禀赋收敛机制。

(3) 制度收敛机制。在促进收敛方面,单独引入制度变量后,经济增长率对初始产出水平的回归系数虽然为负值,但较之于禀赋收敛机制与技术收敛机制,其数值(绝对值)要小得多[表7-12中的第(17)、(24)列];事实上,如果在5%的水平上来看,这一数值并不具有统计显著性,因此经济增长拒绝了条件β收敛性;但在10%水平上,肯定了收敛的存在性,但收敛强度很小,收敛速度较低。具体考察各项制度发现,这一时期对经济增长具有显著影响的制度有以政府财政收入占GDP比重所表示的利益分配制度,其值为负数。这表明"藏富于国"式的利益分配制度,政府收入的过度扩张,加重了家庭和企业的经济负担,不利于地方经济持续增长;相应的,这一结果寓含了"藏富于民"主张的合理性。另外,对外开放变量对经济增长率具有很大的正作用,统计显著,这符合这一考察时段的实际情况,表明改革开放政策初期,迅速的贸易发展对经济增长带来了极大的促进作用。

7.4.1.2 收敛机制的联合作用与经济增长收敛性

对这一时期各种收敛机制进行组合,考察机制之间的联合作用对经济增长收敛性的影响。结论显示,任意的组合均带来经济增长的显著收敛。

(1)"禀赋收敛机制" + "技术收敛机制"。当同时考虑投入要素与技术水平之后,经济增长率对初期经济水平显著为负[表7-12中第(18)、(25)列],经济增长存在显著的条件β收敛性。比较收敛系数发现,两种收敛机制组合后,使收敛系数有了显著的提高,在SAR模型中,这一值由禀赋收敛时的-0.3643与技术收敛时的-0.1360,扩大到-0.6601,超过二者之和;而在SEM模型中,这一值由禀赋收敛时的-0.4190与技术收敛时的-0.1600,扩大到-0.6872,同样超过二者之和。这表明要素与技术的结合,除了各自对经济增长有促进作用外,还产生了交互作用,出现了"1+1>2"的倍增效应,两个机制间彼此加强了对经济增长的促进作用。

(2)"禀赋收敛机制"+"制度收敛机制"。这时,经济仍然存在条件 β 收敛性,但此时,收敛性事实上主要是源于禀赋收敛机制,而制度变量对收敛的促进作用很小,这一结果在 SAR 与 SEM 模型是一致的[表7-12中第(19)、(26)列]。具体表现为,加入制度变量后,收敛系数比单独考察禀赋收敛机制时的收敛系数还小。这也佐证了前面关于制度收敛机制在单独使用时作用很小,甚至不存在条件 β 收敛性的结论。

(3)"技术收敛机制"+"制度收敛机制"。在技术收敛机制与制度收敛机制的联合作用下,经济增长存在显著的条件 β 收敛性[表7-12中第(20)、(27)列]。比较收敛系数可以发现,虽然不存在彼此增强的倍增效应,但两个机制的组合的确比其中任一一个机制单独作用时有更强的收敛性,联合收敛系数较之单独收敛系数,在 SAR 与 SEM 模型中均有一定程度的提高。

(4)"禀赋收敛机制"+"技术收敛机制"+"制度收敛机制"。最后,综合考虑三种收敛机制,结果再次表明经济增长存在显著的条件 β 收敛性[表7-12中第(21)、(28)列]。而且,从收敛系数来看,我们发现此时收敛系数在 SAR 与 SEM 模型中分别上升到 -0.6654 与 -0.6937,比任何一个单独机制或者任意两个机制的联合作用要强,表明在三个收敛机制的综合作用下,西部地区经济增长的收敛性明显提高。

7.4.2　条件 β 收敛性及收敛机制:1992—2009 年

社会主义市场经济制度在我国的建立与发展,使我国经济制度发生了根本性变化。中央统筹下的计划经济向社会主义市场经济的转变,导致了经济的责权利关系的结构性变动。为此，通过对1992年以来的经济增长的条件 β 收敛性的考察，探寻这一阶段经济增长收敛的生成机制。表7-13给出了这一时期的经济增长收敛性及其收敛机制的实证结果。

7.4.2.1 单个收敛机制与经济增长收敛性

（1）禀赋收敛机制。通过考察表7-13中的第（29）、(36)列，我们发现，在仅仅引入投入要素的条件下，经济增长收敛性已经显著存在，说明禀赋收敛机制在此过程中发挥了重要功能。但在三种投入要素中，我们发现，仅仅只有资本对经济增长率的提高表现出显著的正向效应，对经济增长性起到了促进作用；而劳动和人力资本对经济增长率的作用为负，当然这一负向作用没有统计上的显著性，表明其对经济增长的影响不明显。

（2）技术收敛机制。在这一阶段，地区间的技术水平对促进经济增长收敛性基本上没有显著作用。这表现在单独引入技术变量时，经济增长率对初始发展水平的回归系数值为正，这一为正的值在 SAR 与 SEM 模型中的统计显著性有差别，其中在 SAR 中不显著，而在 SEM 中显著［表7-13第（30）、(37)列］。无论显著性水平如何，为正的回归系数总是意味着经济增长不存在条件 β 收敛性。进一步分析发现这一阶段虽然技术对经济增长率有正的贡献，但其数值很小，没有统计显著性。这反映了90年代以来，西部地区技术水平发展滞后，对经济增长的促进作用偏小的发展状况。

（3）制度收敛机制。与前一阶段相似，在这一时期，制度收敛机制对经济增长收敛的作用不明显［表7-13第(31)、(38)列］，使得在单独引入制度变量的条件下，经济增长拒绝了条件 β 收敛性。

对具体制度的检视发现，1992年以来，以第三产业增加值占地区 GDP 的比重所表示的产业结构，对经济增长具有负效应，且统计显著，表明第三产业比重的上升导致了经济增长率的下降。这一发现具有重要的现实意义。20世纪90年代以来，在产业结构升级的政策主张之下，各地纷纷将产业升级作为发展目标，盲目追求第三产业的产值比重。尽管经济理论已经表明，产业结构升级是经济发展的必由之路，但产业升级只是发展经济的手段，而非目标；结构调整必须以符合当地的发展条件为基础，脱离经济现实基础，过度追求产业结构升级，最终必将阻滞经济发展。西部地区由于发展历史、地理环境、自然条件等原因，现阶段要求跨越式的发展第三产业，其条件并不成熟；过度强调产业升级，结果必然是扭曲资源配置，损害经济的健康持续发展。这从实证角度，为采取适当的适合本地发展优势而不是盲目追求"跨越式发展"的战略思路提供了实际证据。

对西部大开发政策的考察发现，这期间西部大开发政策对经济增长率具统计具有显著的正的系数，但数值较小。这表明大开发政策对于西部地区经济增长的确具有积极促进作用，但这一作用整体看还偏小。这可能是因为首轮西部大开发政策的根本任务在于缩小东西地区之间的发展差距，期间重点在于基础设施建设和生态保护，其对经济增长的功能是逐步释放的。因此，阶段性来看，西部大开发政策对经济的促进作用较小，对实现经济增长收敛、缩小地区经济发展差距没有显著的促进作用。

7.4.2.2 收敛机制的联合作用与经济增长收敛性

（1）"禀赋收敛机制"+"技术收敛机制"。这一时段，投入要素与技术的联合使经济增长出现了条件 β 收敛性[表7-13中第（32）、（39）列]；而且技术与要素之间产生了正向的交互作用。虽然从收敛系数来看，较之禀赋收敛机制的单独作用，在加入了技术变量后，收敛系数提高的幅度并不明显；但是我们发现，单独的技术收敛机制下增长率对初始产出的系数是正值，在不考虑显著性的情况下这意味着经济增长是发散的而不是收敛。引入一个本身带有发散倾向的变量，却带来经济增长收敛性的提高，这表示正是两个因素的交互作用，彼此强化了对经济的促进作用，从而提高了经济增长的收敛性。因此禀赋与技术的组合是实现经济增长收敛的有效路径。

（2）"禀赋收敛机制"＋"制度收敛机制"。考察表7-13中第（33）、(40) 列）发现，在两个机制的共同作用下，经济仍然存在条件 β 收敛性，但促进经济收敛的实际机制是禀赋机制。从回归系数看，在 SAR 模型中，引入制度机制后 β 系数明显下降，而在 SEM 模型中，则基本上没有变化。因此，制度与投入要素之间既没有正向交互作用，制度本身对经济收敛也没有明显的促进作用，或者甚至可能是导致经济发散的原因。同时，产业结构制度对经济增长依然有显著的负作用，再次表明产业结构的不适当的"跨越式"升级损害了经济发展[①]。

（3）"技术收敛机制"＋"制度收敛机制"。这一时期，在技术收敛机制与制度收敛机制的联合作用下，经济增长不存在显著条件 β 收敛性［表7-13中第（34）、(41) 列］。不难理解，由前面对单个机制的分析可知，由于这一时期技术与制度均不能促进经济增长收敛，二者也没有出现交互作用以改变其对经济增长的作用方式，二者的联合作用没能促进经济增长收敛。

---

① 事实上，在1978—2009年，特别是在1992—2009年两个阶段里，产业结构对经济增长率的贡献在几乎所有主要模型中均具有统计显著性，其值为负；而这两个阶段恰恰是包含了在20世纪90年代提出"产业升级"主张之后，特别是后一阶段。与此形成鲜明对比的是，在1978—1992年这一阶段里，产业结构对经济增长率的影响基本上都不显著。这一对比结果提供了"盲目追求产业升级可能损害经济发展"的实际证据。

(4)"禀赋收敛机制"+"技术收敛机制"+"制度收敛机制"。综合考虑考虑三种收敛机制,结果表明在三个机制的共同作用下,经济增长存在显著的条件 β 收敛性[表7-13中第(35)、(42)列]。但在加入技术和制度机制后,β 回归系数较之单独的禀赋收敛机制,没有显著的变动,具体表现为在 SAR 模型有所缩小(绝对值),而在 SEM 模型中有所增大(绝对值),但整体上这一变动并不显著。因此,模型的实证结果表明这一时期经济增长存在条件 β 收敛性,且禀赋机制发挥了主要作用,技术和制度机制作用不明显。

7.4.3 条件 β 收敛性及收敛机制:1978—2009

在 1978—2009 年,即研究的整个样本期间,根据 SAR 和 SEM 模型结果发现,经济增长存在条件 β 收敛性。但单独引入某一项收敛条件,例如单独引入投入要素变量(包括资本、劳动和人力资本)、技术变量或制度变量时,经济增长不存在收敛性;两个或三个收敛机制叠加后,经济增长表现出显著的条件 β 收敛性。这一结果表明:在整个样本期间,单个收敛机制不足以促成经济收敛的发生;经济增长收敛是多个机制综合作用的结果。表7-11给出了这一时期的经济增长收敛性及其收敛机制的实证结果。

7.4.3.1 单个收敛机制与经济增长收敛性

(1)禀赋收敛机制。对于整个样本期间,单独的禀赋收敛机制不能使经济增长收敛。回归结果显示,经济增长率与初期经济水平之间存在负向关系,但这一负值不具有统计显著性,这一结果在 SAR 与 SEM 模型中是一致的[表7-11中第(1)、(8)列]。因此,从统计上拒绝了条件 β 收敛性。

具体考察资本、劳动和人力资本对经济增长的贡献,我们发现,在这一时期,资本对于产出增长具有显著的正贡献,各模型显示其贡献大致在3%~5%；但是，这一正的贡献并没有能促进区域内部省（市、区）间的趋同发展；其原因可能在于各地的资本投入仍然是经济增长的核心动力，但这种投入更多的是一种粗放型数量增长，因此，经济发达的地区往往有更加充裕的资本投入，从而带来带高的产出水平；经济相对落后的地区则在资本投入规模上偏小，由此带来的经济增长速度较小，经济增长不收敛。劳动力与人力资本对经济增长的贡献没有统计显著性，其原因可能在于整体上看劳动力趋于过剩，而人力资本水平不足，因而对经济增长贡献不多。

（2）技术收敛机制。从表7-11可知［表7-11中第（2）、（9）列］，整体来看，技术水平对经济增长率的提高的确有正向作用，其贡献的弹性水平大致在2.5%左右，且具有统计显著性。但是，在引入技术水平变量之后，增长率对初始经济的回归系数为正值，表明技术变量没有促成经济增长收敛。其原因可能与西部地区整体技术水平偏低、特别是地区间技术扩散效率不高有关——落后地区一方面没有技术基础，自身难以开展技术创新；同时，技术封锁使得落后地区很难以低成本获得技术，无法享受技术扩散的好处，从而阻滞了落后地区向发达经济的趋同发展。

（3）制度收敛机制。引入制度变量后，经济增长率对初期经济发展水平的回归系数为正，没有统计显著性［表7-11中第（3）、（10）列］，因而拒绝了条件β收敛性。具体考察各个制度变量发现，尽管从回归系数来看，金融发展水平、对外开放程度、政府收入比重和产业结构水平对经济增长率的提高是负效应，但这些系数均没有统计显著性。对西部大开发政策的考察，我们有与199—2009年相一致的发现：西部大开发政策对经济增长具有正的促进作用，且统计显著，但数值较小，对经济增长的促进力度偏小，对促进区域经济增长收敛没有显著作用。

总之,从实证检验结果看,单个收敛条件下西部地区经济增长拒绝了条件 β 收敛性,表明单个收敛机制在 1978—2009 年未能促进经济收敛。

7.4.3.2 收敛机制的联合作用与经济增长收敛性

在 1978—2009 年,尽管从单个收敛机制来看,经济增长拒绝了条件 β 收敛性;但如果将收敛机制进行叠加,在收敛机制的联合作用之下,西部地区经济增长存在条件 β 收敛性。

(1) "禀赋收敛机制" + "技术收敛机制"。当同时考虑投入要素与技术水平之后,经济增长存在条件 β 收敛性,经济增长率对初期经济水平显著为负[表 7-11 中第 (4)、(11) 列],这一结果在 SAR 模型尤其明显,表明投入要素与技术变量组成的"禀赋技术收敛机制",对经济增长收敛具有实际的促进作用。这一结论具有合理性,因为技术要么体现为资本生产效率的提高,要么体现为人力资本水平的增长,因而总是依附于投入要素,技术与要素的结合是经济增长的必要条件和增长收敛的实现路径。

(2) "禀赋收敛机制" + "制度收敛机制"。当同时引入投入要素与制度变量后,考虑禀赋收敛机制与制度收敛机制的联合作用,我们发现,在此期间,经济增长不存在条件 β 收敛性。这一结果具有稳健性,在 SAR 与 SEM 模型中是一致的[表 7-11 中第 (5)、(12) 列]。而具体到各个机制内部来看,资本对经济依然具有显著的正向作用,其对产出增长率的贡献弹性水平约为 3%;其余诸变量不具有统计显著性。比较单独的禀赋收敛机制条件下,资本的弹性水平约为 2.5% 左右,我们发现,尽管各制度变量自身对经济增长率的提高没有直接显著作用,但能促进资本的贡献水平,表明了制度与要素之间具有交互效应从而对经济增长率的提高具有间接效应。

(3)"技术收敛机制"+"制度收敛机制"。在考虑技术水平与制度变量的情况下,同样发现不存在条件 β 收敛性[表7-11中第(6)、(13)列]。表现为,尽管经济增长率与经济初始水平成负向关系,但这一负系数值不具有统计显著性。在 SAR 与 SEM 模型中均验证了这一点。

(4)"禀赋收敛机制"+"技术收敛机制"+"制度收敛机制"。最后将三种收敛机制同时引入模型,对经济收敛性进行考察,结果发现此时存在显著的条件 β 收敛性[表7-11中第(7)、(14)列]。与同样存在条件 β 收敛性的"禀赋收敛机制"+"技术收敛机制"情形相比较,我们发现此时收敛系数由 SAR 模型中的 -0.0406,变为 -0.0676;由 SEM 模型中的 -0.0374 变动为 -0.0719,收敛系数的绝对值有了明显增大,表明在三个收敛机制的联合作用下,西部地区经济增长的收敛性明显提高。

7.4.4 空间交互效应与经济增长收敛性

SPDM 方法通过引入空间滞后因子,对经济增长的空间相关性即空间交互效应进行识别。具体的,SAR 模型通过引入被解释变量即经济增长率的空间滞后因子,SEM 模型通过引入扰动项的滞后因子,从经济系统的空间内部对经济增长进行考察。分析1978—1992年、1992—2009年和1978—2009年三个阶段的实证模型,我们发现,不论是 SAR 模型还是 SEM 模型,空间交互效应对经济增长率的回归系数均为正,且有高度的统计显著性,这表明空间交互效应对经济增长收敛性具有正向促进作用。

SAR 模型的空间自相关效应表明,一个地区的经济增长,受到了与之邻近地区的经济增长的影响。一个地区快速增长,会对邻近地区的经济增长产生正面的促进作用,这是经济增长的空间示范效应。示范效应源于邻近地区技术扩散、资源流动等经济活动，这为经济增长的收敛性提供了直观依据。而 SEM 则从误差扰动的角度对经济增长收敛提供了不同见解。在 SEM 模型中，对经济的外生冲击由模型扰动项加以反映，而扰动项的空间相关意味着，某一地区经济增长受到的冲击，将会传递给其邻近地区，这种链式反应的结果是，在整个区域里均会受到这一冲击的影响，这是经济冲击的空间传递效应。传递效应导致各地区对外生冲击的"分担"，在逐步"熨平"外生冲击过程中，各区域经济融合性提高，有助于实现区域经济增长收敛。

空间示范效应与空间传递效应的显著存在，寓含着通过技术扩散、信息共享、资源流动以及政策关联等措施，实现区域经济增长收敛的可能，这对于缩小区域经济差距、实现区域协调发展具有重要的政策含义。

7.5　本章小结

经济增长的收敛机制旨在考察是什么因素以何种方式在多大程度上促进了经济增长收敛。本章基于 SPDM 方法，将投入要素、技术水平和制度条件等控制变量分别引入增长方程，采用条件 β 收敛性检验方程对 1978 年以来中国西部地区经济增长收敛性及其生成机制进行实证检验。根据第 3 章的理论设计，本章具体对禀赋收敛机制、技术收敛机制和制度收敛机制进行了实证检验，既包括对每个机制的单独作用的检验，也包括对多个机制叠加的联合作用的检验。研究分 1978—2009 年、1978—1992 年以及 1992—2009 年三个阶段进行，通过对不同阶段的比较分析，获得了下列主要结果：

（1）通过选择适当的控制条件，西部地区经济增长存在条件收敛性；但各收敛机制对经济收敛的具体促进作用不同。我们发现，不论是在两个分阶段，还是在整个样本期间，通过选择禀赋、技术或制度的单个收敛条件，或者对这几个收敛条件进行组合叠加，总能保证经济增长存在收敛性。这意味着，通过控制外生条件，是可以实现区域经济趋同发展的。但是，与绝对 β 收敛性不同，条件 β 收敛性是在施加了一系列控制条件之后的结果，表明只有这些条件得到满足，经济才有可能发生收敛的趋势。因此，存在条件 β 收敛并不意味着现实经济中人均产出或人均收入水平出现真实的绝对缩小。

（2）在1978—1992年，禀赋、技术或制度收敛机制各自对经济增长均存在促进作用，且任意两个机制或三个机制叠加之后，对经济增长收敛性的促进作用明显增加，表明这一时期三个收敛机制对增长收敛均有效。1992—2009年，单独看，只有禀赋收敛机制有效，通过将禀赋与技术叠加之后，由于存在机制之间的交互效应，使得收敛性增强；而技术与制度叠加并不能促进经济收敛。在整个样本期间（1978—2009年），从单个机制看，三个机制均对经济增长收敛均不存在显著的促进功能；而通过禀赋与技术叠加，以及同时考虑三大机制，则经济在整个样本期间同样存在条件 β 收敛性。

（3）禀赋机制与技术机制之间存在交互效应，表现在当对两个机制进行叠加时，其对经济增长收敛的促进能力，大于两个机制单独作用时促进效果之和。交互作用产生的原因在于技术总是依附于特定的投入要素发生作用，当技术与要素结合后，对经济增长有更强的促进作用。因此，技术与投入要素的合理组合，是实现经济增长收敛的有效路径。这预示可以通过技术创新和技术扩散促进增长收敛；这正是内生增长理论关于增长收敛的理论预言。

（4）对1978—2009年，特别是1992—2009年，根据对西部大开发政策效果的考察发现，西部大开发政策对经济增长具正的促进作用，且统计显著，但数值较小；而在缩小区域经济差距方面，西部大开发政策效果不明显。分析其原因，这可能与首轮西部大开发政策的根本任务在于缩小东西地区之间的发展差距，重点在基础设施建设和生态保护，因而政策对经济增长的功能是逐步释放的有关。因此，阶段性来看，西部大开发政策对经济的促进作用较小，对实现经济增长收敛、缩小地区经济差距没有显著的促进作用。

（5）以政府财政收入占 GDP 比重表示的利益分配制度，在各主要模型中均表现出对经济增长率显著的负面影响，表明政府过多地占有社会财富，将可能损害经济的持续增长。其原因可能在于，在市场经济条件下，家庭与企业作为经济的主体，其生产积极性与活力直接决定了经济发展的效率，但过高的财政收入，可能对家庭收入和企业资产构成过大侵蚀，制约了经济主体的生产积极性。因此，这为"藏富于民"的政策主张提供了有力的证据。

（6）以第三产业增加值占地区 GDP 的比重所表示的产业结构，从整体上看对经济增长具有显著的负效应。表明过分强调产业升级，可能损害经济的健康发展。这一发现具有重要的现实意义。20 世纪 90 年代以来，在产业升级的主张之下，各地纷纷将产业升级作为发展目标，过分追求第三产业的产值比重。尽管经济理论已经表明，产业结构升级是经济发展的必由之路，但产业升级只是发展经济的手段，而非目标；结构调整必须以符合当地的发展条件为基础，脱离现实基础，最终必将损害经济发展。西部地区由于发展历史、地理环境、自然条件等原因，现阶段跨越式发展第三产业的条件并不成熟，脱离实际盲目追求产业升级，结果必然是损害经济发展。这从实证角度，为采取适合本地发展优势、避免盲目追求跨越式发展的战略理念提供了现实依据。

（7）SAR 模型的空间自相关效应表明，由于邻近地区间的资源流动、技术扩散、政策关联等，一个地区的经济增长会对邻近地区的经济增长产生正面的促进作用，这是"经济增长的空间示范效应"。示范效应可能促进落后地区向发达地区的趋同发展。而在 SEM 模型中，对经济的外生冲击由模型扰动项加以反映，而扰动项的空间相关意味着，某一地区经济增长受到的冲击，将会传递给其他邻近地区，产生"经济冲击的空间传递效应"。传递效应导致各地对外生冲击的"分担"，在逐步"熨平"外生冲击过程中，各区域经济融合性提高，有助于实现区域经济增长收敛。示范效应与传递效应的显著存在，寓含着通过技术扩散、信息共享、资源流动以及政策关联等措施，实现区域经济增长收敛的可能。这对于缩小区域经济差距、实现区域协调发展具有重要的政策启示意义。

8
研究结论、建议及展望

缩小区域经济差距，促进区域协调发展，既是拓展市场、扩大内需以实现经济持续健康发展的现实需要，也是各地区共享发展成果，实现共同富裕的社会主义制度的内在要求。西部地区作为中国的欠发达地区，在区域经济协调发展过程中，一方面要缩小西部与东部地区之间的发展差距，促进东西区域间的协调发展；另一方面也要缩小西部内部的发展差距，促进其内部省（市、区）的协调发展。西部地区占全国国土总面积的70%以上，幅员辽阔，没有西部地区内部的协调发展，就不可能有全国整体的协调发展。因此，深入分析西部地区内部经济差距现状，考察其收敛性及其机制，具有重要意义。

本书在系统梳理国内外现有研究文献的基础上，结合经济增长收敛的理论基础，提炼归纳了经济增长收敛的三大理论机制：禀赋收敛机制、技术收敛机制和制度收敛机制。并根据新中国成立以来，特别是改革开放政策实施以来西部地区各省（市、区）的实际经济数据，深入分析了西部地区内部省（市、区）的经济差距发展现状，考察了经济增长的收敛性及其生成机制，积极探寻区域收敛的实现路径，为缩小区域经济差距提供决策依据。研究获得了以下几方面的主要研究结论，据此提出促进区域经济协调发展的对策建议。

8.1　研究结论

（1）西部地区内部省（市、区）间的经济发展差距的阶段性特征明显，呈阶段性扩大或缩小的发展态势。具体而言，表现出以下特点：

①在研究的整个期间（1952—2009年），区域经济差距的变动趋势成"N"形曲线特征，即为扩大—缩小—扩大的变化特征，整体上不存在 σ 收敛。

②1978年改革开放政策实施以来，西部地区经济差距表现出明显的"U"形曲线特征：以1991年为转折点，在1991年以前，区域差距趋于缩小，存在 σ 收敛；此后，区域经济差距急剧扩大，表现出 σ 发散性。

③现阶段，西部地区经济发展差距处于历史高点，且这趋势仍有可能继续，这标志着缩小西部地区内部经济差距、实现区域协调尚任重道远。

（2）采用EMD方法，对区域差距进行多时间尺度分解分析，提取区域差距的变动趋势；并从三次产业发展的角度，考察并发现三次产业的不平衡发展对区域差距波动有重要影响。具体取得以下发现：

①从长期趋势与短期波动来看，西部地区间经济差距发展趋势受到了不同时间尺度的波动冲击。这些波动冲击主要有准周期约为3年的短期波动分量，以及准周期约为9.5年和25年的中期波动分量。这些波动分量与长期趋势一起，共同决定了区域经济差距的"N"形或"U"形曲线特征。

②从三次产业角度考察区域差距的成因，研究发现，不同

历史阶段条件下,三次产业的发展水平不同,其对经济差距的贡献各异,而实际的区域经济差距正是三次产业在地区间不平衡发展的综合作用结果;某一产业的快速发展时期,也恰恰是该产业对区域经济差距的贡献快速增大的时期。这一发现寓含了重要的政策与实践指导价值。

(3) 1978年改革开放政策实施以及1992年社会主义市场经济制度的建立是中国社会经济的重大事件。对1978—1992年、1992—2009年以及1978—2009年三个阶段,分别进行绝对 β 收敛检验和条件 β 收敛检验。研究发现:

①整体来看,西部地区经济增长不存在绝对 β 收敛性;特别是1992年实行社会主义市场经济制度以后,经济增长表现出绝对发散性而不是收敛。经济增长绝对发散意味着单纯依靠市场力量,经济自然发展的结果将会导致严重的地区差距,最终损害经济发展。

②在三个研究阶段,通过选择适当的控制条件,西部地区经济增长存在显著的条件收敛性。条件收敛表明通过对投入要素、技术水平和制度变量等收敛条件进行控制,则缩小区域差距、促进协调发展是有可能实现的。

③"绝对发散"与"条件收敛"的发现表明在发展西部地区经济过程中,坚持区域协调发展的战略理念具有现实必要性和紧迫性。

(4) 经济增长的三大收敛机制以及不同机制的组合,在不同发展阶段下对经济增长收敛性的促进作用不同:

①在1978—1992年,禀赋、技术或制度收敛机制各自单独对经济增长收敛均存在促进作用;且通过机制叠加,机制的联合作用对经济增长收敛性的促进作用明显增强,表明这一时期三个收敛机制对增长收敛均有效。

②在1992—2009年,从单个机制看,只有禀赋收敛机制有效,通过将禀赋与技术叠加之后,存在机制之间的交互效

应，使得收敛性增强；而技术与制度叠加却不能促进经济收敛性的发生。

③在1978—2009的整个样本期间，从单个机制看，三个机制均对经济增长收敛均不存在显著的促进功能；而通过禀赋与技术叠加，以及同时考虑三大机制，则经济在整个样本期间同样存在条件 β 收敛性。

（5）禀赋机制与技术机制之间存在交互效应，表现在当对两个机制进行叠加时，其对经济增长收敛的促进能力，大于两个机制单独作用时促进效果之和。交互作用产生的原因在于技术总是依附于特定的投入要素发生作用，当技术与要素结合后，对经济增长有更强的促进作用。因此，技术与投入要素的合理组合，是实现经济增长收敛的有效路径，从而预示可以通过技术创新和技术扩散促进增长收敛；这正是内生增长理论关于增长收敛的理论预言。

（6）整体上看，制度收敛机制对经济促进增长的收敛性促进作用不强。通过考察具体的制度变量，我们获得了以下几个方面的重要发现：

①以政府财政收入占 GDP 比重表示的利益分配制度，在各主要模型中均表现对对经济增长率显著的负影响，表明政府过高地占有社会财富，将可能损害经济的持续增长。其原因可能在于，在市场经济条件下，家庭与企业作为经济的主体，其生产积极性与活力直接决定了经济发展的效率。但过高的财政收入，可能对家庭收入和企业资产构成过大侵蚀，制约了经济主体的生产积极性。因此，这为"藏富于民"的政策主张提供了有力的论证。

②以第三产业增加值占地区 GDP 的比重所表示的产业结构，从整体上看对经济增长具有显著的负效应。表明过分强调产业升级，可能损害经济的健康发展。这一发现具有重要的现实意义。20世纪90年代以来，在产业结构升级的主张之下，

各地纷纷将产业结构升级作为发展目标,一味追求第三产业的产值比重。尽管经济理论已经表明,产业结构升级是经济发展的必由之路,但产业升级只是发展经济的手段,而非目标;结构调整不能脱离现实基础,否则最终必将损害经济发展。西部地区由于发展历史、地理环境、自然条件等原因,现阶段跨越式发展第三产业的条件并不成熟,脱离实际过分强调产业升级,必定不利于经济的持续稳定发展。这从实证角度,为采取适合本地发展优势、避免盲目追求跨越式发展的战略理念提供了现实依据。

③西部大开发政策对经济增长率具有统计显著的正的促进作用,但作用效果偏小,且对于经济增长的区域收敛性的促进作用不明显。这与首轮西部大开发政策的重点在于基础设施和生态建设方面,因而对经济增长的功能是逐步释放的有关。因此,阶段性来看,大开发政策对经济的促进作用较小,对实现经济增长收敛、缩小地区经济差距没有显著的促进作用。

(7)对于区域经济发展差距,需要客观辩证地看待。在经济发展水平整体较低的条件下,尤其是资金短缺的时代,区域差距的存在甚至一定程度的扩大具有合理性,这有助于集中优势资源,提高资源配置效率,并激发各地经济活力,符合邓小平同志的"允许一部分人、一部分地区先富起来"的战略思想;但随着经济的不断发展,各地生产力水平大力整体提升之后,"资金瓶颈"已经基本解除的发展条件下,区域差距的持续扩大将会损害经济发展。缩小区域差距,实现协调发展,既是扩大市场、促进内需以实现经济持续增长的现实要求,更是各地共享发展成果的社会主义制度的内在要求,契合了邓小平同志的"让先富带动后富、最后实现共同富裕"的发展理念。因此,现阶段中国西部地区内部差距的持续扩大,需要引起足够重视。

(8)空间交互效应对经济增长收敛性有显著的正向影响。

根据 SAR 和 SEM 模型实证结果发现,空间滞后因子对经济增长率的回归系数为正,有统计显著,表明空间交互效应对经济增长率的变动具有显著的正向影响:

①SAR 模型刻画了经济增长的空间示范效应。在 SAR 模型中,被解释变量的空间滞后因子所表达的空间自相关效应表明,由于邻近地区间的资源流动、技术扩散、政策关联等,一个地区的经济增长会对邻近地区的经济增长产生正面的促进作用,这是"经济增长的空间示范效应",即一个地区经济的发展很可能带动邻近区域经济的相应发展,其结果将可能是经济水平的整体提升,因此示范效应可能促进落后地区向发达地区的趋同发展。

②SEM 模型刻画了经济冲击的空间传递效应。在 SEM 模型中,对经济的外生冲击由模型扰动项加以反映,而扰动项的空间相关意味着,某一地区经济增长受到的冲击,将会传递给其他邻近地区,产生"经济冲击的空间传递效应",传递效应导致各地对外生冲击的"分担",在逐步"熨平"外生冲击过程中,各区域经济融合性提高,有助于实现区域经济增长收敛。

③示范效应与传递效应的显著存在,寓含着通过技术扩散、信息共享、资源流动以及政策关联等措施,实现区域经济增长收敛的可能。这对于缩小区域经济差距、实现区域协调发展具有重要的政策启示作用。

8.2 政策建议

1992 年中国特色社会主义市场经济制度建立以来,西部地区内部经济差距表现出持续扩大的发展态势,以及经济增长表现出"绝对发散"而"条件收敛"的实证发现,表明在发展西部地区经济过程中,坚持区域协调发展的战略理念具有现实必要性和紧迫性。

缩小经济差距,实现区域协调发展是一个综合的系统工程,需要统筹兼顾,多管齐下;政策效果的发挥需要多个政策的协调与配套,为此,根据实证研究结果,结合西部地区经济发展的现实,本研究尝试性提出一个"三级联动的区域经济协调发展政策建议体系"。

"三级联动的区域经济协调发展政策建议体系"意味着,在区域经济协调发展过程中,中央、区域和地方三级机构需要组成统一协调的有机整体,形成"中央调控、区域合作、地方发展"的发展格局。具体政策建议如下:

(1) 中央部门:加强宏观调控

中央政府从宏观角度对区域经济实施调控,为区域的协调发展提供政策支持与制度保障。实证研究表明,旨在促进区域协调发展的西部大开发政策实施10年以来,在缩小区域经济差距方面的贡献并不明显。这为新一轮深入实施西部大开发战略提出了更高的现实要求。在此背景下,需要制定并实施着力于发展落后地区经济的区域政策。通过政策优惠与扶持,努力提升落后地区自我发展能力;同时,通过引导与鼓励,促进发达地区在自身经济发展的同时,实现对落后地区的帮扶。深谋远虑、统筹兼顾,为西部区域经济协调发展注入生动的政策力量。通过人才、资金的区际流动,以及技术的区域交流与合作,努力促进资源、技术共享,从而扩大先进地区市场的同时,也为落后地区以低成本获得发展技术,并为迅速提高劳动生产率找到行之有效的手段,以此加强区域协作,实现经济增长收敛,促进区域协调发展。

(2) 区域部门:加强区域合作

随着经济的纵深发展,地区间的经济联系和影响日益增强,区域合作已经成为经济发展的常态。具体到西部地区,在区域之间的层面上,具体包括"东西合作"与"中西合作";在区域内部层面上,主要是加强西部地区内部省(市、区)的合作。

①加强"东西合作"。在发展水平上,西部地区较东部地区有较大的发展差距,显著的经济势差为双方协作提供了广阔的发展空间。一方面,西部地区丰富的资源和相对落后的发展状况,既可以作为原料供应地,为东部地区发展提供丰富优质的原料等生产资源,又可作为产品消费者,拓展了国内市场,扩大了东部地区的产品需要;另一方面,东部地区充足的资金、先进的生产技术和管理经验,为西部地区发展提供了资金保障和智力支持。具体的,东西地区可以在资源开发、产业转移与承接、技术转让等方面,开展广泛的区域协作,实现合作共赢。

②加强"中西合作"。中部地区虽然不及东部地区的发展水平,但中部与西部地区在地理上的邻近为区域合作提供了现实可能。在产品开发、项目共建、技术研发等方面,寻找合作机会,实现协同发展。

③加强西部地区内部省(市、区)间的合作。西部内部12省(市、区),由于历史发展、地理环境、自然条件的差别,彼此之间形成了各具特色的发展格局;同时,同处西部地区内部,面临共同的宏观环境和发展政策,具有良好的合作基础。特别是,近年来,通过组建经济合作区,例如成渝经济区、关中-天水经济区等,对区域经济的趋同发展起到了良好的示范与带动作用。

(3)地方部门:加强自我发展

从构建与提升自我发展能力出发,大力发展地方经济,促进区域协调。具体有如下各项对策措施:

①实施产业驱动。产业的选择要以适合本地经济发展为目

标,不能盲目追求所谓的产业结构升级。过分追求产业结构升级,而忽视自身发展条件,会损害经济的持续健康增长。因此,各地必须根据自身发展历史、地理环境、自然条件等当地实际情况,因地制宜、扬长避短,选择适合自身的优势产业,培育地方经济的产业增长极,进而带动经济的整体发展。

②加强技术创新。技术进步是经济增长的根本动力;适宜技术与要素的有效组合,是经济增长的有效加速器,也是缩小区域经济差距的现实路径。因此,通过技术研发、技术交流与技术共享,加强技术创新,提升技术水平,缩小与发达地区的技术差距,促进区域经济的协调发展。

③积累人力资本。劳动者素质的提高,已经成为经济发达地区经济增长的主导力量。然而,实证结果表明,在西部地区经济增长的过程中,人力资本并没有能充分发挥出增长贡献。这显然与西部地区劳动者素质的整体水平不高是紧密相关的;特别的,我们看到,整体而言,具有高等教育水平的劳动者在西部地区的比重整体较低,直接导致了劳动者人力资本积累的不足。因此,提高劳动者受教育水平,特别是扩大拥有高等教育水平的劳动者在就业人口中的比例,加强人力资本积累,对促进经济增长具有特殊重要性。

④强化制度建设。制度作为经济发展的宏观背景,对经济发展具有特别重要的意义:良好的社会经济制度促进经济增长,而糟糕的制度安排将阻滞经济的健康发展。因此,建立一套适合自身经济发展的社会经济制度、对经济发展给予制度上的保障,就显得尤其重要。具体的,在当前经济发展过程中,建立合理的利益分配制度,减轻家庭和企业负担,"藏富于民",保证家庭和企业的生产积极性,对经济的持续增长具有现实意义。

总之,在坚持区域协调发展理念下,通过中央、区域和地方的联动协作,积极采取措施,提升西部地区经济综合实力,并不断缩小区域内部各省（市、区）的经济差距，有助于促进区域经济的协调发展。

8.3 不足与展望

8.3.1 研究中存在的不足

通过理论分析与实证检验，本研究得出了一些有价值的研究结论。但由于各种条件的限制，研究尚存在以下不足，需要在后续研究中不断完善：

1. 人力资本的测算略显简单化

在本书的实证研究对人力资本的测算采用了较为简单的平均受教育年限法。尽管这是经验研究中最为常见的做法，但显然这种测算方法略显简单化。其主要的问题在于，将人力资本的形成与积累全部归于学校的正规教育。但事实上，人力资本的形成除了学校的正规教育之外，还有另外的重要途径（谭永生，2007；吉彩红，2010），包括：①非正规的学校教育（例如在职培训等）形成的人力资本；②医疗、卫生、保健所形成的人力资本；③人口流动与迁移所形成的人力资本等。由于完整的数据资料的缺乏，本书采用了以劳动者的平均受教育年限法来测算人力资本，而对上述其他方面形成的人力资本未予考虑，其结果可能会对实际人力资本总量及平均水平造成一定程度的低估。

2. 制度变量的设计不够全面

作为经济环境的社会经济制度，具有广泛的经济内容。但由于受到数据可获得性的限制，研究中未能对影响宏观经济增长的制度进行更加全面的考察。这些重要制度还包括：城市化发展水平、经济市场化发展水平等（金玉国，2001；王小鲁、樊纲，2004）。作为影响宏观经济增长的重要制度变量，这种忽略可能影响研究结论的严密性。

3. 技术收敛机制的研究可以更加深入

出于本书的研究目的，在研究中仅仅对全要素生产率（TFP）对经济增长的收敛性进行了考察。虽然研究得出了具有重要经济意义的结论，但这种总量式的研究略显笼统而不够深入。根据 Farrell（1957）等的定义，TFP 的变动可以分解为技术效率的变动与技术进步两个方面；而技术效率则可再进一步分解为纯技术效率的变动与规模效率的变动两个方面。通过对纯技术效率变动、规模效率变动以及技术进步的深入考察，从各分量入手考察其对经济增长收敛的影响，将有可能得出更加丰富的研究结论，使得对技术变量促进经济增长收敛性的考察更加深入和透彻，并可能据此得出技术收敛机制自身的发展规律，为相应的政策安排提供更加准确的理论依据。

8.3.2 研究展望

西部地区面积辽阔、资源丰富，具备广阔的发展潜力，在国家战略层面上具有重要的发展地位；但作为中国经济欠发达地区，西部地区经济发展水平的相对滞后阻滞了我国全面建设小康社会目标的实现。大力发展西部，促进区域协调发展，已经成为全社会的共识。在缩小西部与东部地区发展差距的过程中，如何保障西部区域内部的平衡与协调，这将是实际经济工作中的重要课题，也必将吸引越来越多的理论与实际研究的深入进行。笔者相信，本书研究中所存在的上述困难与不足，必将随着数据资料的不断丰富、理论方法的不断完善而得到有效克服，相关研究也必将会更加深入且细致。这是笔者后续研究的努力方向。

参考文献

[1] Aghion, P., Bolton, P., 1997, A Theory of Trickle-down Growth and Development [J]. Review of Economic Studies 64 (2): 151-172.

[2] Alam, M S, Naseer, A., 1992, Convergence and Polarization: Testing for the Inverted-U Relation Between Growth Rates and GDP Per Capita [J]. Applied Economics, 24 (3): 363-366.

[3] Anselin, L., 2007, Spatial econometrics in RSUE: Retrospect and prospect [J]. Regional Science and Urban Economics 37: 450-456.

[4] Anselin, L., 2010, Thirty years of spatial econometrics [J]. Papers in Regional Science, Volume 89 Number 1 March: 3-26.

[5] Anselin, L., 1988, Spatial econometrics: methods and models [M]. Kluwer, Dordrecht.

[6] Anselin, L., Hudak, S., 1992, Spatial econometrics in practice: a review of software options [J]. Reg Sci Urban Econ, 22 (3): 509-536.

[7] Badi H. Baltagi. 2005, Econometric Analysis of Panel

Data (Third edition) [M]. England: John Wiley & Sons Ltd.

[8] Banerjee, A. , Newman, A. , 1993, Occupational Choice and the Process of Development [J]. Journal of Political Economy 101, 274 - 298.

[9] Barro, R. , 1991. Economic growth in a cross section of countries [J]. Quarterly Journal of Economics 106, 407 - 443.

[10] Barro, R. , Sala - i - Martin, X. , 1991, Convergence Across States and Regions [J]. Brookings Papers on Economic Activity, No. 1 (1991), 107 - 182.

[11] Barro, R. , Sala - i - Martin, X. , 1992. Convergence [J]. Journal of Political Economy 100 (2), 221 - 251.

[12] Baumol, W J, Wolff N, Edward. , 1988, Productivity-Growth, Convergence and Welfare: Reply [J]. American Economic Review, 8 (5): 1155 - 1159.

[13] Baumol, W. J. , 1986, Productivity Growth, Convergence, and Welfare: What the Long - Run Data Show [J]. The American Economic Review, 76 (5): 1072 - 1085.

[14] Ben - David, D. Convergence Clubs and Subsistence Economics. Working Paper 6276.

[15] Bernard, A. B. , & Durlauf, S. N. (1996). Interpreting Tests of the Convergence Hypothesis [J]. Journal of Econometrics 71, 161 - 174.

[16] Bernard, A. B. , Durlauf, S. N. , 1995, Convergence in International Output [J]. Journal of Applied Econometrics 10 (2), 97 - 108.

[17] Bernard. A, Jones. C. , 1996, Comparing Apples toOranges: Productivity Convergence and Measurement across Industries and Countries [J]. American Economic Review, 86 (5): 1216 -

1238.

[18] Bernard. A., Jones, C., 1996, Technology and convergence [J]. Economic Journal 106 (437), 1037 - 1044.

[19] Bhalla, Ajit, Yao Shujie and Zhang Zongyi, 2003, Regional mic performance inChina [J]. Econ. Transition 11 (1), 25 - 39.

[20] Boyle, G. E., McCarthy, T. G., 1997, A Simple Measure of β - convergence [J]. Oxford Bulletin of Economics and Statistics, 59 (2): 257 - 264.

[21] Brun, J. F., Combes, J. L. and Renard, M. F., 2002, Are there spillover effects between coastal and noncoastal regions inChina? [J]. China Econ. Rev., 13, 161 - 169.

[22] Cai, F., Wang. D. and Du. Y., 2002, Regional disparity a economic growth inChina: the impact of labour market distortions [J]. China Econ. Rev., 13, 197 - 212.

[23] Carlino, G., Mills. L., 1993, AreUS Regional Incomes Converging? A Time Series Analysis [J]. Journal of Monetary Economics, 32 (2): 335 - 346.

[24] Chen, J. and Fleisher, B. M., 1996, Regional income inequality and economic growth inChina [J]. J. Comp. Econ., 22, 141 - 164.

[25] Dagum Camilo, 1997a, A new approach to the decomposition of the Gini income inequality ratio [J]. Empirical Econ., 22 (4), 515 - 531.

[26] Danny, T. Quah, 1993, Galton's Fallacy and Tests of the Convergence Hypothesis [J], Scandinavian Journal of Economics, vol. 95 (4), 427 - 443.

[27] Danny, T. Quah, 1996, Growth and Convergence in

Models of Distribution Dynamics [J]. The Economic Journal, Vol. 106 (437), 1045 - 1055.

[28] De Long, B. , 1988, Productivity growth, convergence, and welfare: Comment [J]. American Economic Review 78 (5), 1138 - 1154.

[29] Demurger, S. , 2001, Infrastructure development and economic growth: an explanation for regional disparities inChina? [J]. J. Comp. Econ. , 29, 95 - 117.

[30] Elhorst J. P. , 2003, Specifcation and estimation of spatial panel data models [J]. International regional science review 26, 3: 244 - 268.

[31] Elhorst J. P. , 2008, Serial and spatial error correlation [J]. Economics Letters 100 (2008): 422 - 424.

[32] Elhorst J. P. , 2010, Dynamic panels with endogenous interaction effects when T is small [J]. Regional Science and Urban Economics 40 : 272 - 282.

[33] Elhorst J. P. , 2010, Matlab sofeware for spatal panels [J]. the IVth World Conference of the Spatial Econometrics Association (SEA), Chicago, June 9 - 12.

[34] Evans, P. , Karras, G. , 1996, Do economies converge? Evidence from a Panel of U. S. States [J]. The Review of Economics and Statistics, 78 (3), 384 - 388.

[35] Friedman, M. , 1992, Do Old Fallacies Ever Die? [J]. Journal of Economic Literature, 30 (4): 2129 - 2132.

[36] Fu. F. , Li, C. , 1996, Disparities in mainland China's regiona economic development and their implications for central - loca economic relations [J]. Issues and Studies. 31 (11), 1 - 30.

[37] Fujita, M., Hu, D., 2001, Regional disparity inChina 1985 - 1994: the effects of globalization and economic liberalization [J]. Annals of Reg. Science, 35 (1), 3 - 38.

[38] Giuseppe Arbia, Roberto Basile, Gianfranco Piras, 2005, Using Spatial Panel Data in Modelling Regional Growth and Convergence [J]. Istituto di Studi e Analisi Economica. Working paper 55.

[39] Golley, J., 2002, Regional patterns of industrial development duringChina s economic transition [J]. Econ. Transition, 10 (3), 761 - 801.

[40] Grossman. G., Helpman, E., 1991, Innovation and Growth in the Global Economy [M]. Cambridge, MA: MIT Press.

[41] Hall, S, Aubyn, St M., 1995, Using the Kalman Filter to Test for Convergence: A Comparison to Other Methods Using Artificial Data [J]. Documento de Trabalho, 1995 (11): 233 - 245.

[42] Harold, O., Fried, C. A., et al., 2008, The measurement of productive efficiency and productivity growth [M]. England: Oxford University Press, Inc.

[43] Huang, N. E., Shen, Z., Long, S. R., 1999, A New View of Nonl inear Water Waves: the Hilbert Spectrum [J]. Annual Review of Fluid Mechani cs, 31: 417 - 457.

[44] Huang, N. E., Shen, Z., Long, S. R., 1998, The Empirical Mode Decomposition and the Hilbert Spectrum f or Nonlinear and Non - Stationary Series Analysis [J]. Proceedings of the Royal Society ofLondon A, 454: 903 - 995.

[45] Islam N., 1995, Growth empirics: A panel data ap-

proach, Quarterly Journal of Economics, 4, 1127 – 1170.

[46] Islam N., 2003, What have we learnt from the convergence debate?, Journal of Economic Surveys, 17, 309 – 362.

[47] Jia L., 1998, Regional catching up and productivity growth in Chinese reform period [J]. International J. Social Econ., 25 (6): 1160 – 1177.

[48] Jian T., Sachs, J., Warner, A., 1996, Trends in regional inequality inChina [J]. China Econ. Rev. 7 (1) 1 – 21.

[49] Krugman, P, R., 1990, Rethinking International Trade [M]. Cambridge, MA: MIT Press.

[50] LeSage, J. P., Kelley, R. P., 2009, Introduction to Spatial Econometrics [M]. Taylor & Francis Group, LLC, New York.

[51] LeSage, J. P., 1999, Spatial econometrics. www. spatial – econometrics. com/html/sbook.

[52] Li, Q., Papell, D., 1999, Convergence of International Output Time Series Evidence for 16 OECD Countries [J]. International Review of Economics and Finance, 8 (3), 267 – 280.

[53] Lin, S., 2000, Resource allocation and economic growth inChina [J]. Econ. Inquiry 38 (3), 515 – 526.

[54] Lu, D., 2002, Rural – urban income disparity: impact of growth, allocative efficiency and local growthwelfare [J]. China Econ. Rev. 13, 419 – 429.

[55] Lu, M., Wang, E., 2002, Forging ahead and falling behind: changing regional inequalities in post – reformChina [J]. Growth and Change 33 (1), 42 – 71.

[56] Manfred M. Fischer, Arthur Getis. 2010, Handbook of Applied Spatial Analysis: Software Tools, Methods and Applications

[M]. Springer–Verlag Berlin Heidelberg.

[57] Mankiw, N. G., Romer, D., Weil, D. N., 1992. A contribution to the empirics of economic growth [J]. Quarterly Journal of Economics 107 (2), 407–437.

[58] Manski, C. F., 1993, Identification of endogenous social effects: the reflection problem [J]. Rev Econ Stud 60: 531–542.

[59] Misbah, T. Choudhry, Paul J. Elhorst, 2010, Demographic transition and economic growth inChina, India and Pakistan [J]. Economic Systems 34 (2010), 218–236.

[60] Olson, M., 1982, The Rise and Decline of Nations [M]. New Haven: Yale University Press.

[61] Paul M. Romer, 1986, Increasing Returns and Long–Run Growth [J]. The Journal of Political Economy, Vol. 94, No. 5: 1002–1037.

[62] Peter Skott, 1999, Economic divergence and institutional change: some observations on the convergence literature [J]. Journal of Economic Behavior & Organization Vol. 39 (1999): 235–247.

[63] Poncet, S., 2003, Measuring Chinese domestic and internationa integration [J]. China Econ. Rev. 14, 1–21.

[64] Renard, Mary–Francoise, 2002, Apessimistic viewon the impact of regional inequalities [J]. China Econ. Rev. 13, 341–344.

[65] Rey S. J., 2001, Spatial Empirics for Economic Growth and Convergence [J]. Geographical Analysis, 33 (3), 195–214.

[66] Robert E. LUCAS, Jr., 1988, On the mechanics of

economic development [J]. Journal of Monetary Economics 22 (1988) 3 - 42.

[67] Ruffin, R. J. , 1988, The Missing Link: The Ricardian Approach to the Factor Endowments Theory of Trade [J]. American Economic Review, 78 (4): 759 - 772.

[68] Shan, J. , 2002, A macroeconomic model of income disparity in Chin [J]. Int. Econ. J. 16 (2), 47 - 63.

[69] Skott, P. , Sethi, R. , 1997. Uneven development and the dynamics of distortion, Working paper 1997 - 23, University of Aarhus.

[70] Solow R M. , 1956, A Contribution to the Theory of Economic Growth [J]. Quarterly Journal of Economics, 70 (1): 65 - 94.

[71] Sun, H. and Parikh, A. , 2001, Exports, inward foreign direc investment (FDI) and regional economic growth inChina [J]. Reg. Studies 35 (3), 7 - 196.

[72] Tian, X. , 1999, Market orientation and regional economic disparities inChina [J]. Post - Communist Economies 11 (2) 161 - 172.

[73] Tsui, K. Y. , 1996, Economic reform and interprovincial inequalities inChina [J]. J. Develop. Econ. 50, 353 - 368.

[74] Wade D. Cook, Larry M. Seiford, 2009, Data envelopment analysis (DEA) - Thirty years on [J]. European Journal of Operational Research , 2009 (192) 1 - 17.

[75] Wan, G. , 2001, Changes in regional inequality in rural China: decomposing the Gini index by income sources [J]. The Australian J. of Agricultural and Resource Econ. 45 (3), 316

-381.

[76] Wei, Y., Liu, X., Song, S., Romilly, P., 2001, Endogenous Innovation Growth Theory and Regional Income Convergence inChina [J]. J. of Int. Develop. 13 (2), 153-168.

[77] Wei, Y. D., 1999, Regional inequality inChina [J]. Progress in Human Geography 23 (1), 49-59.

[78] William W. Cooper, Lawrence M. Seiford, Joe Zhu, 2004, Handbook on Data Envelopment Analysis [M]. Kluwer Academic Publishers, Boston.

[79] Wu Yanrui, 2002, Regional disparities inChina: An alternative view [J]. Int. J. of Social Econ. 29 (7), 575-598.

[80] Xu, X., 2002, Have the Chinese provinces become integrated under reform? [J]. China Econ. Rev. 13, 116-133.

[81] Yang, D. T., 1999, Urban-biased policies and rising income inequality inChina [J]. Am. Econ. Rev. 89 (2), 306-310.

[82] Yang, D. T., 2002, What has caused regional inequality inChina? [J]. China Econ. Rev. 13, 331-334.

[83] 白仲林. 面板数据的计量经济分析 [M]. 天津: 南开大学出版社, 2008.

[84] 蔡昉, 都阳. 区域差距、趋同与西部开发 [J]. 中国工业经济, 2001 (2): 48-54.

[85] 蔡昉, 都阳. 中国地区经济增长的趋同与差异 [J]. 经济研究, 2000 (10): 30-37.

[86] 陈晓玲, 李国平. 地区经济收敛实证研究方法评述 [J]. 数量经济技术经济研究, 2007 (8): 151-160.

[87] 陈晓玲, 李国平. 我国地区经济收敛的空间面板数据模型分析 [J]. 经济科学, 2006 (5): 5-17.

[88] 程建, 连玉君. 中国区域经济增长收敛的协整分析 [J]. 经济科学, 2005 (5): 16-23.

[89] 戴广. 政府规模和经济收敛 [J]. 经济学, 2004 (3): 639-656.

[90] 戴维·罗默. 高级宏观经济学 [M]. 2版. 王根蓓, 译. 上海: 上海财经大学出版社, 2003.

[91] 单豪杰. 中国资本存量K的再估算: 1952—2006年 [J]. 数量经济技术经济研究, 2008 (10): 17-31.

[92] 邓拥军, 王伟, 钱成春, 等. EMD方法及Hilbert变换中边界问题的处理 [J]. 科学通报, 2001 (2): 257-263.

[93] 鄂永健. 中国地区间价格水平差距趋于收敛还是发散 [J]. 经济评论, 2007 (5): 113-116.

[94] 傅晓霞, 吴利学. 技术效率、资本深化与地区差 [J]. 经济研究, 2006 (10): 52-60.

[95] 甘家武. 财政支出与经济收敛关系的实证研究 [J]. 中南大学学报: 社会科学版, 2010 (4): 79-83.

[96] 管卫华, 林振山, 顾朝林. 中国区域经济发展差异及其原因的多尺度分析 [J]. 经济研究, 2006 (7): 117-125.

[97] 郭爱君, 贾善铭. 经济增长收敛研究: 基于西部地区1952—2007年的省级面板数据 [J]. 兰州大学学报: 社会科学版, 2010 (4): 123-130.

[98] 郭朝先. 我国三大地带俱乐部收敛了吗? ——基于1993—2004年人均GRP的数据分析 [J]. 经济管理, 2006 (21): 76-80.

[99] 郭鹏辉. 中国大陆省市经济增长收敛性的空间计量经济分析 [J]. 经济与管理, 2009 (3): 5-8.

[100] 郭庆旺, 贾俊雪. 中国区域经济趋同与差异的因素

贡献分析［J］. 财贸经济, 2006（02）: 11-17.

［101］郭纹廷, 王文峰. 金融发展失衡的区域性分析［J］. 财经科学, 2005（2）: 22-28.

［102］郝睿. 经济效率与地区平等: 中国省际经济增长与差距的实证分析（1978—2003）［J］. 世界经济文汇, 2006（2）: 11-29.

［103］何江, 张馨之. 中国区域经济增长及其收敛性: 空间面板数据分析［J］. 南方经济, 2006（05）: 44-52.

［104］贺清云, 刘冬荣, 黄飞, 等. 湖南省区域趋同分析［J］. 人文地理, 2005（06）: 11-14.

［105］黄金辉. 人力资本促进经济增长机理分析: 国内外研究述评［J］. 学习与探索, 2007（5）: 122-123.

［106］金玉国. 宏观制度变迁对转型时期中国经济增长的贡献［J］. 财经科学, 2001（2）: 24-28.

［107］黎德福, 陈宗胜. 改革以来中国经济是否存在快速的效率改进？［J］. 经济学（季刊）, 2006（1）: 1-25.

［108］李光泗, 徐翔. 技术引进与地区经济收敛［J］. 经济学, 2008（3）: 983-996.

［109］李平, 随洪光. 国际技术扩散与经济增长: 收敛模型［J］. 南开经济研究, 2006（6）: 50-59.

［110］李胜会. 经济集聚与区域经济增长: 理论探讨和实证研究［D］. 广州: 暨南大学博士学位论文, 2008.

［111］林光平, 龙志和, 吴梅. 我国地区经济收敛的空间计量实证分析: 1978—2002年［J］. 经济学（季刊）, 2005（4）: 68-82.

［112］林光平, 龙志和, 吴梅. 中国地区经济 σ-收敛的空间计量实证分析［J］. 数量经济技术经济研究, 2006（4）: 14-21.

[113] 林毅夫，蔡昉，都阳. 中国经济转轨时期的地区差距分析 [J]. 经济研究，1998 (6)：3-10.

[114] 林毅夫，董先安，殷韦. 技术选择、技术扩散与经济收敛 [J]. 财经问题研究，2004 (6)：3-10.

[115] 林毅夫，刘培林. 中国的经济发展战略与地区收入差距 [J]. 经济研究，2003 (3)：19-25.

[116] 林毅夫，张鹏飞. 后发优势、技术引进和落后国家的经济增长 [J]. 经济学季刊，2005 (1)：53-74.

[117] 林毅夫. 发展战略、自生能力和经济收敛 [J]. 经济学季刊，2002 (1)：269-300.

[118] 刘春艳，穆新伟，刘淑娟. 山东省区域经济增长趋同研究 [J]. 山东师范大学学报：自然科学版，2006 (3)：110-112.

[119] 刘木平，舒元. 我国地区经济的收敛与增长决定力量：1978—1997 [J]. 中山大学学报：社会科学版，2000 (5)：11-16.

[120] 刘强. 中国经济增长的收敛分析 [J]. 经济研究，2001 (6)：70-77.

[121] 刘生龙，王亚华，胡鞍钢. 西部大开发成效与中国区域经济收敛 [J]. 经济研究，2009 (9)：94-105.

[122] 刘生龙，张捷. 空间经济视角下中国区域经济收敛性再检验——基于 1985—2007 年省级数据的实证研究 [J]. 财经研究，2009 (12)：16-26.

[123] 刘夏明，魏英琪，李国平. 收敛还是发散？——中国区域经济发展争论的文献综述 [J]. 经济研究，2004 (7)：71-81.

[124] 刘旭华，王劲峰，孟斌. 中国区域经济时空动态不平衡发展分析 [J]. 地理研究，2004，23 (4)：530-540.

[125] 逯进. 西部地区人力资本与经济增长的关系研究 [D]. 广州：兰州大学博士学位论文，2006.

[126] 罗伯特·巴罗，哈维尔·萨拉伊马丁. 经济增长 [M]. 何晖，刘明兴，译. 北京：中国社会科学出版社，2000.

[127] 罗仁福，李小建，覃成林. 中国省际经济趋同的定量分析 [J]. 地理科学进展，2002（1）：73-79.

[128] 罗仲平. 西部地区县域经济增长点研究 [D]. 成都：四川大学博士学位论文，2006.

[129] 马晶梅. FDI 与我国地区经济增长及其收敛性研究——基于面板数据的分析 [D]. 哈尔滨：哈尔滨工业大学博士学位论文，2009.

[130] 马瑞永. 经济增长收敛机制：理论分析与实证研究 [D]. 杭州：浙江大学博士学位论文，2006.

[131] 马拴友，于红霞. 转移支付与地区经济收敛 [J]. 经济研究，2003（3）：26-33.

[132] 迈克尔·托达罗，斯蒂芬·斯密斯. 发展经济学 [M]. 余向华，陈雪娟，译. 北京：机械工业出版社，2009.

[133] 潘士远，史晋川. 内生经济增长理论：一个文献综述 [J]. 经济学（季刊），2002（7）：753-786.

[134] 彭国华. 我国地区经济的俱乐部收敛性 [J]. 数量经济技术经济研究，2008（12）：49-57.

[135] 彭国华. 中国地区收入差距、全要素生产率及其收敛分析 [J]. 经济研究，2005（9）：19-29.

[136] 彭支伟，陈柳钦. 转型时期中国经济增长的地区差异与收敛性分析 [J]. 经济研究参考，2006（3）：1-11.

[137] 皮永华. 区域技术创新扩散与经济增长收敛——基于长三角地区的实证研究 [J]. 南京财经大学学报，2008（2）：17-21.

[138] 蒲英霞, 马荣华, 葛莹, 等. 基于空间马尔可夫链的江苏区域趋同时空演变 [J]. 地理学报, 2005 (5): 817-826.

[139] 齐绍洲, 李锴. 发展中国家经济增长与能源消费强度收敛的实证分析 [J]. 世界经济研究, 2010 (2): 8-13.

[140] 阮敏. 全要素生产率与湖南经济增长的实证分析 [J]. 当代经济管理, 2006 (1): 50-54.

[141] 沈汉溪. 中国经济增长源泉分解——基于 Solow 增长核算、SFA 和 DEA 的比较分析 [D]. 杭州: 浙江大学博士学位论文, 2007.

[142] 沈坤荣, 耿强. 外国直接投资、技术外溢与内生经济增长 [J]. 中国社会科学, 2001 (5): 82-93.

[143] 沈坤荣, 马俊. 经济增长的收敛性: 一个理论分析框架 [J]. 经济学研究, 2002 (3): 52-58.

[144] 沈坤荣, 马俊. 中国经济增长的俱乐部收敛特征及其成因研究 [J]. 经济研究, 2002 (1): 33-39.

[145] 沈坤荣, 唐文健. 大规模劳动力转移条件下的经济收敛性分析 [J]. 中国社会科学, 2006 (5): 46-58.

[146] 沈能. 区域一体化与技术水平的俱乐部收敛性研究 [J]. 科学学与科学技术管理, 2009 (1): 108-114.

[147] 师萍, 宋文飞, 韩先锋, 等. 我国区域研发技术效率的空间相关性与收敛性分析 [J]. 管理学报, 2011 (7): 1045-1050.

[148] 史修松, 赵曙东. 中国经济增长的地区差异及其收敛机制 (1978—2009 年) [J]. 数量经济技术经济研究, 2011 (1): 51-62.

[149] 宋学明. 中国区域经济差距的收敛性分析 [J]. 经济研究, 1996 (9): 38-44.

[150] 宋学明. 中国区域经济发展及其收敛性 [J]. 经济研究, 1996 (9): 38-44.

[151] 随洪光. 国际技术扩散与经济增长——基于市场结构的理论与经验分析 [J]. 经济评论, 2009 (3): 115-121.

[152] 覃成林. 中国区域经济增长趋同与分异研究 [J]. 人文地理, 2004, 19 (3): 36-40.

[153] 滕建州, 梁琪. 中国区域经济增长收敛吗？[J]. 管理世界, 2006 (12): 32-41.

[154] 汪锋, 张宗益, 康继军. 企业市场化、对外开放与中国经济增长条件收敛 [J]. 世界经济, 2006 (6): 48-60.

[155] 王保庆, 李忠民. 30年来中国西部地区经济增长与城乡居民收入变迁研究 [J]. 经济经纬, 2011 (4): 35-39.

[156] 王金营. 中国经济增长与综合要素生产率和人力资本需求 [J]. 中国人口科学, 2002, (2): 13-19.

[157] 王林辉. 我国经济增长主要因素的理论研究与实证分析 [D]. 长春: 吉林大学博士学位论文, 2007.

[158] 王瑞芳, 余长林. 金融发展的经济增长效应 [J]. 山西财经大学学报, 2008 (5): 32-38.

[159] 王绍光, 胡鞍钢. 中国: 不平衡发展的政治经济学 [M]. 北京: 中国计划出版社, 1999.

[160] 王小鲁, 樊纲. 中国地区差距的变动趋势和影响因素 [J]. 经济研究, 2004 (1): 33-44.

[161] 王志刚, 聂秀东. 面板数据的单位根检验与增长收敛 [J]. 统计与决策, 2006 (6): 19-22.

[162] 王志刚. 质疑中国经济增长的条件收敛性 [J]. 管理世界, 2004 (3): 25-30.

[163] 威谦·格林. 计量经济分析 [M]. 费剑平, 译.

北京：中国人民大学出版社，2007．

[164] 魏后凯．现代区域经济学［M］．北京：经济管理出版社，2006．

[165] 魏后凯．中国地区经济增长及其收敛性［J］．中国工业经济，1997（3）：31-37．

[166] 吴彤，罗浩．中国区域经济趋同性研究综述［J］．当代财经，2004（4）：85-88．

[167] 吴新生．基于我国新区域面板数据的金融发展与经济增长收敛分析［J］．经济问题探索，2009（11）：111-115．

[168] 吴玉鸣，徐建华．中国区域经济增长集聚的空间统计分析［J］．地理科学，2004（6）：654-659．

[169] 吴玉鸣．中国省域经济增长趋同的空间计量经济分析［J］．数量经济技术经济研究，2006（12）：101-108．

[170] 吴跃，魏清泉．区域协调发展系统与规划理念分析［J］．地域研究与开发，2003（6）：6-10．

[171] 伍德里奇．横截面与面板数据模型的经济计量分析［M］．王忠玉，译．北京：中国人民大学出版社，2007．

[172] 夏万军，纪宏．技术扩散和区域经济收敛：一个理论模型的新框架［J］．商业经济与管理，2007（6）：28-31．

[173] 熊鹰，王克林，郭娴，等．湖南省地市经济差异综合评价及分区研究［J］．地域研究与开发，2004（3）：37-40．

[174] 徐现祥，李郇．中国城市经济增长的趋同分析［J］．经济研究，2004（5）：40-48．

[175] 许洪范．中国县域经济宏观管理中经济增长差异及其收敛性研究［D］．武汉：武汉理工大学博士学位论文，2007．

[176] 杨伟民．地区间收入差距变动的实证分析［J］．经

济研究, 1992 (1): 23-32.

[177] 尹伟华, 张焕明. 我国区域经济增长收敛的计量分析 [J]. 经济纵横, 2007 (11): 49-51.

[178] 应向阳, 张捷. 中国区域经济收敛与地区差距的再检验 [J]. 科学决策, 2010 (3): 51-61.

[179] 于君博. 前沿生产函数在中国区域经济增长技术效率测算中的应用 [J]. 中国软科学, 2006 (11): 50-59.

[180] 余长林. 中国区域经济增长条件收敛分析 [J]. 山西财经大学学报, 2008 (2): 39-46.

[181] 俞路, 蒋元涛. 我国区域经济差异的时空分析 [J]. 财经研究, 2007 (3): 17-28.

[182] 俞培果, 蒋葵. 经济收敛理论与检验方法研究综述 [J]. 管理学报, 2006 (4): 498-504.

[183] 袁立科. 区域外部性、对外开放与中国经济增长条件收敛 [J]. 当代经济科学, 2010 (4): 46-51.

[184] 曾光. 长三角城市经济增长的收敛性研究 [D]. 上海: 复旦大学博士学位论文, 2006.

[185] 张薄洋, 牛凯龙. 金融发展指标的演进逻辑及对中国的启示 [J]. 南开经济研究, 2005 (1): 79-85.

[186] 张焕明. 发展战略与经济收敛: 以中国各省份为样本 [J]. 统计研究, 2008 (11): 9-17.

[187] 张焕明. 我国经济增长的地区趋同性及其路径分析 [J]. 经济研究, 2005 (6): 16-27.

[188] 张嘉为, 陈曦, 汪寿阳. 新的空间权重矩阵及其在中国省域对外贸易中的应用 [J]. 系统工程理论与实践, 2009 (11): 84-92.

[189] 张军, 吴桂英, 张吉鹏. 中国省际物质资本存量估算: 1952—2001 [J]. 经济研究, 2004 (10): 35-44.

[190] 张伟丽. 区域经济增长俱乐部趋同：概念、识别及机制 [D]. 开封：河南大学博士学位论文, 2009.

[191] 张旭, 潘群. 金融发展指标体系及其在实证分析中的应用 [J]. 山西财经大学学报, 2002 (2): 66-69.

[192] 张学良. 长三角地区经济收敛及其作用机制：1993—2006 [J]. 世界经济, 2010 (3): 126-139.

[193] 张学良. 中国区域经济收敛的空间计量分析 [J]. 财经研究, 2009 (7): 100-109.

[194] 赵家章, 宗晓华. 全要素生产率、增长差异与区域经济收敛 [J]. 开发研究, 2009 (1): 68-71.

[195] 赵亚奎. 影响经济收敛的因素 [J]. 财经问题研究, 2008 (12): 9-16.

[196] 赵自芳. 技术溢出与区域经济收敛：基于模型分析 [J]. 技术经济, 2006 (6): 125-128.

[197] 周卫峰. 中国区域经济增长收敛性研究 [D]. 北京：中国社会科学院研究生院博士学位论文, 2005.

[198] 周亚虹, 朱保华, 刘俐含. 中国经济收敛速度的估计 [J]. 经济研究, 2009 (6): 40-51.

[199] 朱发仓, 苏为华. 区域经济收敛与比较优势发展战略——基于行业的动态 Panel 模型分析 [J]. 管理世界, 2006 (9): 46-52.

[200] 邹薇, 周浩. 经济趋同的计量分析与收入分布动态学研究 [J]. 世界经济, 2007 (6): 81-96.

[201] 左大培, 杨春学. 经济增长理论模型的内生化历程 [M]. 北京：中国经济出版社, 2007.

后 记

本书是在我的博士学位论文基础上修改完成的。2008—2011年的三年博士求学生涯，已然渐行渐远！三年间，奔走在学习与工作之间，让我深切地领会了学习与工作兼顾的个中滋味——累并快乐着！

在三年的博士学习生活中，我尊敬的导师黎实教授给予了我无微不至的关怀与帮助。黎老师深厚的理论功底、渊博的专业知识、执著的科研精神、严谨的学术风格以及一丝不苟的工作态度，都给我留下了不可磨灭的印记，成为我宝贵的精神财富，让我对导师充满敬意与感恩！博士学位论文的完成凝聚了导师太多心血，从选题到思路，从篇章到结构，导师都给予了完美而细致的指导。我常常想，如果没有导师严谨而细致的指导，要完成论文的写作完全是不可想象的！导师在生活上的关心与学术上的指导，使我终生难忘，一生感念！对导师的深深感谢，决非这短短数语所能表达！

在三年的求学过程中，我还得到了很多其他老师的热心帮助。他们是庞皓教授、史代敏教授、谢小燕教授、郭建军副教授、张卫东副教授等。他们在学业与生活上的指导与帮助，让我永怀感恩之心！赵蜀兰老师在生活上给予的帮助，给了我极大的方便。在此谨向各位老师致以最真诚的感谢！

博士生活让我收获的不仅仅是知识，还有友谊。同学王芳、李海英、罗来东和白万平给了我很多帮助，一起学习生活的日子让人怀念！金融中心的李国疆、王广亚、卢永真、王少国、胡正、陈鹏、王玉峰、窦登奎、吴婷婷、吕晖蓉等各位同学，使我这个"编外人士"也有幸成了"戊子金融之家"的一员，谢谢你们！同门的师兄弟韩本三、徐凤、文兴易和蒋琦，咱们的交流常常让我受益匪浅，衷心谢谢你们，并祝学业顺利、生活幸福！

博士学习期间，工作单位的学院领导宋豫书记、陈新力院长、张春勋老师、熊维勤老师等给了我很多关心和帮助，在此一并表示衷心感谢！

最后，我对一直以来为我默默付出的家人表示最崇高的敬意和最深深的感谢！你们的期待、支持与鼓励，一直是我不断努力追求上进的动力！

"路漫漫其修远兮，吾将上下而求索。"博士学习生活的结束是新阶段生活的开始。未来的道路漫长而曲折，可能有鲜花阳光，也可能有乱石荆棘——无论如何，我都将面带笑容努力奋斗，一如既往！

本书研究成果作为重庆工商大学经济学院经济学系质量工程建设项目的成果之一，得到了重庆工商大学经济学院经济学系"经济学国家级特色专业"、"经济学重庆市级特色专业"质量工程建设项目的支持，深以为谢！同时，感谢2011年重庆工商大学青年博士基金项目"西部省区经济差距与收敛路径研究——基于SPDM的计量分析"（1151003）和2012年重庆工商大学博士科研启动经费项目"中国西部地区经济增长差距与收敛机制研究"（1255017）对本研究的支持。最后，本书的出版得到重庆工商大学"财经文库"出版资助项目（第二期）的出版资助，特此致谢！

张文爱
2013年4月3日于重庆工商大学学府苑